新 视 界

始于未知　去往浩瀚

遇见孔子

齐兰英 ——

著

《论语》 精读十二讲

上海远东出版社

图书在版编目（CIP）数据

遇见孔子:《论语》精读十二讲 / 齐兰英著 .
上海：上海远东出版社，2025. —— ISBN 978-7-5476
-2103-5

Ⅰ. B222. 25

中国国家版本馆 CIP 数据核字第 2025J4T665 号

责任编辑　李　敏　吴蔓菁
封面设计　徐羽情

遇见孔子:《论语》精读十二讲

齐兰英　著

出　　版　上海远東出版社
　　　　　　（201101　上海市闵行区号景路 159 弄 C 座）
发　　行　上海人民出版社发行中心
印　　刷　上海丽佳制版印刷有限公司
开　　本　890×1240　　　1/32
印　　张　10.625
字　　数　229,000
版　　次　2025 年 4 月第 1 版
印　　次　2025 年 4 月第 1 次印刷
ISBN 978-7-5476-2103-5/B·39
定　　价　68.00 元

前　言

　　今天，中华民族的文化自信越来越有影响力了，我们的文化追根溯源还是要回到中华优秀传统文化。几千年来，以儒学为核心的文化符号已经深深烙印在了中华民族的精神血脉之中。无论你是不是读过儒家哲学的典籍，但中华民族的精神气质，共同的心理倾向，思维模式实际上都在潜移默化地受着传统文化的影响，这就是"百姓日用而不知"的道，孟子也表达过这个观点："行之而不著焉，习矣而不察焉，终身由之而不知其道者，众也。"如果想要去了解我们这个民族的思想情感和价值根源，一定要去读儒家典籍，而如果要挑一本最经典的也是比较容易理解的，那一定非《论语》莫属。"子曰"的语录体，为我们打开了触碰圣人灵魂的大门，遥想圣人音容，如司马迁所叹："余读孔氏书，想见其为人。"

　　《论语》是"四书"之一，"四书"之名肇始于宋代"四书"之名，南宋大儒朱熹将《礼记》中的《大学》和《中庸》

两篇单独择出，与《论语》《孟子》合称为"四书"，就此儒家"道统"慧命开启了新的传承。儒学自孔子至今两千五百多年的时间，经过历史的沉淀，成为中国哲学的中流砥柱。在当代社会视角的审视下，儒学所呈现出的当代意义主要有三点。首先，儒学对于中华民族，甚至整个人类精神和价值的引领。不言而喻，今天无论是对于个体的生命成长、立身处世，还是家国情怀的培育、国际关系的处理都更加需要强大的精神内核。其次，儒学的精神本质上是实践精神，它并不是高头讲章，"己所不欲勿施于人""己欲立而立人，己欲达而达人"是一种真切的道德实践。这种实践精神必将引领我们为整个社会的和谐安定成为更好的自己。最后，儒学作为心性之学，其意义在于帮助我们安顿好自己的身心，唯有安顿好自己，才能有资格谈论其他。每个人都去努力践行，天下的人就会得到安顿，才可能实现孔子的社会理想"老者安之，朋友信之，少者怀之"。

写作这本小书的因缘始于讲授《论语》的经历，在阅读古今大家研究力作的基础上，再结合自己的思考而逐渐形成。这本书比较适合那些想要了解儒家思想，想要找到一本有主题引领并难易适中的书的读者。本书选取了十二个主题，也可以说是理解《论语》核心思想的十二把钥匙，这样的设计也可能会给那些想要按照主题来讲授《论语》的师友一些参考。书中特别加入了生僻字词的注释，帮助读者更加迅速理解文意，尽量减少一些年轻读者见古文而生畏的感受。

这本小书也只是为读者搭一座走近经典的小桥，亦或是造了一叶小舟，提供一点方便法门。儒学是有情感，有温度的，我们每个人的生命中都有机会能"遇见孔子"，展开心灵、精神上的对话。这是一种可以穿越时空的诗意浪漫。也许是看似偶然的相遇，但却是我们内在精神生命成长的必然寻找。

让我们一起"遇见孔子"，开启这一场跨越时空的生命对话吧！

齐兰英　于沪上

2025 年 3 月 1 日

目　录

第一讲

孔子生平与《论语》其书

一、时代背景

中国历史上的春秋时期（公元前 770 年—公元前 476 年）是一个诸侯争霸、波谲云诡的时代，诸侯国之间多"不义之战"（《孟子·尽心下》）。周朝自周幽王东迁后，王权衰落已成为不可挽回的局面，周公制定的礼乐文明和道德秩序遭到破坏，整个社会礼崩乐坏，"臣弑其君者有之，子弑其父者有之"（《孟子·滕文公下》），当过去既有的文明与秩序被打破，天下分裂相争，人们在乱世中更加寻求精神的力量，思想的指引。"人心惟危，道心惟危"（《尚书·大禹谟》），社会动荡，人心不安，天下的正道幽暗不明。可也正是因为如此，各种思想和学派在那样一个时代应运而生，探索真理与人间正道。

孔子就是在春秋末期冉冉升起的璀璨之星，他用深邃的思想、崇高的追求与高尚的人格影响和改变着世界。而与此同时，整个世界欧亚大陆的其他四大文明古国除了东亚的中国，其他三个（包括地中海的希腊—罗马、西亚的波斯、南亚的印度）都同时产生了伟大的思想家和哲学家，中国的孔子、印度的佛陀和古希腊的亚里士多德、柏拉图等人成为不同地域文化革命的代表人物。他们对人类的命运及善恶道德观进行了系统的思考，这是人类历史上第一次思想认识的颠覆与变革，是人的发现和觉醒的时代，是人类文明发展的黄金时期，深刻地影响着人类文明的进程，直到今天依然发挥着重要的影响。近代德国哲学家卡尔·雅斯贝斯在《历史的起源与目标》一书中，根据这一时代特征而提出了"轴心时代"的概念，认为在公元前800年到公元前200年之间，人类的精神世界发生着伟大的变革。在中国、印度和西方的思想家和哲学家们虽然不知彼此的存在，但通过这些伟大的思想激荡，这个时代体现出了共同的新特征：

　　人意识到存在整体、自身和自身的界限（Grenze）。他体会到世界的可怕和自身的无力。他提出根本性的问题。在深渊之前，他力求解脱和救赎。通过意识到自身的界限，他为自己树立了最崇高的目标。①

　　孔子和老子成为春秋时期思想家的代表，孔子开办私学，打破贵族对文化教育的垄断，创立了后来的儒家学派，老子则创立了道家学说。而到了战国时期，各家学说如雨后春笋破土而出，墨家、法家、阴阳家等出现在战国历史的舞台上。中国的轴心时代就是春秋战国时期，因为这是一个思想多元碰撞、

---

① ［德］卡尔·雅斯贝斯著，李夏菲译：《历史的起源与目标》，桂林：漓江出版社，2019年版，第10页。

学术自由讨论的伟大时代。这一时期涌现出孔子、孟子、老子、庄子、墨子、荀子、韩非子等一大批思想家。在战国时期，被称为诸子百家的各学派，在历史的舞台上产生各种思想交融与碰撞。既彼此批评、博弈，又相互借鉴、相融，形成了中国文化史上著名的"百家争鸣"，写下了中国古代思想史上最为灿烂的篇章。

　　孔子是儒家思想的创始人，儒家思想一直在中华民族的历史与文化中占据着主导地位。从整个中华文化的进程中审视，儒家思想何以成为传统文化的核心？正如徐复观所说："中华文化的主流是孔子，是由孔子所开创的儒家，这不是思想上的主张，而是一部廿四史中民族生存经验所证明的事实。在这两千多年中，人的邪正，事的好坏，主要是以孔子这一思想统绪作标准来判定的。而这种判定，同时即由两千多年的成败兴亡为它作证明。"① 可以说，儒学承载了中华民族几千年的历史文化，塑造了中华民族的精神基因，成为了百姓日用而不知的"道"，深刻影响着中华民族的情感与性格。

二、走进孔子

（一）孔子及家族概况

　　孔子（公元前 551 年—公元前 479 年），春秋时期鲁国陬邑（今山东省曲阜市）人。名丘，字仲尼。其父叔梁纥，在年近古稀之时，娶了孔子的母亲颜征在。叔梁纥原有九个女儿和一个

---

① 　徐复观：《儒家思想与现代社会》，北京：九州出版社，2014 年版，第 200 页。

山东曲阜 尼丘山 孔子像

儿子,但这个儿子却是个瘸子,不能主持家族中的祭祀事宜。叔梁纥不忍家族人丁寥落,故向鲁国颜氏家求婚。颜家有三女,只有小女儿颜徵在答应了婚事。司马贞《史记索隐》中记载:"徵在笄年适于叔梁。"笄年是女孩子十五岁的年纪,颜徵在十五岁时嫁给了叔梁纥。据司马迁《史记》载,颜徵在婚后曾向尼丘山祈祷,第二年她生下一个健康的男孩,颇有异相,"生而圩顶"。"圩(xū)顶"是说孔子生下来头顶中间低,四周高,头型酷似尼丘山，所以才取名为丘。又因家中有一个哥哥，叫孟皮，孔子排行老二，故字为仲尼。孔子的先祖是宋国（今河南商丘）贵族，宋的始祖是微子启。

周武王灭商后，立纣王之子武庚为殷商贵族遗民的首领，并派自己的弟弟管叔、蔡叔在武庚附近监视。但武王去世后，周成王年幼，武王的弟弟周公姬旦担起了辅佐成文的大任，并临时代理摄政。管叔、蔡叔却怀疑大权旁落于周公之手，联合武庚起兵造反。周公用了三年的时间平息了这次战乱。最终，武庚被杀。因微子在殷商遗民中的威望很高，周公便将他封在了宋。微子去世后，他的弟弟微仲衍继位，这就是孔子的第十四世祖，但到了孔子的第十世祖弗父何，先祖已经由诸侯之家转为公卿之家。[①] 孔父嘉是孔子的第六代祖，孔父是其字，嘉是其名，因当时获得了赐族的恩典，其后代以其先人之字为氏，于是叫孔氏。后因孔父嘉被杀，在国内权力斗争失势的孔氏一族，逃到了鲁国，身份已经降到了士。孔子的父亲叔梁纥，是孔父嘉的五代孙，是鲁国陬邑的邑宰，在当时因武力绝伦，以勇著称。孔子三岁，父亲叔梁纥去世，孔子由母亲颜征在抚养成人，十七岁时，母亲去世。

（二）少年——好学好礼

孔子三岁丧父，由于叔梁纥只是个士，只有俸禄，没有固定收入。父亲去世后，没有了俸禄，一大家人生活失去依靠，后孔子随母亲搬到曲阜阙里居住，母子二人相依为命。孔子年

---

① 鲍鹏山：《孔子传》，北京：中国青年出版社，2013年版，第5—7页。

少时生活艰难，孤儿寡母艰难度日，其自评"吾少也贱，故多能鄙事"。（《子罕》①）因为小时候生活贫贱，所以孔子学会了很多鄙贱的为了谋生的技艺。正因为如此，孔子也体验过底层百姓的生活，了解到民众的疾苦。在母亲的教导下，孔子自幼就十分勤奋好学，并对礼仪文化非常感兴趣，常常喜欢演习礼仪。《孔子世家》载："为儿嬉戏。常陈俎豆，设礼容。"这里的俎豆是古代祭祀时盛放食物用的礼器。孔子后来成为"礼仪专家"和小时的兴趣以及后来对于礼仪文化的系统学习有着密切关系。

　　成年之前的孔子身上有两个鲜明特点：其一是好学，关于这一点孔子说自己"十五志于学"，就是说十五岁立志于学，将学习作为一生的理想去追求，但并不是说十五岁才开始学习，而是将学习作为一生的奋斗目标来确立的时间。由此可知，十五岁之前孔子一定是在孜孜不断地学习，并在学习中获得了成长与体悟，才可能在十五岁立下这样的人生目标。早年丧父的孔子虽饱尝生活之苦，却在学习中得到了精神充实的快乐，确立了崇高的人生目标，并一生勤耕不辍，为之努力。其二就是好礼，爱好礼仪是孔子在孩童时的兴趣所在，这是一种超越于一般同龄人的兴趣，引导孔子在生活实践中去观察礼仪、学习礼仪。孔子进入太庙，每件事都要向人请教。"入太庙，每事问"，（《乡党》）以至于有人对此发难："孰谓鄹人之子知礼乎？入太

---

　　①　注：为使行文简洁，全书所引《论语》内容，出处仅标注篇名。例如《论语·子罕》，简注为《子罕》。

庙，每事问。"孔子听说了这件事，感叹道："是礼也。"（《八佾》）我这样做正是符合礼啊。孔子对于礼仪、礼器充满着敬慎与重视，他一生的理想就是恢复周礼。

孔子十七岁时，母亲也去世了，悲痛的他合葬了父母。此后不久，鲁国权臣季孙氏在家宴请所有的鲁国士族子弟，孔子穿丧服赴宴，被其家臣阳货拒之门外。说明当时孔子已经丧失了士的身份，孔氏家族已跌为庶民。这对当时的一个无所依靠的少年来说打击是很大的，人生该何去何从，据《孔子家语》载，孔子在十九岁服母丧期满后，去了宋国，也就是他先祖之邦。

（三）成年——开设杏坛

到宋国后，孔子娶了亓官氏，完成了终身大事。婚后不久又回到了鲁国，在他的心中一直牵挂着这片故土。二十岁时，孔子的儿子出生了。当时的国君鲁昭公派人送来鲤鱼以示祝贺。孔子为答谢国君，故给儿子取名孔鲤，字伯鱼。《孔子家语》载：

> 孔子年十九，娶于亓官氏，一岁而生伯鱼。伯鱼之生也，鲁昭公以鲤赐也子。荣君之贶，故名曰鲤而字伯鱼。

得到国君赐鱼，年轻的孔子得到了鲁昭公的知遇之恩。三年前，季氏家臣阳货还因为不承认孔子的士的身份而拒绝他赴宴，现在因为国君的认可，他又重新恢复了士的身份。孔子从一个不被重视的无名小子，如今得到了鲁国执政者的赏识与礼遇,这说明当时的他已经小有名气,通过自己不懈地努力,赢得了世人的尊重。少年时的"好学"与"好礼"为孔子打下了坚实的基础。"能够获得上层社会认可的学问,在那个时代,只能是'六艺'——礼、乐、射、御、书、数。可见,孔子到了二十岁时,就成了'六艺'专家,成了国家最需要的人才了。"①从十五岁立志于学,到二十岁成为国家最需要的人才,孔子用了五年时间完成了人生的第一次飞跃,引起世人对这个壮志踌躇、初生牛犊的年轻人的广泛关注。在无依无靠,茫然无助,被世人否定的时候,孔子没有放弃,没有怨天尤人,更没有自我怀疑,而是靠着自己的志向与努力,完成了人生的逆袭。在得到国君赐鱼后不久,孔子得到了人生的第一份工作邀请,来自鲁国执政上卿季孙氏,聘任其做委吏之职,就是仓库管理员。这份基层工作,其实也隐含着季孙氏对于孔子工作能力的试探。其后又担任乘田之职,就是管理牛羊和牧场的工作。对于普通人来说,有了职位和一份稳定的收入,应该就满足了。可是孔子志不在此,他还有更大的理想和抱负。

三十岁,孔子辞去季孙氏家职务,做了一件开天辟地的大事——"创办私学"。当时的教育是被贵族垄断的,只有贵族子弟才能接受系统、完整的教育,普通人没有受教育的机会。孔子的私学让所有人都有了受教育的权利,我们国家现在每个公民都有受教育的权利,并且受宪法和法律保护,这个权利并非来自西方,而应该追溯到孔子的思想。当时的官学主要内容是

---

①   鲍鹏山:《孔子传》,北京:中国青年出版社,2013年版,第29页。

学习"小六艺"即"礼、乐、射、御、书、数"（礼仪、音乐、射箭、驾车、书法和数学）。孔子在小六艺的基础上重视对学生"大六艺"的培养，"大六艺"的内容包括《诗》《书》《礼》《易》《乐》《春秋》。"小六艺"的培养侧重在基本的、专门的技能，而"大六艺"更侧重在精神品格、价值追求上。最能代表孔子教育理念的就是"君子"人格的培养，君子原是指有地位的贵族，而孔子赋予了这个词强大的精神内涵，在《论语》中，君子特指有精神品格和高尚价值追求的人。这样，教育的价值就超越了纯粹知识学习和技能学习的层面，而有了更能直击人灵魂的精神追求，孔子引领他的学生们在艰难的世道成为君子，追求人间正道，这种追求也一直引领着历代的知识分子不断完善自我的精神品格，勇于追求真理。在教育方法上，孔子提出"有教无类"的教育理念，他的学生来自社会各个阶层，有一贫如洗的颜回、原宪，也有富有的子贡、公西华，亦有贵族子弟孟懿子、南宫敬叔。在孔子眼中，学生们没有阶级和门第之别，差别只有"好学"与否、是否有志于成为"君子"，是否身体力行地去弘扬"道"。

三十五时，孔子去洛阳问礼老子，"自周反鲁，道弥尊矣。远方弟子之进，盖三千焉。"（《孔子家语》）回到鲁国后，孔子的道更加受人尊敬，从远方慕名而来的弟子，加起来约有三千人了。其后，鲁国发生"八佾舞于庭"事件，鲁昭公因与三家权力争夺中失势而流亡齐国，孔子亦追随赴齐。三十七岁返回鲁国后，直至五十一岁出仕之前，孔子一直致力于传授学业，弟子三千人，其中贤者七十二人，最优秀代表为孔门四科（德行、言语、政事、文学）的十人：

> **11.3**　德行：颜渊、闵子骞、冉伯牛、仲弓；言语：宰我、子贡；政事：冉有、季路；文学：子游、子夏。（《先进》）①

通过十几年的时间，孔子的私学蓬勃壮大，《庄子·渔父》有过这样的描述："孔子游乎缁帷之林，休坐乎杏坛之上。弟子读书，孔子弦歌鼓琴。"这样的场景令人陶醉和神往，孔子的教育内容也正是"志于道，据于德，依于仁，游于艺"。（《述而》）来自各个国家求学的弟子络绎不绝，只要有志于学的年轻人，能带一点尊师之礼，孔子都会用心教诲。

> **7.7**　子曰："自行束脩以上，吾未尝无诲焉！"（《述而》）

孔子说："能够带着十条干肉行尊师之礼以上的人，我从来没有不加以教诲的。"这里的十条干肉就是拜师之礼，就是后来的学费，以表示对老师的尊敬，孔子就给予相应的教诲。孔子的"学费"是因人而异的，贫穷的学生表达尊师之礼即可，这叫贽礼。而对于像子贡这样富有的学生，他们给孔子的就是赞助费了。孔子看重的是这个尊师礼，由这个礼所表达出的对老师的诚敬之心，对知识的渴求之心。中国尊师重教的传统也自孔子而开，衍生出"束脩六礼"，古代行拜师礼时弟子赠予老师

---

① 本书引用《论语》原文章节序号说明：本书采用"篇序. 章序"编码（如1.1），首数字为《论语》20篇之顺序（如"1"对应《学而》），次数字为篇内章序。《论语》原典无编号，今为便于研究统一标注。

的礼物，包括：芹菜，寓意为勤奋好学，业精于勤；莲子，心苦，寓意为空心教育；红豆，寓意为大展宏图；枣子，寓意为早早高中；桂圆（龙眼），寓意为功德圆满（启窍生智）；干瘦肉条，用以表达弟子敬意。

（四）出仕——政绩卓著

孔子在二十几岁时被聘请做鲁国权臣季氏家中的管理之职，管理仓库，管理牛羊，虽然是一份位卑薄禄的工作，但他依然尽职尽责，孟子曾这样记录其这段经历："孔子尝为委吏矣，曰：'会计当而已矣！'尝为乘田矣，曰：'牛羊茁壮长而已矣。'"（《孟子·万章下》）意思是孔子曾经做仓库保管员时说："把账目记清楚就行了。"在做管理牛羊之职时说："把牛羊养得肥壮就行了。"当时季孙氏在鲁国政权中操纵国家大权，而使国君鲁昭公权力被分割，后来季氏的家臣阳货谋反，一个家臣都可以有谋反的野心，足以看出季孙氏在鲁国的政治实力。如果孔子想要在仕途有所发展，那么就会抓住在季氏家中任职的机会，但孔子却说："而已矣！"说明他志不在此，并不想凭借这个平台来谋求政治上的发展。实际上，在孔子心中对于季孙氏分割国君权力的行为是反对的，认为其违反了"君臣"之礼。因此，在三十岁时辞去了在季氏家中的职务，而去开办私学。在出仕与更有意义的人生目标之间，孔子选择了后者，也就是说"学而优则仕"必须是在有合适的条件和机会之下，才可以去实现的，而不是"为了仕而谋求仕"。显然，在三十岁之前，孔子没有得到适合的机会，干脆辞官办学，圣人的魄力与眼光可见一斑。

在孔子五十一岁出仕之前，得到过一次邀请，那就是季孙氏的家臣阳货。这个人就是在孔子十七岁时赴季氏宴会而将其拒之门外的那个家臣。其时，阳货虽为家臣，但通过控制季孙氏而培植自己的势力，进而逐渐掌控鲁国大权。他看到孔子的影响力和名声越来越大，希望拉拢孔子而巩固自己的实力。想当初，正是他将十七岁的孔子拒之门外。孔子通过创办私学，培养了很多优秀人才，其思想与学问都得到世人的尊敬和肯定，阳货也看到了这一点而来拉拢孔子，却遭到孔子的敷衍拒绝。在这十几年中，孔子在等待一个合适的机遇，要将他的理想付诸实践。当子贡问他，如果有一块美玉，我们是把它装在盒子里放在家中，还是找一个好的买家，用好的价格把它卖出去呢？孔子说："沽之哉！沽之哉！我待贾者也。"（《子罕》）意思是卖掉它，卖掉它，不过我还没有找到一个好的买家呀！

鲁定公九年，五十一岁的孔子被任命为中都宰。中都是当时鲁国西北部的一座小县城，孔子只在这里做了一年的地方长官，中都就被治理得很好。据《孔子家语·相鲁》载："制为养生送死之节，长幼异食，强弱异任，男女别涂，路无拾遗，器不雕伪。"孔子制定了使老百姓生有保障、死得安葬的制度，提倡按照年纪的大小吃不同的食物，根据能力的差异而承担不同的任务，男女走路各走一边，在道路上遗失的东西没人拾取据为己有，器物也不追求华美的装饰。中都被孔子治理得井井有条，鲁定公知道了很高兴，召见孔子问道："你把中都治理得很不错，用你治理中都的办法去治理鲁国怎么样啊？"孔子信心满

满地说："用我的办法治理天下也差不多吧，更何况是一个鲁国呢！"（《孔子家语·相鲁》）

一年后，因政绩卓著，孔子升任小司空，是大司空的副职。司空主管水土营造工事，包括垒城防御、土地管理、疏通沟洫等事宜。孔子根据土地的性质，把它们分为山林、川泽、丘陵、高地、沼泽五类，指导百姓种植和渔牧，各种作物都种植在适宜的环境里，得到了很好的生长。不久孔子又升任大司寇，主管刑狱，相当于今天的司法部部长，是国家的最高司法长官，位同卿大夫。"由司空为鲁大司寇，设法而不用，无奸民。"孔子在做大司寇之后，设立了法律制度，但由于社会秩序良好，也基本上用不到，社会上也没有犯法的奸民。其实，当时鲁国的国都曲阜是有几个奸民的。比如有一个羊贩子沈犹氏，他在售羊之前，总是给羊喝很多水以增加重量。还有一个叫慎溃氏的人，经常违法乱纪，扰乱社会治安。有几个商贩总是哄抬物价，扰乱市场秩序等等。当他们得知孔子做了大司寇，都自觉地收敛了自己的不法行为。因为他们早就知道孔子非常重视礼仪道德，也听说中都这个地方的治安被孔子治理得很好。

在孔子担任大司寇期间，对待每一个案子都很慎重，他反对严苛酷刑，提倡用道德和礼法去引导整顿百姓，让他们有羞耻之心，知道善恶是非，自觉地去规范自己的行为。如果用政策和刑法，百姓可能因为害怕而暂时免于犯罪，但他们却没有羞耻之心：

2·3 子曰："道之以政，齐之以刑，民免而无耻；道之以

德，齐之以礼，有耻且格。"（《为政》）

《孔子家语》中记载，有一次父亲告儿子不孝。但是孔子没有直接判决，而是进行了劝解和调和。几个月以后，父亲愿意撤诉，没有立案。有一些人对此不理解，认为孔子执法不严，不孝是大罪，如果儿子被治罪，不是能给社会树立一个很好的典型吗？但是孔子认为，百姓犯罪，应该从社会治理上寻找根源，如果执政者没有好好地教化百姓，而一旦他们犯罪就被杀，那就是滥杀无辜了。子曰："不教而杀谓之虐；不戒视成谓之暴。"（《尧曰》）意思就是事先不加以教育，犯了罪便杀戮，这叫作酷虐；事先不告诫，突然视其所成而治罪，这叫作残暴。孔子希望通过礼仪教化来治理社会，整顿人心，将儒家思想理念致力于社会实践治理，提升了儒学、仁治的社会价值和影响力。

（五）外交——夹谷会盟

公元 500 年，孔子相鲁定公赴齐鲁夹谷之会。经过孔子的治理，鲁国国力可谓蒸蒸日上，自鲁定公七年之后，齐景公就与晋争夺霸权，晋国逐渐衰弱。眼看鲁国日益强大，齐国一面担心鲁国日益强大产生威胁，一面又想办法和鲁国结盟，以应付其他危机。孔子与齐国素有渊源，鲁昭公曾因为与三桓相争失败离鲁去齐，孔子也追随国君去了齐国。在这段时间，齐景公曾经问政于孔子，但却因齐国贵族阻挠最终没有任用孔子。

> **18.3**　齐景公待孔子，曰："若季氏，则吾不能，以季、孟之间待之。"曰："吾老矣，不能用也。"孔子行。（《微子》）

齐景公讲到如何礼遇孔子时，说："像鲁君对待季氏那样，我做不到，就以季氏、孟氏之间的规格来礼遇他吧。"不久，又说道："我老了，不能用他了。"而孔子为什么离开齐国，并不是因为待遇问题，一是因为齐景公担心若任用孔子，其贵族利益会受到损害；其二是因为齐景公"礼貌衰"（礼貌容色衰减）（《孟子·告子下》）。在夹谷会盟之前，犁弥对齐景公说："孔丘这个人虽然懂得礼法，但不够勇武。如果让莱地人用武力劫持鲁侯，我们一定能控制鲁国。"齐景公采纳了这一建议。

在这次会盟中，孔子提出了重要的外交思想"有文事者必有武备，有武事者必有文备"，对这次外交活动提出"具左右司马"护驾的建议，以对突发事件做好防范，被定公采纳。在两国国君歃血为盟后，一群当地的俘虏莱夷人拿着武器冲了上来，想要劫持鲁定公。孔子立刻明白这是齐国事先谋划好的，立即命令带来的鲁国兵士击退莱夷人，并大声呵斥"东夷之辈不得扰乱中华，你们这些俘虏不得破坏盟会！"又对着齐国人说："你们齐国这么做会得到什么好处呢？这是对神明的亵渎，对道德的丧失，对人的失礼。这一定不是齐景公的本意吧！"孔子临危不惧、有理有据，齐景公自知理亏，当场认错："这是寡人之过啊！"第二天，齐鲁正式订立盟约。犁弥见劫持鲁定公计划失败，于是在盟约内又加了一句话：如果齐国出兵征伐，鲁国必须派三百乘兵车跟随。孔子看到这样无礼的要求马上还击："如果要我们做到这样，齐国必须归还过去侵占鲁国的郓地、汶阳、龟阴之地。"齐景公只好答应。《左传·定公十年》里记载了"夹谷会盟"详情，在这次会盟中，孔子随机应变、以礼胜兵，展现出在军事外交方面的才能与智慧。

（六）晚年——整理典籍

公元前 484 年（鲁哀公十一年），孔子六十八岁。鲁季康子召回了在外游历十几年的孔子，孔子结束周游列国，返回鲁国。其实，早在八年前，孔子六十岁时，季桓子（季康子）之父，在他临终之时就留下遗言，让即将接任的儿子季康子召孔子回国。因为季桓子临死之前觉得对不起孔子，所谓"人之将死其言也善"。因为他，孔子在外漂泊，而鲁国也错失了变得强大的机会。但当季康子准备召回孔子时，一个叫公之鱼的人却提出了反对意见，认为曾经季桓子任用孔子有始无终，如果这一次你季康子召孔子回来，再意见不合，分道扬镳的话，一定会被人嘲笑，不如先召回孔子的弟子冉求。季康子一听觉得有道理，便放弃了召回孔子的想法。季康子派人来到卫国，召冉求回国，孔子同意了，并率领弟子们为冉求送行。孔子虽然对不能被召回国有所失望，但还是为冉求能回去而高兴，并认为冉求这次回国一定能得到重用。当时，子贡看到老师回乡心切，便叮嘱冉求，等回国之后也尽快找机会让国君和季氏召孔子回国。

孔子之所以在六年之后等到了召回，确实是因为冉求。因为冉求回国后在一次作战中表现出卓越的军事才能，季康子很好奇便问他是天性善战，还是后天学习的。冉求回答是孔子教的。于是，季康子召回了孔子。孔子回国后，被奉为"国老"，鲁哀公和季康子经常向他请教政事，孔子每次都会坦率直言，甚至有时会直接批评。一方面是因为孔子在年龄上与他们的父亲是同时代人，确实是长辈，同时也因当时的孔子已经拥有了非同小可的政治声望和民间影响力。

在孔子回国以后到去世之前的这段时间，他将主要精力都放在了教学和整理古代的文化典籍上。中国传统文化以四书五经为代表，孔子对于古代文化典籍的整理，概括来说是删定六经，即"删《诗》（《诗经》）《书》（《尚书》），正《礼》（《礼记》）《乐》（《乐经》），传《易经》，作《春秋》"。范文澜在《中国通史》中说："孔子整理六经有三个准绳：一个是'述而不作'，保持原来的文辞；一个是'不语怪、力、乱、神'（《述而》），删去芜杂妄诞的篇章；一个是'攻（治）乎异端（杂学），斯害也已'（《为政》），排斥一切反中庸之道的议论。"① 经过孔子删定整理过的六经，反映了上古三代特别是春秋时期的政治、经济、文化、思想等方面的情况，为中华文化的研究和传承做出重要贡献。

在人生最后的三年，孔子遭受了失去至亲的一连串打击，击垮了这个已经暮年的老人。孔子七十岁时，儿子孔鲤去世，白发人送黑发人。过了一年，最爱的学生颜回也撒手人寰，孔子伤心至极，对弟子们说"天丧予！天丧予！"这是上天要亡我啊！因为他早已把颜回看作自己学问的传承人，希望颜回将来

———————

① 范文澜：《中国通史（第一册）》，北京：人民出版社，2004年版，第170页。

能将儒学发扬光大，万万没想到颜回四十一岁就英年早逝，对孔子的打击实在是太大了。而跟随孔子四十余年的学生子路，也在颜回去世的第二年在卫国的内乱中被乱剑砍死。这接二连三的打击，让一个花甲老人彻底倒了下去。

公元前 497 年，孔子七十三岁，他对子贡说，做了一个梦，梦到自己坐在厅堂的两根柱子中间接受别人的拜祭。"这是殷人的停丧之礼啊。我就是殷人啊"，过了几日，圣人孔子去世，结束了他颠沛流离却又伟大传奇的一生，却开启了他永恒的精神慧命。子贡操持了孔子的丧事，并为老师守墓了六年。

（七）孔子生平自述

孔子的一生，圣人自有自述。孔子从人生的六个重要阶段进行了自我总结，从自我智慧和人生境界的层面进行了精辟的评述。顾宪成《四书讲义》认为，"十有五而志于学，三十而立，四十而不惑"是修境，"五十而知天命"是悟境，"六十而耳顺，七十而从心所欲，不逾矩"是证境。

2.1 子曰："吾十有五而志于学，三十而立，四十而不惑，五十而知天命，六十而耳顺，七十而从心所欲不逾矩。"（《为政》）

十五志于学。 这个志是"有志于"，就是说孔子十五岁有志于学，将读书做学问作为自己毕生的追求。这个"志"就是志向，立下终生有志于学的志向。朱熹《集注》："古者十五而入大学。心之所之谓之志。此所谓学，即大学之道也。志乎此，则念念在此而为之不厌矣。"朱子所谓"大学之道"，实即大人之学、成就君子之学、希贤希圣之道也。而孔子也是用自己的一生践行着"志于学"的追求。孔子的"志于学"的"学"之道，是《大学》中所阐明的："大学之道，在明明德，在亲民，在止于至善。"由"明明德"到"至善"，以君子人格改变世道。

三十而立。孔子到了三十岁，"立"的是什么呢？首先应该是人格上的挺立，达到了人格上的完满，即"立人"。夫子十五岁志于学，经过十五年的勤奋耕耘，孔子学以成人，特别是在礼学上的钻研和积累，已经让他成为礼仪专家。在学业上已经精诚通达。其次，这个"立"还应该是人生目标上的确立。孔子三十岁创办私学，传道受业解惑成为他一生为之努力的方向。

四十而不惑。到了四十岁，不迷惑。对于人生的很多问题，看得很清晰，特别是遇到困难、遭遇挫折，受到诱惑之时，都可以清楚地知道自己应该选择什么，不犹豫、不抱怨、不挣扎，这是人生的大智慧。四十岁是人生的分水岭，只有在十五岁立志，三十岁有所追求，四十岁才能达到"不惑"。否则，前半生浑浑噩噩，四十岁一定是很迷惑，不知人生该何去何从。如孔子所言："年四十而见恶焉，其终也已。"到了四十岁还一事无成，被人厌恶，人生也没有什么希望了。孔子的不惑，不仅是人生经历的不惑，也更是对于自己所追求的"道"的坚定与不惑。

五十而知天命。这里的天命不是宿命，而是指生而为人，应该承担的道义与职责。五十岁似乎对责任与道义不难知晓，但若遇到穷困窘迫之时,当如何看待自己的天命呢?孔子曾说:"天生德于予,桓魋其如予何?"(《述而》)意思是上天赋予我的德性,桓魋能将我怎么样呢?这就是孔子的天命观,他知道自己身上肩负的使命与责任,又说:"天之未丧斯文也,匡人其如予何?"(《子罕》)上天不想灭绝这礼乐文明,匡人又能拿我怎么样呢?孔子所说的知天命更是一种履行和担当。五十岁,孔子在自己身上看到了中华文明慧命传承的责任,将天命与己任合二为一了。

六十而耳顺。孔子的一生跌宕起伏,有人敬佩他,有人不理解他,更有人陷害他。到了六十岁,这一切都不再对他的内心和精神产生任何的影响。耳顺者,一切听入于耳,不再听到什么让自己感觉刺耳的话,可以坦然面对这个世界,好话坏话都已经不能掀起心中的波澜。逆耳的话无论是忠言亦是嘲讽,都能泰然处之。听到好话也不会得意忘形,对所有的事情有自己的立场和判断,不被干扰和误导。这样才可能去坚持自己、完善自我,进而实现自我。

七十而从心所欲,不逾矩。七十岁是孔子最后的人生阶段,可以做到能随心所欲行事,但不会逾越规矩和法度,体现了"人心与天理、良知与良能、自由与秩序的高度统一"。① 圣人到达此境界,可以随心所欲,又在规矩法度之中,可谓达到人的精神与心灵的最大自由。"社会的最高境界是和谐,心灵的最高境界是安详。心灵和社会之间的完美融合,就是——从心所欲

---

① 刘强:《论语新识》,长沙:岳麓书社,2016年版,第41页。

不逾矩。"① 对于普通人来说，难免会去思考规矩与法度的界限在哪里，以免犯错。孔子无论在行为上，还是思想上都能够达到一个和谐纯粹的状态，不需要再去刻意提醒自己而能合于至德，达到了天人合一之境。

三、周游列国

孔子任大司寇以后，想要恢复鲁国国君的权力，而采取了"堕三都"的行动。由于当时鲁国政权被三桓（季孙氏、孟孙氏、叔孙氏）掌控，这一举动引起了三桓的不满，孔子在政坛上开始受到冷落和排挤。而在夹谷会盟之后，齐景公领略到孔子的智慧与能力，更加担心鲁国会越来越强大，进而对齐国造成威胁。为了蛊惑鲁国君臣，齐国出了个馊主意，给鲁国国君和季桓子送去了十八名美女和一百二十匹良马，在城郊歌舞升平。鲁定公和季桓子都忍不住跑去看，三日不理政事，最后美女和良马都收下了。孔子听说此事后，非常失望。

> **18·4** 齐人归女乐，季桓子受之，三日不朝。孔子行。（《论语·微子》）

此章直接记录孔子离开鲁国的原因。其实，当时的孔子内心非常不舍，虽然心直口快的子路劝谏老师离开，但他还是想等一等。正好鲁国即将举行郊祭了，按照礼仪规定，祭祀以后的祭

---

① 鲍鹏山：《孔子传》，北京：中国青年出版社，2013年版，第295页。

肉要分给大夫们,孔子想看看是否能分到祭肉,如果还能分到,说明在鲁国还有他的一席之地。这件事也记录在《史记·孔子世家》中:

> 孔子曰:"鲁今郊祭,如致膰乎大夫,则吾犹可以止。"桓子卒受齐女乐,三日不听政;郊,又不致膰俎于大夫。孔子行。

"膰",就是指祭肉。孔子果然没有分到祭肉,这显然就是国君和季桓子有意忽略孔子。鲁国已经没有孔子实现理想的可能了,公元前497年春(鲁定公十三年),五十五岁的孔子痛下决心,离开鲁国。当时,一个名叫师己的乐师来为孔子送行,孔子唱起了一首歌:"彼妇之口,可以出走;彼妇之谒,可以死败。盖优哉游哉,维以卒岁!"意为那些妇人的口,可以把大臣和亲信都撵走,接近那些妇女,就离亡国不远了。这首歌讽刺了齐国送女乐之事,也表达了孔子的无奈。在这样的年纪离开故乡,圣人孔子也是心有戚戚焉。《孟子·万章下》载:

> 孔子之去齐,接淅而行;去鲁,曰:"迟迟吾行也,去父母国之道也。"可以速而速,可以久而久,可以处而处,可以仕而仕,孔子也。

当年齐景公不用孔子,孔子离开鲁国是"接淅而行","接淅"意为淘米。指当时走得非常匆忙,米还没有煮熟,就急忙离开了。而今天离开鲁国则是"迟迟吾行",依依不舍。这是离开故乡的眷恋之情啊。"可以速而速"是孔子的果决，"可以久而久"是圣人的情感，"可以处而处"是其品格，"可以仕而仕"是其智慧。公元前 484 年（鲁哀公十一年），经过十四年的漂泊，孔子才回到鲁国。这期间到过卫、曹、宋、郑、陈、蔡、楚等七个国家，主要是在卫国和陈国。

（一）去鲁适卫

离开鲁国，孔子第一站去的是卫国，卫国是孔子待的时间最长的一个国家，累计居住时间长达十年。孔子曾经说过："鲁卫之政，兄弟也。"（《子路》）鲁国是周公的封地，卫国是康叔的封地，周公与康叔本是兄弟，都是姬姓。卫国的政治和文化与鲁国的政治、文化还是有一些渊源和相似之处。卫灵公很热情地迎接孔子的到来，同时按照他在鲁国的待遇，给予俸米六万斗，这是很高的规格了。孔子刚到卫国时，与弟子冉求有一段很精彩的关于治国之道的对话：

> **13.9**　子适卫，冉有仆。子曰："庶矣哉！"冉有曰："既庶矣，又何加焉？"曰："富之。"曰："既富矣，又何加焉？"曰："教之。"（《子路》）

孔子到卫国时，冉有随从驾车。孔子说："人口真是多啊！""庶"是人口多的意思。冉有问："人口已经很多了，接下来该怎么办呢？"孔子说："要使百姓富足。"冉有再问："如果已经富足了，还要再做什么呢？"孔子说："教化百姓。"冉有在这里请教老师的是怎么样治理一个国家的方法，相比与子贡问政的减法，冉有用的是加法。"庶、富、教"是儒家治国之道的三部曲。孔子认为治理好一个地方，首先要老百姓富裕起来，这不仅是儒家"藏富于民"的民本思想，也体现着其心怀天下、利益众生的社会理想。但仅限于让百姓富起来还不够，还一定要教化百姓，让他们懂得礼义廉耻，是非曲直，整个社会秩序才能和谐有序。这与道家的治国理念不同，道家主张小国寡民，强体弱智的治理方式，认为"古之善为道者，非以明民，将以愚之"。（《老子·第六十五章》）老子认为古代善于治国者，不会用智巧，而是让民心回归淳朴，因为民有了机心将会成为祸乱之源。老子主张用道之国，但对于百姓而言，知"道"者鲜矣！

卫灵公在位四十二年，是春秋时期执政最久的卫国国君，虽然有些昏庸无道，但非常善于用人，"仲叔圉治宾客，祝鮀治宗庙，王孙贾治军旅"。（《宪问》）仲叔圉替他办理外交，祝鮀替他掌管祭祀，王孙贾替他统率军队。因此，卫灵公在位期间，政治比较稳定，国家富裕，人口众多。孔子在卫国虽然待遇很好，但始终没有得到卫灵公的重用。这里面有小人弥子瑕的阻拦，也与卫灵公年纪大了，没有太大的追求有关。孔子等了许久，也没有等到可以施展政治抱负的机会，感慨地说"苟有用我者，期月而已可也，三年有成"。（《子路》）意思是如果有用我的人，一年便可初见成效，三年便可有所成就。卫灵公没有重用孔子大概有两个原因，其一是他觉得卫国政治安定，没有什么大问题亟待整治。其二是当时卫灵公追随齐景公，将心思放在了诸侯国之间的争斗上，孔子对此当然不支持。故当卫灵公向孔子请教军旅之事时遭遇碰壁：

> 15.1　卫灵公问陈于孔子。孔子对曰："俎豆之事，则尝闻之矣；军旅之事，未之学也。"明日遂行。（《卫灵公》）

卫灵公向孔子请教军阵行伍之事。"问陈"中的"陈"通"阵"，意为战阵之事。孔子答道："礼仪的事情，我还听说了一些；至于那些带兵打仗之事，我没有学过。"第二天就离开了卫国。孔子并不是真不懂军旅之事，只是不愿给出建议。《史记·孔子世家》载，卫灵公明白了孔子的态度，第二天和孔子说话时，抬头看着天上的大雁，一副不在乎、不尊重的冷漠态度。孔子深知没有待下去的必要了，就马上离开了卫国。

（二）宋陈之间与"丧家狗"

孔子到了宋国，这实际上是他先祖之邦，但却遭遇到了一个恶人司马桓魋，司马是宋国掌管军事的官。桓魋在宋国很有权势，生活奢靡，为了死后享受尊荣，为自己修了石棺，浪费了很多民力和金钱，三年也没有修好。孔子知道了这件事说："若是其靡也，死不如速朽之愈也。"（《礼记·檀弓上》）意思是奢侈到这个地步，死了还不如早点烂掉好。桓魋为此很生气，想要杀掉孔子。有一次，孔子带着弟子在大树下演习周礼，桓魋带了很多人来了，先把树砍了，并气势汹汹地扬言要杀掉孔子。弟子们劝孔子赶快离开宋国，孔子却说了一句话：

7.22　子曰："天生德于予，桓魋其如予何？"（《述而》）

天命在我，天赋我德，上天让我来弘扬这种德，弘扬大道，桓魋匹夫能拿我怎么样呢？桓魋并没有真的想杀孔子，只是想来发个威，雪个耻，毕竟被孔子骂得臭名昭著了。不杀的原因也是对孔子有所忌惮，因为世人皆知孔子是一位正人君子，在乱世之中要挽救世道，若桓魋为一己之私贸然杀之，天下人都要来讨伐他了。孔子说这句话，也是对于这件事发展方向的一种预判。这种自信无畏来自于他所身体力行的"道"，仰不愧天，俯不愧于天下苍生，光明直行，磊落向前。凭借这样的勇气与自信，孔子在周游列国的路上，克服重重困难，勇往直前。

孔子和弟子离开宋国去了郑国，和弟子们走散了。子贡到处寻找老师，逢人就问。有一个人就告诉他："东门那里站着一个人，他的额头像唐尧，后颈像皋陶，肩膀像子产，腰以下比禹短了三寸，落魄得像个丧家狗。"

孔子适郑，与弟子相失，孔子独立郭东门。郑人或谓子贡曰："东门有人，其颡（sǎng）似尧，其项类皋陶（gāo yáo），其肩类子产，然自要以下不及禹三寸。累累若丧家之狗。"（《史记·孔子世家》）

说孔子像唐尧、皋陶是有圣人的气象，但"丧家狗"却不是什么好话，是在调侃孔子，但子贡听到这却判断出这不就是我的老师嘛！跑到东门，果然看到孔子在那里彷徨无助，失魂落魄。孔子问子贡是怎么找到自己的，当知道了郑国这个人对自己的描述后，非但没有生气，还很认同他的说法。对于自己像圣王的形象谦而不受，但对于"丧家狗"的说法，却认同地说："然哉！然哉！"说得真像啊，说得真像啊。孔子当时的处境确实是没有一个栖身之地，鲁国有家不能回，整日在路上奔波却没有寻到一个可以让他施展抱负、实现理想的地方。但即便如此，孔子依然不放弃，正如时人评价其"知其不可为而为之"。

还有一次，孔子与弟子在匡地遇险。因孔子与阳虎外貌相似，阳虎曾经暴虐过匡人，匡人误将孔子认成鲁国的阳虎，将他们围困了五日。面对突然来的强兵围困，孔子临危不惧：

`9.5` 子畏于匡。曰："文王既没，文不在兹乎？天之将丧斯文也，后死者不得与于斯文也；天之未丧斯文也，匡人其如予何？"（《子罕》）

"天之未丧斯文也"是说周文王的礼乐文明没有断绝，现在传到我这里了，这是天意，这是我孔丘肩负的责任，既然如此，匡人能将我怎么样呢？正是这样的无畏无惧让一个近六旬的圣人形象愈发高大清晰起来。匡地解围之后，颜渊最后才赶来。

`11.23` 子畏于匡，颜渊后。子曰："吾以女为死矣。"曰："子在，回何敢死？"（《先进》）

孔子以为颜渊死了，但是颜渊说："老师您还在，我怎么敢去死呢？"师徒深情溢于言表。

（三）陈蔡绝粮

在周游列国的路上，孔子和弟子们遇到的最大的一次磨难就是"陈蔡绝粮"了。

> **15.2**　在陈绝粮，从者病，莫能兴。子路愠见曰："君子亦有穷乎？"子曰："君子固穷，小人穷，斯滥矣。"（《卫灵公》）

孔子在陈国断了粮食，跟随的弟子们都病倒了，站都站不起来。子路很生气地去见夫子，说："君子也有这么窘迫的时候吗？"孔子说："唯有君子才能固守于穷困而不改其志，小人一旦陷入穷困，就会肆无忌惮地胡作非为了。"当时孔子在陈蔡之地，楚国派使者请孔子入楚，陈蔡两国担心孔子助楚，而将他们围困在郊外，师徒绝粮多日，弟子们几乎要饿死了，好多人都生了病。面对这种情况，鲁莽直率的子路很不开心，直接去质问老师了。子路的这句话其实也包含了有的弟子们对这件事的委屈和不理解。我们跟着老师学做君子，周游列国，一心想要实现夫子的道，但这么长时间以来，我们不是被人追杀，就是被强兵围困，如今大家都要被饿死了，难道和老师一起学做君子，推行天下的道，我们就要遭遇这些磨难吗？其实，这个问题还有一个潜台词，就是学做君子不应该遭遇这样的事，我们所到之处应该被欢迎和支持。但孔子对此的回答却是，只有君子才能在穷困之中坚守志向和气节，小人则不是。也就是说，学做君子是让我们在遭遇人生困境的时候依然保持君子的品格。这是多么深刻的理解。如同鲍鹏山先生指出："道德只能保证我们成人，而不能保证我们成功。"①

在《史记·孔子世家》中也记载了当时的情形，特别是颜回对于这件事的态度引人深思：

> 孔子知弟子有愠心，……颜回曰："夫子之道至大，故天下莫能容。虽然，夫子推而行之，不容何病，不容然后见君子！夫道之不修也，是吾丑也。夫道既已大修而不用，是有国者之丑也。不容何病？不容然后见君子！"孔子欣然而笑曰："有是哉颜氏之子！使尔多财，吾为尔宰。"

颜回对于陈蔡绝境的理解可谓慷慨陈词，认为天下不能容夫子的道，不是我们追逐的道有问题，而是因为一般人都不能理解和接受，因为道德没有那么高，境界还没有达到。"不容何病？不容然后见君子！"正是在这些不被理解和不被接受中，才更加彰显了我们追求君子之道的意义，颜回的理解显然已经到达了一定的高度。孔子对于颜回的言论非常欣慰，有学生若此，老师足矣。

孔子自五十五岁离开鲁国，至六十八岁回到鲁国，十四年的颠沛流离，夫子一直用一种强大的精神力量支撑着自己的生

---

① 鲍鹏山：《孔子如来》，北京：中国青年出版社，2021年版，第48页。

命，乐观积极的态度鼓舞着弟子，更用"知其不可为而为之"的勇气为世人留下一段圣人的传奇。孔子的伟大，是他思想的深邃，是他对世人广博的爱，更是他那份在乱世之中永不言弃的精神，永远激励着每个走进孔子精神世界的人。

四、《论语》其书

《论语》是由孔子弟子及再传弟子编纂而成的一部语录体文集。《论语》全书二十篇，近一万六千字。班固《汉书·艺文志》概括说:"'《论语》者，孔子应答弟子、时人及弟子相与言而接闻于夫子之语也。'当时弟子各有所记，夫子既卒，门人相与辑而论纂，故谓之《论语》。"孔子的思想在他去世后，通过弟子们的编纂整理，以生动丰富的对话形式呈现在《论语》这部儒家经典中。司马迁在史记中称孔子为"至圣"先师。孟子亦说:"圣人之于民，亦类也。出于其类，拔乎其萃，自生民以来，未有盛于孔子也。"(《孟子·公孙丑上》)孔子继周朝之后，以伟大的思想，开创了一个时代，成为影响后世及世界的思想家。孔子开创儒学，成为中国文化的主流思想，尊有"素王"之号，"素王"是指无冕之王。"孔子既西狩获麟，自号'素王'，为后世受命之君制明王之法。"(《六艺论》)孔子思想被后世学者宗之，因为"孔子不假宗教以惑世，而卓然立人之极，故为生民以来所未有"。[1] 影响世界文明史的西方思想家，

---

[1]　柳诒徵:《中国文化史》(上)，北京:中国和平出版社，2014年版，第394页。

诸如耶稣、佛陀皆是以宗教方式传道，而孔子之学为入世立身之学，异于宗教，故柳诒徵先生说"孔子不假宗教以惑世"。《论语》是一部生命成长之学，也是一部生命体验之书，连结每一个真实生命的个体。

南宋大儒朱熹，他将《礼记》中的《大学》和《中庸》两篇单独择出，与《论语》《孟子》合称为"四书"，就此儒家"道统"慧命开启了新的传承，并对后世产生意义深远的影响。在四书中，《论语》以语录体的形式更加生动地还原了孔子与弟子们的场景对话，相比于其他几本经典，普及性、可读性更强。杨绛先生曾谈到，"四书"最喜欢读《论语》，因为最有趣。读《论语》，读的是一句一句话，看见的却是一个一个人，书里的一个个弟子，都是活生生的。一人一个样儿，各不相同。北宋理学家程颐说："读《论语》：有读了全然无事者；有读了后其中得一两句喜者；有读了后知好之者；有读了后直有不知手之舞之足之蹈之者。"又说："今人不会读书。如读《论语》，未读时是此等人，读了后又只是此等人，便是不曾读。"（《四书章句集注》）

《论语》在全世界都引起了中国文化的震荡。日本近代著名实业家涩泽荣一一生崇拜孔子，并积极地致力于将《论语》的思想运用到经商实践中。早在明治维新期间，涩泽荣一在主张引进西方经济体系和体制的同时，就提出要用《论语》的思想之道进行日本经济体系运作的构建，他重新解释孔子的思想，创立"论语加算盘"的理论：

　　算盘，因为有了《论语》，才能打得更好；《论语》决定算盘，财富才有意义。两者看似相去甚远，实则相距甚近。①

1988 年，诺贝尔奖获得者汉内斯·阿尔文曾说："如果人类要在 21 世纪生存下去，必须回到 2500 多年前，去汲取孔子的智慧。"这一言论引发了对孔子思想当代价值的关注与讨论。而孔子的智慧就在《论语》中。英国学者汤因比也曾预言："21 世纪是中国人的世纪。"他认为中国文化，尤其是儒家思想和大乘佛教将引领人类走出苦难。此论到底是否成立姑且不论，但以孔子所代表的儒家文明在今天现代化转型的困境中，的确有着不可替代的文化价值和现实地位，正如刘强教授指出："有此一种文化生命与智慧境界，则中华文明虽历经千劫百难，甚至一度'花果飘零''灵根倒悬'，亦可卓然立于世界文明之林而不倒，终能迎来剥尽转复、否极泰来的一天。"②

———————————

①　涩泽荣一：《〈论语〉与算盘》，上海：上海交通大学出版社，2020 年版，第1 页。

②　刘强：《四书通讲》，桂林：广西师范大学出版社，2021 年版，第 137 页。

第二讲

学中有乐

——学习让你快乐吗？

纵观中华文化史，成圣成贤者必经由"学"。孔子十五志于学，晚年整理六经，可谓一生都在身体力行地学习。三十岁的孔子开办私学，让更多的人有了学习的机会，通过学习来改变重塑人生。但圣贤之"学"必有三个特征，首先，学习是为己之学，是为了增长知识，提升道德境界，也就是"内圣"之学，让自己的内在精神世界丰富而充实。故孟子曰："学问之道无他，求其放心而已矣。"学习实质上是把自己迷失的本心找回来，通过读书好好地涵养心性，安顿自我。因此，学习不应与其他功利目的直接划等号。其次，对于"学习"真正含义的理解，应是知行合一的过程，学者，重在实践，知识的运用。故子曰："诵《诗》三百，授之以政，不达；使于四方，不能专对；虽多，亦奚以为？"（《子路》）《诗经》三百篇学习得很好，但是却不能应用于国家外交礼仪之上。学得再多，还是无用。最后，学习的最高境界应该是一种身心愉悦的状态。在《论语》中，我们感受到了孔子"曲肱而枕之"、颜渊"回也不改其乐"这样快乐的境界，"孔颜乐处"成为后世读书人的精神高地，这种快乐是超越功利外物的，人的精神达到了自由与和谐。

本讲围绕"学习"选了四个内容，首先，讨论"学而时习之，不亦说乎？"学习为什么是快乐的？感受"孔颜乐处"内在的精神之乐。其次，了解《论语》中所谈到的一些学习的具体方法，如"学思并重""温故知新"。再次，孔子通过"学习"对人进行了分类，有"生而知之者"、有"困而不学者"，而夫子却谦逊地评价自己"我非生而知之者"，但在好学的态度上，却夸奖自己"十室之邑，必有忠信如丘者焉，不如丘之好学也"。可见，好学难能也，更贵在坚持也。最后，学习要通达的不是功利，而是掌握真理，弘扬天下正道，所谓"下学而上达"。

一、学而时习之，不亦说乎？

整部《论语》中，《学而》篇是二十篇之首，开篇第一章就是讲圣人之学。"子曰"的第一句话就是"学而时习之，不亦说乎？"，"学习"一词也由此而出。但对于这一句的释义，很多人会翻译为学习了并常常复习，不是很快乐吗？我们在学习中体验到的快乐，真的是通过复习功课获得的吗？这样的理解似乎难以合乎圣人旨意。

<u>1.1</u>　子曰："学而时习之，不亦说乎？有朋自远方来，不亦乐乎？人不知而不愠，不亦君子乎？"（《学而》）

如何能在学习中感受到快乐呢？关键要理解"习"在这里的本义，《说文解字》："习，数飞也。"引申为实践义。"习"在甲骨文中的写法，上面是鸟的羽毛，下面是日，表示的是小鸟

在太阳下扇动翅膀练习飞翔。从习的造字义上来看，实践是其本义。只有将学习的知识用于实践，才能感受到学习中的成就感，以及由此带来的快乐。明代心学大儒王阳明提出"知行合一"之教，认为"知是行之始，行是知之成"。

"有朋友自远方来，不亦乐乎？"是有志同道合的朋友一起学习，一起切磋琢磨的共学之乐。《礼记·学记》："独学而无友，则孤陋而寡闻。"学习的过程不是一个人闭门造车，同学之间的切磋交流、讨论共学也让人感到快乐，这就是共同激励、共同成长。这份快乐也来自老师教学相长的过程，正如孟子讲到人生的第三种快乐是"得天下英才而教育之"。好的老师遇到好的学生，是人生之乐事，彼此成就。孔子教育出许多杰出弟子，而弟子们也在学习中启发老师。有一次，孔子与子夏讨论《诗经》，感慨地说："起予者商也！"能启发我的是你卜商啊！

"君子不愠"是学习的第三个境界。君子本指有位之人，孔子赋予了君子以高尚的道德内涵，在《论语》中出现的君子皆指此意。"人不知而不愠"谈的是君子的内在修养。当人们不了解自己的时候，不生气，不被怨恨的情绪左右。别人的误解或者不当评价正是因为他们没有真的了解自己，还要反观内省，做到"君子求诸己"。这是一种多么豁达的人生境界，因为有了君子的修养，就能超过一般人的得失计较，坦荡地面对人生的一切，拥有这种超越的力量是多么快乐的事。作为一个君子，不应该担心别人不了解自己，而要担心自己不了解自己，自己不了解别人。以己之心度他人之心，这是儒家讲到的"恕道"，当我们能站在别人的角度去思考问题，处理问题，就会慢慢磨砺出君子的修养，让我们的心胸更加开阔。

　　这一章讲到的三种快乐是层层递进的，学习为什么会快乐？学习是知行合一的过程，能够让每个人获得成就感、价值感，这是人生最快乐的事。和谁一起学？和志同道合的朋友一起切磋学习，幸遇良师，都是人生中的快乐。学习的最高目标是什么？通过学习最后还要达到君子的修养，向更高的道德境界不断努力，以读书"变化气质"。

　　如果能在学习中感受到快乐，内在精神世界得到充实和丰富，那么即便是外在的生活艰苦一些，这种快乐也是不会轻易改变的。

　　7.15　子曰："饭疏食，饮水，曲肱而枕之，乐亦在其中矣！不义而富且贵，于我如浮云。"（《述而》）

　　孔子在谈到生活中简单而纯粹的快乐时，为我们描述了这样一幅场景。吃着粗饭，喝着凉水，弯着胳膊当枕头，快乐也就在这样简单的生活中了。通过不合道义的手段而获取的富贵，在我看来就像天边的浮云一样（与我没有任何关系）！快乐之源来自内心的富足，也来自对于外在物质生活的正确追求方式。孔子提出了"义"的标准。如果选择合乎"道义"，即使贫困，但内心坦荡而洒脱快乐。那些不合"亦"的富贵名利就像浮云一样，根本不会影响我。由此感受到圣人孔子简单、纯粹而高尚的灵魂。在面对世间的财富名利，儒家的取舍标准是是否符合"义"。当一个人没有内在的精神世界，整日追逐外物，就无法感受到内在生命的精神力量。没有内在生命的成长，就会缺乏正确的道德判断，在争名逐利中，触及道德底线，甚至完全丧失自我。

通过学习来完善内在的道德生命，追求精神主体的富足快乐，但孔子也不否定君子追求富贵的权利，但必须要合其道得之。孔子说："富与贵，是人之所欲也；不以其道得之，不处也。贫与贱，是人之所恶也；不以其道得之，不去也。"（《里仁》）富与贵，是每个人都想要得到的，但如何不能用合乎道义的方法获得富贵，君子就不会接受它；贫与贱，是每个人都厌恶的，但如不能用合乎道义的方法摆脱贫贱，君子就不会摆脱它。有了君子的修养之乐，才能不被外物迷失本心，不被名利所累。在面对人生抉择时做出正确的判断，才可能拥有真正有价值、有意义的人生。

在孔子的学生中，颜回弘扬了老师的求道之乐。颜回，字子渊，比孔子小三十岁，"孔门十哲之首"。在孔门弟子中，孔子最欣赏、最看重的学生就是颜回。因为颜回非常好学，是真正的为己之学，虽然生活条件艰苦，但在学习中感受并领悟到快乐。

6.11 子曰："贤哉！回也。一箪食，一瓢饮，在陋巷。人不堪其忧，回也不改其乐。贤哉！回也。"（《雍也》）

孔子赞叹，真贤德啊，颜回！每日的生活只有一竹筒饭，一瓢水，住在简陋的小巷中，别人都担心他这样艰苦的生活，而颜回却毫不改变他自有的快乐。颜回与老师"曲肱而枕之，乐亦在其中"共同成为了中国哲学史上的美谈"孔颜乐处"。学习可以让我们更好地认识、改造这个世界，但学习更是通达"内圣"的重要方式，在这个过程中，不断地完善自己的精神品格，逐渐让自己的人格达到完备。这种快乐超越了功名利禄，超过了感官享受，是一种内心的和谐和品格的升华。"孔颜乐处"道出了中国哲学中的一个重要高度，即一个不被外界任何事物所左右的完美而自足的内在精神世界，"物物而不物于物"，这是何等的逍遥与自在，这样的生命如何不快乐呢？

孔子还有一个学生叫原宪。《孔子家语》记载，"宪居蒿庐蓬户之中""原宪衣敝衣冠，并日蔬食"，但是"衎然有自得之志"。原宪虽然住在茅草屋中，穿着破旧的衣服，两天才能吃上一顿饭，但仍然很快乐，怡然有自得之志。子贡见到原宪却说："甚矣，子如何之病也？"子贡看到原宪贫困至此，问道，你怎么病成这样了？原宪却说："吾闻无财者谓之贫，学道不能行者谓之病。吾贫也，非病也。"原宪镇定自若地回答："我听说没有钱财叫做贫，学道而不能推行叫做病。我是贫，不是病。"子贡听了原宪的话非常惭愧，并终身都为说过这样的话而羞愧不已。贫穷有时成为检验"君子"的试金石，往往越是在人生艰难窘迫之时，君子更加坚守自己的志向与节操，并在这种道德境界中感受到快乐与超越。

在学习中感受到内心的充实与快乐是需要一个积累过程的，又表现为三个不同的层次。孔子说到了三种境界"知、好、乐"。

6.20　子曰："知之者不如好之者，好之者不如乐之者。"（《雍也》）

孔子说："知道学习或求道，不如爱好学习或求道更好些；爱好学习或求道，不如以学习和求道为乐更好些。"在学习这件事上，是有不同境界的。一般人都是知道学习的，《三字经》："玉不琢，不成器。人不学，不如义。"这是第一个层次，仅仅停留在知道学习，明白学习的重要性。第二个层次是爱好学习，但却未必在学习中感受到快乐。有的人爱好学习，每天都在学习，可是却学得苦哈哈的，没有丝毫的快乐可言。"学海无涯苦作舟"正是讲的这个状态。只有在学习和求道中感受到快乐，才能真正有所成就。反之，因为某种需要和功利去学习，也许能获得一时的成功，但却不能长久，也容易在成功中偏离正道。学习的境界决定了人生的高度。只有感悟到学中有乐，才能将学习作为一生的追求。孔子一生乐学，终由学成圣。

二、温故而知新

正确的学习方法能让学习事倍功半。我们每天都要学习新的知识，对于已经学过的知识，仅仅是知道学过就够了吗？

2.11　子曰："温故而知新，可以为师矣。"（《为政》）

"温故而知新"是将新知与旧知联系在一起的方法。当我们在温习旧的知识时，不仅仅是停留在记忆和背诵的层面，还要领悟到新的道理，有新的发现和发明，这样就可以做别人的老师了。在学过的知识里有了新的发明，因为学习了新的知识，发现了新知与旧知的关联。当我们的学习阶段不断提高，再回头看前面学过的知识，会发现对它们的理解不一样了，有了新的感悟。这就是温习旧知的重要方法，要学会在知识的关联中思考，也要在不断积累变化的过程中反思。因为知识不是割裂的，是相互联系的，乃至不同领域的学科都是有交叉的。如果能运用这样的方法，就可以做老师了。

有独立的思考和见解，是为人师的重要条件。《礼记·学记》："记问之学，不足以为人师。""记问之学"就是对知识的记忆和背诵，如果只是靠死记硬背，是没有资格成为别人的老师的。就像我们在上课时，如果一个老师照着书本从头念到尾，恐怕没有一个学生会喜欢听这样的课。无论是教还是学，在学习的过程中，对于学过内容要融会贯通，在此基础上，才能有自己的新的见解和发现。任何一门学科的发展，都需要有这样的老师和学生。

孟子曰："人之患，在好为人师。"（《孟子·离娄上》）一般人都喜欢做别人的老师，普通人知道了一点点，学了点皮毛，就喜欢去指点别人了。要成为老师，要对旧的知识有新的领悟，同时，"知新"还指向新的知识内容、新的观点，知识体系要时时更新，要跟着时代的需要而改变。因为所有的知识都是指导实践的，是知行合一的过程。温故而知新也是君子之学的重要方法，故《中庸》曰："故君子尊德性而道问学，致广大而尽精微，极高明而道中庸，温故而知新，敦厚以崇礼。"君子尊奉君子之德而求道问学，达到广大之境而着力于穷尽精微之处，达到道德的完善而遵从中庸之道。温习旧知识并获得新知识，以敦厚的风俗来尊崇礼乐。

对于"温故知新"的理解，子夏也有过相关表述。

<u>19.5</u>　子夏曰："日知其所亡，月无忘其所能，可谓好学也已矣。"（《子张》）

每天知道一些过去不知道的东西，每月又能不忘自己之所能，这便可以说是好学了。学习是一个积累的过程，也是一个坚持的过程。每天学一点新的东西，每个月能巩固所学的知识，就可以算得上好学了。每天学习一点新的知识，让自己的生命充实一点，这样一天一天地逐渐改变自己，变成越来越好的自己。这不就是《大学》里所说的"苟日新，日日新，又日新"的状态吗？

如果坚持下去，水滴石穿，功到自然成。荀子在《劝学》篇中说："故不积跬步，无以至千里；不积小流，无以成江海。骐骥一跃，不能十步；驽马十驾，功在不舍。锲而舍之，朽木不折；锲而不舍，金石可镂。"

任何人的学有所成都是日积月累的结果。孔子也说过："譬如平地，虽覆一篑，进，吾往也。"就好像填平洼地，即便只倒下一筐土，如果继续干下去，也是我自己在努力。圣人都是这样脚踏实地地努力着，何况是普通人呢！

学会思考是学习中的又一个重要方法。理解学与思的辩证关系，就不会只学习不思考，更不会只思考不学习。

　　2.15　子曰："学而不思则罔，思而不学则殆。"（《为政》）

　　学习知识的过程中缺少思考与明辨，就会感到迷惘昏沉，只思考不学习就会疑惑不安。学习的能力，是在学习基础知识的过程中慢慢形成的，这个过程需要记忆和背诵，但还应培养独立思考的能力。如果学习时没有思考和思辨，知识就像倒入头脑中，知识就会堆积在一起，装得越多，越混乱，这种状态就是"罔"，会使人造成迷惘昏沉。灌输式学习，没有独立的思考能力，学习状态就只能是装载知识的工具。只有积极有效的思考才能帮助我们在学习中知其然并知其所以然，融会贯通地理解知识、运用知识，并有新的发明和创造。

　　但是如果只是思考，而不去脚踏实地地学习，就会疑惑不安。孔子也曾经废寝忘食地思考，结果没有什么真正的益处，不如好好读书学习。

　　15.31　子曰："吾尝终日不食，终夜不寝，以思，无益，不如学也。"（《卫灵公》）

　　孔子在躬身实践中验证了"思而不学则殆"，思而不学，哪怕是不吃饭、不睡觉，却没有什么进步和益处。只有学思并重才能真正有所收益。荀子在《劝学》篇中也说："吾尝终日而思矣，不如须臾之所学也；吾尝跂而望矣，不如登高之博见也。"
由此可见，"学"是根本，"思"须在学的基础上，应杜绝、避
免无益之思。甚至是与"学"无关的胡思乱想，都是无谓的消
耗。只有坚持学思并进，才能学然后知不足，才能在"学"中
不断积累，增加知识的广度和深度，避免陷入个人的执着与
偏执。

子夏在思的基础上进一步提出"切问而近思"：

19.6 子夏曰："博学而笃志，切问而近思，仁在其中
矣。"（《子张》）

"切问"是指能够对所学知识有针对性地提问，"近思"是
根据自己的学习情况来独立思考的能力。学习不仅要思考，还
一定要会问问题。整部《论语》有很多章节都是弟子问，孔子
答。有很多精彩的对话有赖于学生会提问，我们才得以看到夫
子更多的思想。比如《颜渊》篇子贡问政，《子路》篇冉有问
政。子夏总结了在学习中的几个重要方法：博学、笃志、切问、
近思，同时也是学习循序渐进的过程。博学和笃志是学习的过
程，笃志是坚定学习的信心，培养坚毅、持之以恒的品质。切
问和近思是学有所思、学有所用的呈现。"仁在其中矣"，钱穆
先生解释为："学者所以为人，所以尽人道，故曰仁在其中。"
（《论语新解》）从成人及弘扬正道与真理的角度来理解其中深
意。《中庸》："博学之、审问之、慎思之、明辨之、笃行之。"
这些重要的思想对于学习和育人都有深远影响，今天很多大学

的校训都会用到。

只有知识才能帮我们打开眼界，与圣贤哲人对话，理解掌握认识世界的方法和观点。人类文明之所以不断发展进步，就是因为在前人发明创造的基础上，今人才能更上一层楼。"不践迹，亦不入于室"（《子张》），若不能踩着古圣先贤的足迹前行，也不能升堂入室（达到一定的高度）。学思并重，不可偏废，才能有所成就。明辨慎思，才可养成独立之精神。博学笃志，方能登高行远，践行仁道。

三、困而不学，民斯为下矣

我们在学习中逐渐认识着这个世界，历代的学者也在不断地总结着人类的思考和实践的成果。学习和思考的能力使得人类成为这个世界的主人，创造出灿烂而丰富的文明、科技与文化。生而为人，如果不学习、不思考，那和动物有什么区别呢？《三字经》就说道："人不学，不如物。"这是孩童就应该明白的道理，但并不是所有人都能做到。孔子根据面对学习的不同态度将人分为四类：

> **16.9** 孔子曰："生而知之者，上也；学而知之者，次也；困而学之，又其次也。困而不学，民斯为下矣！"（《季氏》）

生下来就知道的，那是最上等的人；通过学习而后才知道的，那是次一等的人；有了困惑而发奋学习的，又次一等；遇到困惑却不知道学习，这种人真是等而下之了。"生而知之者"

是生下来就知道的，这是最高等级。知道的内容不仅包括具体的知识，还包括洞察人生的道理、掌握世界万物的规律。孔子在这里所指的应该是生下来就知道世间道理的圣人，能够洞察世界运行规律的智者，如古代的圣王尧、舜、禹、汤，他们就是"生而知之者"。在《尚书》中记载，尧帝"克明峻德"，舜帝"浚哲文明"，他们都具有光明德性感召天下。传说舜的母亲死后，他的继母与异母弟都想杀掉舜，可舜仍然坚持仁孝之心，最终感化了他们。故而，舜以禅让得天下。古之圣君，不仅"生而知之者"且能"推而知之者"，将自己的才智美德拨洒四方，推贤尚善。

　　"生而知之者"是圣之境，普通人是难以企及的。但大多数人是知道学习的重要性，通过学习后才能掌握知识，明白道理。但有些人也会在遇到困惑，遇到人生困境后才会发奋读书。比如在社会成长中，发现知识有短板，发展受限，再去勤奋读书。但如果遇到困惑，走入困境，还不知道读书学习之人，就真的是无法挽救了。孔子针对这四种状态，将人分为四等，也可以说是"上等""中等""中下等""下等"，也对应了后面几章所提到的"上智""中人""愚人"。孔子被后世尊为"至圣先师"，但他评价自己"我非生而知之者"。

　　7.19　子曰："我非生而知之者，好古，敏以求之者也。"（《述而》）

　　孔子说自己不是生来就知道那些知识和道理，只是在上古的文献典籍中汲取知识，孜孜以求地探求真理。探求知识非常谦虚勤勉，始终保持着学习的热情，他也曾经说过："默而识之，学而不厌，诲人不倦，何有于我哉？"（《述而》）默记所学所悟存于心中，勤奋学习永不满足，教育弟子从不懈怠，是夫子一生所求。无论是求学还是育人，都是以这样乐观积极、勤奋不懈的态度去面对。

在知识的探求中，孔子以广博的胸怀探求知识，在十九岁时曾到宋国去学习殷商之礼，还曾到郑国向子产学习。孔子精研周礼，为了更好地提升所学，在他三十四岁时，又到周的国都洛邑问礼老子，就这样，一步一步踏实、勤恳、永不停息地完善知识，提升智慧。而在六十八岁回到鲁国后，整理典籍，删定六经，更印证孔子"好古""敏以求知之者"的躬身实践。

求学最基本的态度就是"知之为知之，不知为不知，是知也"。（《为政》）绝不可不懂装懂，自大者必学有所短。孔子当时之世，学说自由，却多有不实之言，故子曰："盖有不知而作之者，我无是也。"大概有不懂装懂而妄自创作的人吧！以"不知"甚至"无知"为"知者"。

7.27　子曰："盖有不知而作之者，我无是也。多闻，择其善者而从之，多见而识之，知之次也。"（《述而》）

在学习中，首先就要保持一个谦虚谨慎、实事求是的态度。孔子虽然是礼仪专家，对于殷商之礼，研究深入，但他仍说：

"夏礼，吾能言之，杞不足征也；殷礼，吾能言之，宋不足征也。文献不足故也。足，则吾能征之矣。"（《八佾》）夏商之礼，还不能深入地去谈，这是因为杞国和宋国现存的典籍和贤者尚不够充分的缘故。如果足够充分，就可以用来作引证了，足见夫子对待学问的慎重。

"学而知之者"为大多数人普遍的状态，"多闻，择其善者而从之；多见而识之"就提出了"学而知之"的具体方法——"多闻""多见"。"多闻"即为多听，而"择其善者而从之"是有一个主观判断选择的过程，也就是独立精神的体现，不能听到别人怎么说，你就怎么想，没有自己的思考和判断。古希腊哲学家亚里士多德说："我爱我师，我更爱真理。"即使面对自己的老师，也保持着积极思考和判断，时时保持着独立的质疑精神，这就是真知带给我们的力量吧。"多见而识之"，多去看并默记心中，重点在"识"上。孔子曾反问自己："默而识之，学而不厌，诲人不倦，何有于我哉？"（《述而》），也提到了"默而识之"，两处意思是相通的。"识"不光是记住，更是"默识心通""内化于心"的知识反刍的过程，也就是对于知识的感悟和升华，如此所学才能真正融入自己的生命之中。如果能做到这些，便是中上之人了，距离"生而知之者"最近的了。

中人以上的人，就可以和他谈论形而上高深的道理了。孔子在教育学生的过程中，对此应该深有感触，其因材施教的教育方法也是根据学生不同的来展开的。

6.21 子曰："中人以上，可以语上也；中人以下，不可

以语上也。"（《雍也》）

《周易》："形而上者谓之道，形而下者谓之器。""形而上"指的是抽象的哲理与精神，"形而下"指的是可以看到、容易被理解的知识。知识的学习，实际上是从"形而下"到"形而上"的过程，所有的学习都是从看到、感受到，再到理解其中的道理，剥茧抽丝，最后再回到"形而下"，也就是实践的运用中去。即使资质平平，但若能勤学不辍，也总能感悟所学。唐代边塞诗人高适自幼就有阅读障碍，但他却并不气馁，坚持读书作诗，终有所成。

"中人"也可对应"学而知之者"，当我们知道学习，勤奋读书时，自然会从书中明白其义，而提升为"中人以上"，可以懂得一些形而上的道理了。"中人以下"也可对应"困而不学者"，"语上"是很困难的，恐怕基本的知识也有盲区。因此，一个人生来的根器固然重要，但若不通过学习好好开发利用，也可能会沦为"中人以下"。庆幸的是，无论是"中人""中人以上"还是"中人以下"都是可以通过学习来改变自己的认知，提升自我的智慧，完善内在的品格。在孔子看来，只有两种人无法改变。那就是"上知"与"下愚"：

17.3　子曰："唯上知与下愚不移。"（《阳货》）

"上知"即为"生而知之者"，能够洞察宇宙天地规律、人伦社会秩序的圣人。"下愚"则是"困而不学之人"，没有智慧也不愿意学习的人。"上知"不改变是因为智慧圆满，看透一切，理解一切，无需改变。"下愚"者不改变是因为既没有智慧，也没有知识的积累，认知层次比较低，同时又不喜欢学习和改变自我，就无法理解和接受别人的做法和建议，这样的人往往会很固执，便会"无知者无畏"了。

四、下学而上达

学习让我们获得知识，明白事理，更让我们有能力去探索这个世界的真正奥秘。孔子"五十而知天命"，就已经能够了知天道了，此境界非圣人又有几人能探知呢？有一次孔子仰天喟叹，没有人了解我啊！这是多么苍凉而孤寂的灵魂叩问。

14.35　子曰："莫我知也夫！"子贡曰："何为其莫知子也？"子曰："不怨天，不尤人；下学而上达。知我者其天乎！"（《宪问》）

子贡却不能理解："为什么没有人能了解您呢？"天下何人不知孔子？不知老师您的学说呢？孔子却说："我不怨恨天，不责备人，下学人事，上达天命，能了解我的大概只有上天了！"理解孔子的回答关键在"下学"与"上达"，"下学"概指人事之学，"上达"意味由"下学"而达于天道。

圣人之学始于"下学"，由此而明理知性，通达天命所在。孔子虽"道不行""运多舛"，却能做到"不怨天，不尤人"，了知生的意义，感知天的意志。晚年孔子已知自己的天命所在，并"负命而行""知其不可而为之",如孟子曰:"故天将降大任于是人也,必先苦其心志,劳其筋骨,饿其体肤,空乏其身,行拂乱其所为,所以动心忍性,曾益其所不能。"(《孟子·告子下》)知天命而能不怨天,洞悉人事而不尤人。上天能了解孔子,孔子也能明白上天给予自己的天命所在,孔子思想已达"天人合一"之境。

　　学得再多,如不能由此"上达",进行形而上的思考,感悟生命的意义和使命,确立学的价值,便失去了学的真正意义。子贡还停留在下学的阶段,未能上达,故而不能理解老师为何有这样的感叹。孔子知子贡若此,便想要设机应教子贡。这一次对话夫子以"天道"引导子贡。

　　17.19　子曰:"予欲无言。"子贡曰:"子如不言,则小子何述焉?"子曰:"天何言哉?四时行焉,百物生焉,天何言哉?"(《阳货》)

　　子贡未解老师苦心,反问夫子,您不说话了,那我们这些弟子们该传述些什么呢?积极以求老师"说了什么",却不解其"所以言"。孔子却说:"天何言哉?四时行焉,百物生焉,天何言哉?"天说了什么呢?四季照常流转,万物依然生长,天说了什么呢?孔子以"天道不言"启发子贡,天理流行,天地之心见于不言,四季流转,万物生灭皆在不言,虽不言却处处显其道。王充《论衡》说:"故太伯曰:'天不言,殖其道於贤者之心。'夫大人之德,则天德也;贤者之言,则天言也。"天虽不言，却将天道植于人心。大人者，德能配天，贤者之言是天德的表达。王充强调了人的道德主体性，并以天之德为最高的道德范畴，人能够成就并表达其内涵。

孔子的"无言"就是对天道的体察与了知，已经达到了最高的认知层面。"无"是最高的智慧，"大音希声，大象无形"，最高明的道是在不言之中的，因为语言的表达总是有其局限性，有不尽之言，不尽之意。圣人之道也正在其日常动静之中，身教之中更显其义，而弟子们有时却不能领悟老师的不言之教，孔子甚至对他们说："二三子以我为隐乎？吾无隐乎尔。吾无行而不与二三子者，是丘也。"（《述而》）"诸位真以为我对你们有什么隐瞒吗？我实在对你们没有任何隐瞒啊！我没有什么行为是不和你们在一起的，（那个每天和你们朝夕相处的人）就是我孔丘啊！"孔子以圣德处处身教弟子，如天之德润万物。

以身教为不言之教，禅宗"不立文字，以心传法"也正在此意。

从求学到求道，对于天下大道的追寻，长路漫漫，不可能一蹴而就，也不可能靠一两个人就能完成。就算探求到了大道，是否能持久地坚持呢？在实践的过程中又怎样能够很好地去弘扬道呢？孔子将这个过程分为四个阶段："共学""适道""与立""与权"。

　9.30　子曰："可与共学，未可与适道；可与适道，未可与立；可与立，未可与权。"（《子罕》）

第一个阶段重在"学"，共学是比较容易实现的。但在这个过程中，每个人对于为什么而学，是"为己之学"，还是"为人之学"，产生了不同的理解。因此说"未可与适道"，这个阶段重在"求"。有了共同的追求是不是就够了呢？到了第三个阶段，考验的是"立"，也就是对你所追求的真理与道是否可以心无二物、持之以恒地坚持下去，若能坚持下去，人生定有所"立"，也就是有所成就。最后一个阶段重在"权"，就是权衡、权变。内在守正，权衡时错之宜，变通处身之法。孟子"嫂溺，援之以手"，即反经行权，破除"男女授受不亲"之论，"援之以手"则是拯救生命的权变之法。"与权"是最难以到达的。

我们都知道学习的重要性，但知识能塑造什么样的人，最重要的还是"人"在学习过程中确立的追求、立身的原则，最终不被知识、观念束缚，在坚持正道的前提下，懂得权变，有所突破。这不仅需要好学的精神，高尚的德性，还需要睿智的灵魂，仁者的勇气。"下学而上达"，通达天道，更要在人道中践行使命。儒家以仁道来探求生命价值，以道德完善来规范社会秩序。孔子以"人能弘道"来彰显人的主体实践意义，士阶层成为弘道的主体。但当时之世，也必有士人以仁道博取眼球和名声，而非真正地弘道。有一次子张就问老师，士人要怎样做才可以算作通达呢？

12·20 子张问："士何如斯可谓之达矣？"子曰："何哉，尔所谓达者？"子张对曰："在邦必闻，在家必闻。"子曰："是闻也，非达也。夫达也者，质直而好义，察言而观色，虑以下人。在邦必达，在家必达。夫闻也者，色取仁而行违，居之不疑。在邦必闻，在家必闻。"（《颜渊》）

孔子没有直接回答，而是反问他，你所问的"达"是什么意思呢？子张说，士人无论是在国家做事，还是在家族中行事都必会闻名于天下。老师马上指出子张所说的"达"并非"通达"，但在子张看来似乎是一回事。实际上，"闻名"不等于"通达"，孔子指出了二者在实践层面的不同内涵。子张认为"通达"即"闻名"，而实际上这样的人"色取仁而行违"，打着仁道的旗帜，伪装成正义、仁爱之士，而在实践中却并不是真正的仁者，只是以此欺世盗名，沽名钓誉，博取一个虚假的好名声罢了。

孔子对于"通达"之士提出三个标准：质直而好义，即正直的品性，坚持直道而行。察言而观色，即知人之智，仁者还需有智，才能真正通达于世，取得其他人的肯定与支持，才能真正做到弘扬仁道。如此才能进退自如，保全其道。虑以下人，则是自卑而尊人。"君子敬而无失，与人恭而有礼，四海之内皆兄弟也"，谦谦君子必能行于天下。可见，孔子提出的"通达"之士，首先要正直，直道而行是君子坚韧的品格，不流于世俗的染浊，任何境遇都能不改其志。其次是智慧，"仁者必有智"，做一个好人，坚持正确的事，必将会遇到各种困难与挑战，理想信念支撑君子的品格，智慧才是君子能行于天下的有力武器。最后是谦卑，真正的君子一定是谦逊有礼的，无论在什么位置上，都能尊重别人，不狂妄自大，时刻想到他人的困难与不易。如此，必将有更多的人相信并支持君子正在践行的道，天下之道就能通达了。

第三讲

有德君子

——君子是什么样的人？

　　君子原指有德有位之人，是孔子赋予了君子内在的人格精神。《论语》开篇第一章"人不知而不愠，不亦君子乎？"指出了一个真正的君子要有宽容的胸怀和高尚的道德修养，孔子从内在修养为君子之名提出了标准。孔子开办私学，培养人才的标准就是让弟子们成为君子。在孔门四科十大弟子中，排在第一的就是德行科的四个弟子：颜渊、闵子骞、冉伯牛、仲弓。成为有德君子要修养本心，提高道德境界。《大学》："心正而后身修；身修而后家齐；家齐而后国治；国治而后天下平。自天子以至于庶人，壹是皆以修身为本。"修身不仅是成为君子的重要条件，也是儒家政治哲学的逻辑起点，如果天下人皆能学为君子，则"家齐、国治、天下平"。

　　本讲内容围绕"君子是什么样的人？"探讨《论语》中有关君子的重要内容。在《论语》中被孔子直接称赞为君子的有四人：子贱、子产、南宫适、蘧伯玉。我们一起来了解一下，这四个人为什么被孔子给予君子的评价。其次，孔子将君子与"小人"的比较中，进一步确立了君子的价值追求。让我们进一步理解"君子怀德，小人怀土""君子喻于义，小人喻于利"，君子的美名更是在实践选择中成就的。第三部分，探讨君子是如何炼成的？内在的自我锻造过程即："如切如磋，如琢如磨"，君子成就美德如同制作美玉，而在实践中离开仁德是无法完成的，"君子去仁，恶乎成名?"一个真正的君子应该如何面对现实中的穷困窘迫，孔子提出"君子固穷，小人穷斯滥矣"，最后探讨"君子之过"。君子不是圣贤，不是完人，所谓"人非圣贤，孰能无过"，作为君子应该如何面对自己的过失，也是君子需要必备的修养。

一、君子哉若人，尚德哉若人！

在《论语》中，被孔子称赞为君子的有四个人：宓不齐、子产、南宫适、蘧伯玉。宓不齐、南宫适是孔子的学生。子产是郑国的宰相。蘧伯玉是卫国的大夫。他们身上究竟有着怎样的品质，可以赢得孔子颁发的君子称号，我们一一来走近这四位君子。

宓（fú）不齐在《论语》中只出现了一次，但是却获得了孔子极高的评价。

5.3　子谓子贱："君子哉若人！鲁无君子者，斯焉取斯?"（《公冶长》）

宓不齐，姓宓，名不齐，字子贱。鲁国人。比孔子小三十岁。孔子评价子贱，这个人真是一位君子，如果说鲁国没有君子，他又是从哪里学到这些君子美德的呢？"君子哉若人"是个倒装句，应为"若人哉君子"！"斯焉取斯"，前一个"斯"指子贱，后一个"斯"指君子的美德。

《史记·仲尼弟子列传》载："宓不齐字子贱。少孔子三十岁。孔子谓，子贱君子哉！鲁无君子，斯焉取斯？'子贱为单父宰，反命于孔子，曰：'此国有贤不齐者五人，教不齐所以治者。'孔子曰：'惜哉！不齐所治者小，所治者大则庶几矣。'"子贱治理单父这个地方，向孔子禀告这个地方有五个比我贤能的人，他们教我怎么为政治民的方法。孔子对他说，可惜你治理的地方太小了，要是治理的地方大一点就接近于道了。

孔子对于子贱的治理能力非常肯定，他是如何治理好这个地方的呢？据《吕氏春秋·察贤》载："宓子贱治单父，弹鸣琴，身不下堂而单父治。巫马期以星出，以星入，日夜不居，以身亲之，而单父亦治。"宓子贱治理单父这个地方，每日只是弹琴喝茶，并没有事事亲为，而是以君子的德行与智慧就把这个地方治理得很好，这就是孔子推崇的"德治"。实现"德治"者，必身正德高。孔子曾对季康子说："政者，正也。子帅以正，孰敢不正？"（《颜渊》）在上位者，如果行得端，做得正，以身为则，则天下信服。

鲁国是周公姬旦的封国，因周公辅佐周成王而让其子伯禽代封鲁国国君。古有周公以至德感召天下，今有孔子以培养君子为己任，故鲁国多君子。子贱有君子的品格和修养，谦虚地向其他贤人学习，以仁政治理单父，同时能做到"身不下堂"，不仅有仁且有智。

子产,公孙氏,名侨,郑穆公之孙,是郑国的宰相,春秋后期有名的政治家。孔子评价子产有合于君子之道的四种品质。

> `5.16` 子谓子产:"有君子之道四焉:其行己也恭,其事上也敬,其养民也惠,其使民也义。"(《公冶长》)

孔子从"恭、敬、惠、义"四个方面评价子产的君子之德。"行己"指立身行事,养民也惠,是养护民众能慈惠有恩。使民也义,在使用民力时,能考虑到百姓的时宜。子产立身行事能谦恭,事君事上能敬慎,养护民众能慈惠,使用民力能合义。谦恭有礼、敬慎行事有君子之风。在子产做了郑国宰相之后,治理国家做到了"惠""义",也就是惠及百姓,"使民以时"(使用民力安排在农闲之时),郑国也因为子产的治理而国力增强。对于子产的惠民之治,在《论语》中还有一处评价:"或问子产。子曰:'惠人也。'"(《宪问》)有人向孔子问起子产这个人,孔子说:"是惠及百姓的人。"儒家的仁政主要体现在对于百姓的仁爱恩慧上。

在《左传》中记载了子产对于为政中"宽"与"猛"的观点。

郑子产有疾,谓子大叔曰:"我死,子必为政。唯有德者能以宽服民,其次莫如猛。夫火烈,民望而畏之,故鲜死焉。水懦弱,民狎而玩之,则多死焉,故宽难。"疾数月而卒。

大叔为政,不忍猛而宽。郑国多盗,取人于萑苻之泽。大叔悔之，曰："吾早从夫子，不及此。"兴徒兵以攻萑苻之盗，尽杀之，盗少止。

子产得了重病，对太叔讲了对待百姓宽和猛都会有问题，只有真正的有德者才能使用宽和的方法。太叔执政后，不忍用猛而用宽，致使郑国有了很多盗贼，因此后悔没有听从子产的话。孔子知道这件事，肯定地说道："善哉！政宽则民慢，慢则纠之以猛；猛则民残，残则施之以宽。宽以济猛，猛以济宽，政是以和。"政策宽柔，百姓就会轻慢，轻慢就要用严厉的政策来纠正。但如果太严厉，则会使百姓受到摧残。受到摧残就要用宽容的政策来调和。宽容相济，是为政中的中庸之道。

子产去世后，孔子流着泪说："古之遗爱也。"（《左传·昭公二十年》）认为子产弘扬了上古圣王的仁爱与德治，对子产的评价很高。子贱、子产都将自己的君子之德惠及天下，让更多的人受益。可见，孔子认可的君子不光是有崇高的道德修养，还要有天下的胸怀与担当。

南宫适（kuò），名适，字子容，也叫南容。有一次南容向孔子问了几位历史人物，孔子却没有回答，南容离开后，孔子就称赞南容，此人真是个君子啊！真是崇尚德行啊！

14.5　南宫适问于孔子曰："羿（yì）善射，奡（ào）荡舟，俱不得其死然；禹、稷躬稼，而有天下。"夫子不答，南宫适出。子曰："君子哉若人！尚德哉若人！"（《宪问》）

　　南容向孔子问的问题是，后羿擅长射箭，奡擅长荡舟水战，但他们都没有得到善终。大禹和后稷亲自下地耕田，却都得到了天下。南宫适发现善用武力征服天下者，最后都没有好的结果。大禹和后稷发展生产，注重民生，最终都得到了天下。大禹德高望重，受舜禅而有天下。后稷是周之先祖，教民播种，身亲稼穑之事，至周武王而有天下。南宫适能提出这样的问题，已表明他已经具备君子之德，并对于上古圣王通过德治治理天下产生认同。对于这样的问题孔子无需回答，给予了"君子哉若人"的肯定。孔子对南宫适的喜欢，溢于言表，有一次南宫适多次吟诵"白圭"（《诗经·大雅·抑》）之诗，孔子听到后就把兄长的女儿嫁给了他。《孔子家语》载："南宫适世清不废，世浊不污。"

　　南容的观点实际上也是儒家仁政之道，避免不义之战，就是对百姓的仁爱。孔子在评价管仲时，说他"桓公九合诸侯，不以兵车，管仲之力也。如其仁，如其仁"。（《宪问》）管仲以自己的政治才能联合诸侯，没有发动战争，这就是他的仁德，对天下众生的仁德。在反战上，老子也有类似的观点："兵者不祥之器，非君子之器，不得已而用之，恬淡为上。"（《老子·第三十一章》）老子也反对武力，认为战争都会给人们带来灾难，不是君子立身之器。"不战而屈人兵"，不用武力而得天下者，实为大德大智者。

　　最后一位出场的君子是蘧伯玉，他是卫国的大夫。但他的出场很隆重，还有一位卫国大夫为他保驾护航，那就是史鱼。

那我们先说一说这个人吧。史鱼，名鳛，又名鮀，字子鱼。卫灵公时任祝史，负责卫国对社稷神的祭祀，故也称祝鮀。有一次，孔子说起卫灵公的荒淫无道，季康子不解，既然如此，卫灵公不是还好好地当他的国君，卫国怎么也没有亡国呢？孔子回答，因为卫灵公有人才啊。

14.19　子言卫灵公之无道也，季康子曰："夫如是，奚而不丧？"孔子曰："仲叔圉治宾客，祝鮀治宗庙，王孙贾治军旅。夫如是，奚其丧？"（《宪问》）

卫灵公有三位治国的人才，仲叔圉替他办理外交，祝鮀替他掌管祭祀，王孙贾替他统率军队，像这样，又怎么会失位亡国呢？其中的祝鮀就是史鱼，可见其在卫国也有着举足轻重的地位，卫灵公虽然无道，却很有眼光，很会用人。史鱼不仅有治国才能，且为人正直，对国家忠诚。他知道蘧伯玉是贤能之才，想推荐给卫灵公，希望君主能够远离宠臣弥子瑕。但生前未能实现，死后以自己的尸体继续向国君进谏，这就是历史上有名的"史鱼尸谏"，在《孔子家语·困誓》中记载了这件事。孔子听说此事后，评价史鱼的正直像箭一样，而说蘧伯玉是一位君子。

15.7　子曰："直哉史鱼！邦有道，如矢；邦无道，如矢。君子哉蘧伯玉！邦有道，则仕；邦无道，则可卷而怀之。"（《卫灵公》）

　　史鱼的刚直就像箭一样，无论国家有道还是无道，都是像箭一样直，他没有丝毫的退缩和隐藏。孔子说："刚、毅、木、讷近仁。"（《子路》）刚毅、正直是接近仁德的第一种品质。夫子也说过，"人之生也直，罔之生也幸而免"。（《雍也》）人的天性本来是正直的，不正直的人之所以也能生存，不过是他侥幸免于祸患罢了，正直是值得肯定的品质。但史鱼的直，是在任何情况下都始终保持的直，哪怕死了，也要"尸谏"。这种刚直固然可贵，但缺少变通。如果遇到能赏识的君主还能留个美名，但若遇到格局小的，小命很容易就丢了，所谓"刚者易折"也。

　　相比于史鱼，蘧伯玉更有君子的品格。因为"直"是成为君子的必备条件，但不是唯一条件。蘧伯玉在国家有道时就出仕，无道时就隐藏起自己的才智。孔子之所以在这里称赞蘧伯玉是君子，因为他在立身处世时是懂得权衡变通的。成为君子不单要"直"，还要有审时度势的思考，明哲保身的智慧。孟子说："君子不立于危墙之下。"君子不应该让自己处于危险的境遇中。《礼记·中庸》："知、仁、勇三者，天下之达德也。"智慧、仁德、勇敢是君子应该具备的三种德性，仁德中必有正直的品质。君子要有"仁"，还应有"知"和"勇"。"知"是分析判断、知进退的能力，勇敢是在应该承担责任、弘扬道义之时毫不怯懦，所谓"当仁不让于师"。

　　孔子非常看重在乱世中君子的处世能力和处世之道。南容也拥有这种智慧，孔子也曾评价他："邦有道，不废；邦无道，免于刑戮。"（《公冶长》）南容这个人国家政治清明时，他不会被废弃埋没；国家政治混乱时，他又能免于刑罚，保全性命。能做到在乱世中保全性命，需要大"知"。类似的评价在《论语》中还有多处，如：

5.21 子曰："宁武子，邦有道则知；邦无道则愚。其知，可及也；其愚，不可及也。"（《公冶长》）

8.13 子曰："笃信好学，守死善道。危邦不入，乱邦不居。天下有道则见，无道则隐。邦有道，贫且贱焉，耻也。邦无道，富且贵焉，耻也。"（《泰伯》）

14.1 宪问耻。子曰："邦有道，谷。邦无道，谷，耻也。""克、伐、怨、欲不行焉，可以为仁矣？"子曰："可以为难矣，仁则吾不知也。"（《宪问》）

14.3 子曰："邦有道，危言危行；邦无道，危行言孙。"（《宪问》）

蘧伯玉不仅有着进退有度的智慧，同时很注重修身养德。

14.25 蘧伯玉使人于孔子。孔子与之坐而问焉，曰："夫子何为？"对曰："夫子欲寡其过而未能也。"使者出。子曰："使乎！使乎！"（《宪问》）

蘧伯玉派使者来看望孔子，孔子与使者坐下来，问道："老先生最近在做什么呢？"使者回答："他老人家只想减少自己的过失，却还没能做到。"可见，蘧伯玉常思己过，反身而诚，常求诸己。

二、君子怀德

君子的德行于天下最高的标准就是符合"义",孔子提出"义之与比(bǐ)",比,就是遵从之,一切都应该遵从道义。

> **4.10** 子曰:"君子之于天下也,无适也,无莫也,义之与比。"(《里仁》)

君子对于天下的事情而言,没有规定必须要如何,也没有规定必须不能如何,一切都要遵从道义来做选择和判断。无适无莫,相当于孔子所说的"无可无不可"。对比之前的两个否定"无适也""无莫也",这里的"义"实际上仍在谈"权变",即权衡变化。天下的事纷繁复杂,不可能用一个标准去衡量和判断,"义"是尊重客观事实的变通,符合当时之情理,能够"事出从权"。符合"义"的标准是对事实情理的判断与变通,是对事实中的人和事的体贴和尊重,实际上体现着君子内在的"德"。

真正的君子不会被世俗框架所束缚,能从现实情况出发,敢于有所突破。有一次,孔子去卫国时,路过蒲地,正碰上公叔氏欲凭借蒲地背叛卫国,公叔氏知道孔子要去卫国,害怕其阴谋被卫君知道,因此就要挟孔子订立盟约不去卫国,才放他们通行。离开蒲地,孔子还是去了卫国。子贡不解,问老师许下的承诺可以不遵守吗?孔子回答:"要盟也,神不听。"在被逼迫的情况下承诺的事情,神灵都不会认同。因为这是在非正常情况下发生的事情,如果再按照常理去遵从,那就是"迂腐"了!子曰:"言必信,行必果,硁硁然小人哉!"(《子路》)言语一定求见信于人,做事一定求有个结果,这是那种心胸狭小而又固执的人啊!这里的"小人"便是认死理,不懂变通的人。

对于评价天下之人来说,也不能用一个观点去看待,"苟至于仁矣,无恶也。"一个人如果真的愿意去追求正道了,就不要再厌恶他了。"义之与比"是君子的道德选择,对于天下之事、天下之人的守护与捍卫。

在《论语》中,孔子经常将君子的德行与小人放在一起比较。孔子所说的小人,也特指在社会中没有接受教化的百姓,没有一定社会实权的人。通过这种比较,我们可以更加清楚地看到君子与小人在道德修养、人生追求、价值信念上的本质区别。

1.11 子曰:"君子怀德,小人怀土;君子怀刑,小人怀惠。"(《里仁》)

孔子说:"君子关心的是仁德修养,小人关心的是土地田产。君子关心国家的礼乐刑政是否健全,小人关心自己能否得到财利实惠。"这里的刑,指的是国家的礼乐刑政制度。

君子关心的是如何提升内在道德修养,小人关心的是外在的物质利益。君子关心国家社会的整体利益,小人则关心个人私利。

《三国志·魏书·陈登传》记载,有一次许汜去见刘备,说起曾在下邳时去拜见陈登,但对他没有待客之礼,晚上睡觉,自己睡在大床,而让他睡小床。刘备听后大笑对许汜说,你也算是有名之士,如今天下大乱,你不想着为国家天下做点事,却每每想着四处购置田产,成为了求田问舍之徒。如果我是陈登,我会睡在百尺高楼之上,让你睡在地上。子曰:"士而怀居,不足以为士矣。"(《宪问》)一个士人,如果贪图安逸的生活,就不配做一个士人了。

关心什么实际上体现的是一个人内在的追求,追求什么实际上体现的是一个人的道德境界。君子心里装的是家国天下,小人则是一己之利而已矣。因此君子所求的是天下之道义,小人则只在乎个人私利的满足。在个人的价值追求上,君子与小人有着本质区别。

1.16　子曰:"君子喻于义,小人喻于利。"(《里仁》)

孔子说:"君子通晓的是道义,小人通晓的是财利。"这里的"喻"是了解,通晓之义。"义"和"利"是君子与小人的试金石,君子凡事考虑道义"以义为先",而小人则唯利是图,汲汲于名利,无暇顾及"义"。君子追求道义、肩负责任,所为以利天下为利,有了君子之义,才有天下之利。而小人则是擅长追求财利,为追求私利而不惜损害他人之利,甚至违背道德良知。因此,君子不仅通晓道义,且能弘扬道义,而小人则擅长钻营财利,在利益面前,道义是可以牺牲的。

因为君子与小人的价值追求不同,在社会生活中就有着不同的表达。君子和小人看起来都能与他人和谐相处，但其中的"和谐"又有着本质不同。

　　13.23　子曰："君子和而不同，小人同而不和。"（《子路》）

　　君子之德能容人，即使遇到与自己观点不同的人，也能去尊重和包容，不会去刻意追求他人与我一样，故君子"和而不同"。君子能和的前提是皆有着正向的道德追求与价值目标，所求是一致的，不同的是实现的方法。而小人则刻意追求同，实际上是共同利益的驱动与追逐，每个人都有着自己的利益算计，并不是真正的和睦，所以小人是"同而不和"。

　　《礼记·中庸》："致中和，天地位焉，万物育焉。""万物并育而不相害，道并行而不悖"，天下万物纷繁多样，正因为有了差异性，这个世界才是丰富多彩的。战国时期的"稷下学宫"因为思想的自由与包容性创造了百家争鸣的文化盛世。

　　如果以上的内容有点抽象的话，我们也可以从具体的社会生活中来看，孔子选取了"共事"和"用人"这两件事来讲君子和小人德行的不同。

　　13.25　子曰："君子易事而难说也：说之不以道，不说也；及其使人也，器之。小人难事而易说也：说之虽不以道，说也；及其使人也，求备焉。"（《子路》）

　　这里的"说"通"悦"，高兴之意。孔子说："君子很容易共事但是很难取悦，如果不以正道取悦他，他是不会高兴的；等到他使用人才时，又能量才使用。小人不容易共事但很容易讨好，即便不以正道讨好他，他也会很高兴；然而等他使用人才时，却往往求全责备。"这一章是从君子的处世之道来衡量君子之德。前面几章所谈的君子与小人的不同，包括价值追求的不同、道德境界的不同，就形成了他们在为人处世上的差异性。

　　与君子共事很容易，因为他光明磊落，还能体贴别人的难处。在"用人"上，能够知人善用，根据不同优势而用人，使身边的人得到合理的任用。如果想用歪门邪道去讨好这样的君子，一定会吃闭门羹。

　　小人则相反，不容易共事，是因为小人"喻于利"，对自己没有好处的事情是不会去做的，但凡有利可图，一定会冲在最前面。想要讨好他也很容易，只要有利，是否合乎正道都不重要。在"用人"上，总是会苛责于人，很难看到别人的优点。朱熹《论语集注》："君子之心公而恕，小人之心私而刻。天理人欲之间，每相反而已矣。"君子立身遵从天理，能够做到客观公正。而小人则从私欲，自私自利。孔子的这段话将君子与小人的形象刻画的形象生动，理之深刻，喟然深思！

三、如切如磋，如琢如磨

　　成为君子不是朝夕之间就能实现的，因为获得君子的品德需要持之以恒，还需要在各种人生境遇中接受考验。子贡是孔子学生中最富有的，孔子评价他"赐不受命，而货殖焉，亿则屡中"，子贡非常有经商头脑，去经商做生意，预测市场行情时，常常一猜即中。有一次子贡向老师问人在面对贫富时的态度。

1.15 子贡曰："贫而无谄（chǎn），富而无骄，何如？"子曰："可也。未若贫而乐，富而好礼者也。"子贡曰："《诗》云：'如切如磋，如琢如磨。'其斯之谓与？"子曰："赐也，始可与言《诗》已矣！告诸往而知来者。"（《学而》）

"谄"，谄媚，阿谀。"骄"，骄横，傲慢。"而"，能。

子贡向老师问"贫而无谄，富而无骄，何如？""贫穷而能不谄媚，富有而能不骄横，怎么样呢？""富而无骄"实际上指的他是自己，语气中甚至有点得意，老师您看我虽然富有，但我不骄傲蛮横，他以为自己做得已经很好了，期待老师给他的表扬。孔子说："可也。未若贫而乐，富而好礼者也。"子贡说的境界也算可以了，但不如贫穷而能乐道，富有而知好礼。孔子给子贡提出了一个更高的境界"安贫乐道""富而好礼"。《礼记·曲礼上》："富贵而知好礼，则不骄不淫；贫贱而知好礼，则志不慑。"子贡虽然取得了世俗的成功，但由此也更容易狂妄自大，老师苦心若此。

伟大的老师引领聪明善思的学生，子贡很快领略了老师的用意，问道："《诗》云：'如切如磋，如琢如磨。'其斯之谓与？"子贡说："《诗三百》上谈君子成就美德，说：'如切如磋，如琢如磨。'岂不就是您说的这种境界吗？""有匪君子，如切如磋，如琢如磨"，是《诗经·卫风·淇奥》中的两句诗。"其斯之谓与?"子贡反问老师这两句诗表达的内涵是不是就是老师说的这个境界呢?"如切如磋，如琢如磨"以治玉的过程比喻君子品德修养须循序渐进，精益求精。切、磋、琢、磨，原指器物加工的工艺方法。汉代王充《论衡·量知》："骨曰切，象曰磋，玉曰琢，石曰磨；切磋琢磨，乃成宝器。"

子贡引用这两句诗，就是以制作玉器的过程来比喻君子修养德行，提高内在精神境界的过程。因为他明白了自己说的那个境界"贫而无谄""富而无骄"相对于玉石打磨来说，只是最初级的打磨，而只有做到"贫而乐道""富而好礼"才是高级阶段的精工细作。包裹在玉石外面的杂质如同人身上的问题与习气，经过不断地完善进阶，才能成为"有匪君子"。

孔子听到子贡的回答很高兴，说："赐也，始可与言《诗》已矣，告诸往而知来者。"赐，是子贡的名。可以开始和你讨论《诗三百》的道理了!因为我告诉你过往已知的事情，你就能由此推知将来未知的事情了。孔子为什么高兴，因为告诉子贡一个道理，他马上能够理解领会，不仅明白了，还能举一反三，引用了《诗经》的内容。孔子说过："举一隅不以三隅反，则不复也。"（《述而》）你告诉他其中一个角，他却不能推知其余三个角，我便不会再启发他了。启发学生、引导学生，学生有思考，有回应，老师的快乐就在其中了。

仁德的品质要经过自我的磨砺，还要在人生境遇中得到检验，检验的标准是是否合乎道义。

4.5 子曰："富与贵，是人之所欲也；不以其道得之，不处也。贫与贱，是人之所恶（wù）也；不以其道得之，不去也。君子去仁，恶（wū）乎成名？君子无终食之间违仁，造次必于是，颠沛必于是。"（《里仁》）

"所欲"，所想要的。"不处"，不安处。"所恶"，所厌恶的。"不去"，不必摆脱。前面的"得之"应作"去之"。"去仁"，离开仁德。"去"，离开。"恶乎成名"，"恶"，怎么；"成名"，成就君子之名。"无终食之间违仁"，"终食之间"指一顿饭的工夫。违仁，同"去仁"。"造次必于是，颠沛必于是"，"造次"，急遽仓促；"颠沛"，困顿流离；"于是"，在此，即在仁德之中。言君子遭遇变故时，也能将身心安顿于仁德之中。孔子说："富与贵，是每个人都向往的；但如不能用合乎道义的方法获得富贵，君子就不会接受它；贫与贱，是每个人都厌恶的，但如不能用合乎道义的方法摆脱贫贱，君子就不会摆脱它。君子离开了仁道，怎么成就其君子之名呢？君子哪怕在吃一顿饭的工夫都不会背离仁德，仓促匆忙之间也一定在仁德中，颠沛流离之际也一定在仁德中。"

"富与贵，是人之所欲也"，孔子肯定了每个人都有追求富贵的权利，即使是君子，也可以光明正大地追求名利富贵，但是要遵循道义的尺度，"不以其道得之，不处也"，如不能用合乎道义的方法获得富贵，君子就不会接受。儒家的义利观，不是反对我们去追求名利财富，而是一定要遵循道义。子曰："不义而富且贵，于我如浮云。"（《述而》）通过不合道义的手段而获取的富贵,就像天边的浮云一样!一个人的道德水平越高,就会越重视"义",一切以"义"为衡量尺度。能做到非义不取,直道而行。

"贫与贱,是人之所恶也;不以其道得之,不去也。"贫与贱,是每个人都厌恶的,但如不能用合乎道义的方法摆脱贫贱,君子就不会摆脱它。小人则为了追求名利财富,可以放弃道德底线,违背道义良知,就根本无法做到"以义为先""重义轻利"了。

君子能够坚守道义,是因为内心有仁。"君子去仁,恶乎成名?""去"是离开。君子如果离开了仁道,就无法成就君子的名声了。君子时时刻刻以仁道要求自己,并安于仁道,践行仁道,弘扬仁道。这样的坚定、这样的决心哪怕在一顿饭的工夫也不会违背仁德,"君子无终食之间违仁,造次必于是,颠沛必于是"。"造次"是急遽仓促,"颠沛"是困顿流离。这两种人生状态应该都是人生的不安定,或遭遇变故。往往在这样的时候,最能彰显一个人的内在品质。

在人生的颠沛流离之中,唯有君子还能将身心安于仁德之中。孔子周游列国的路上,一路历经艰难险阻,陈蔡之厄绝粮七日,依然能保持君子光明乐观的态度,君子通过成"仁",磨砺自我,接受考验。

成就君子的品德,要内外相合。孔子提出"文质彬彬,然后君子"。

6.18 子曰:"质胜文则野,文胜质则史,文质彬彬,然

后君子。"（《雍也》）

孔子从文质关系来谈君子。内外的品质就是质和文。质，特指人内在的质朴品性。文，指君子通过各种礼节仪文涵养德行，提升道德境界。质和文要相得益彰，内外相合。"质胜文则野"，内在的质朴胜过外在的文采，就会显得粗野鄙陋。野，本指乡野无礼之人，这里表示粗野。外在的文采胜过内在的质朴，就会显得华而不实。"文胜质则史"，外在的文采胜过内在的质朴，就会显得华而不实。只有文采和质朴相得益彰，文与质的呈现都是恰到好处，不多也不少，文质相和才能成为真正的君子。文质彬彬实际上也是君子修身的中庸之道。

有一次卫国大夫棘子成和子贡也讨论了君子修养中的文质关系。

12.8　棘（jí）子成曰："君子质而已矣，何以文为？"子贡曰："惜乎！夫子之说君子也。驷（sì）不及舌。文犹质也，质犹文也。虎豹之鞟（kuò）犹犬羊之鞟。"（《颜渊》）

"质而已矣，何以文为"，"质"指人天生的禀赋习性，质朴无华。"文"指各种礼节仪文，属于后天的学习修饰。"驷不及舌"，"驷"，四匹马，古时四匹马驾一车。一言既出，驷马难追。"文犹质也，质犹文也"，"犹"，如同。言文与质实不可分。"鞟"，去了毛的兽皮。棘子成说："君子只要本质纯善就足够了，为什么还要讲究外在的文采呢？"可以看出棘子成的观点是

认为君子只要有天生纯良的本性就够了，不需要外在的礼节仪
文的修饰了，甚至是不需要后天的学习了。子贡对这样的观点
是不认可的，说道："惜乎！夫子之说君子也。驷不及舌。"子
贡觉得棘子成作为一个大夫，说话要慎重啊，特别是有位之人，
说的话还是会产生一定的社会影响。怎么能这样谈论君子呢？
一言既出，驷马难追。

　　子贡没有强行让棘子成接受自己的观点，而是用了虎豹与
犬羊的毛巧妙地比喻文的重要性，论证了文质的同一性。"虎豹
之鞟，犹犬羊之鞟"，"鞟"就是去了毛的兽皮。文采如同本质，
本质如同文采。如果把虎豹皮上的毛全部去掉，那就和犬羊的
皮没什么两样了！对于君子来说，有内在质朴纯良的本性必然
会有外在谦恭有礼的言行举止。反之，如果内在质朴，怎么会
言行无礼呢？

　　孔子说："有德者必有言，有言者不必有德。"（《宪问》）
一个有德的君子，一定会有好的言谈。有好的言谈不一定有德，
这是对非君子而言，诸如"巧言令色"之徒。"文犹质也，质犹
文也"，君子的文质是统一的，内在之德和外在的行是一致的，
这才是真君子。

　　君子之名不是阳春白雪，更不是高头讲章，君子的德行是
体现在真实的生活中。孔子讲到在生活中有三种有益的快乐，
对自己有损的快乐也有三种。

　　16·5　孔子曰："益者三乐，损者三乐：乐节礼乐，乐道人

之善，乐多贤友，益矣；乐骄乐（jiāo lè），乐佚游，乐宴乐（yàn lè），损矣。"（《季氏》）

"乐节礼乐"，以礼乐约束自我为乐。"节"，节制，约束。"乐道人之善"，以称道他人之善为乐。"道"，称道。"乐骄乐"，以骄奢放肆为乐。"乐佚游"，以过度的游玩为乐。"乐宴乐"，以饮宴吃喝为乐。孔子说："对自己有益的快乐有三种，对自己有损的快乐也有三种：以礼乐约束自我为乐，以称道他人之善为乐，以多交贤友为乐，这便于己有益。以骄纵放肆为乐，以没有节制的游玩为乐，以饮宴吃喝为乐，这便于己有害。"

"益者三乐"是君子的快乐，"乐节礼乐，乐道人之善，乐多贤友"，以礼乐约束自我为乐，以称道他人之善为乐，以多交贤友为乐，这三种有益的快乐能提高内在修养，为君子所好。"损者三乐"是"乐骄乐，乐佚游，乐宴乐"，"乐骄乐"以骄奢放逸为乐，"乐佚游"以没有节制的游玩为乐，"乐宴乐"以饮宴吃喝为乐，这三种是有害身心的快乐，消磨人的意志，为小人所好。《论语集释》引《四书近指》："从来会享受人只是于损者之乐占尽胜场，以为奇福。岂知乐有损益，益者之乐，在彼不在此，节礼乐全在日用间应事接物上讨求，心安理顺，此便是孔颜乐处。"

四、君子之过

君子有高尚的道德追求，以道义作为行事准则。但君子也会有过失，如何面对错误，君子和小人有本质的不同，这决定于他们不同的道德认知与道德境界。

1.8 子曰："君子，不重则不威；学则不固；主忠信；无友不如己者；过则勿惮（dàn）改。"（《学而》）

孔子说："一个君子（应该庄重），不庄重就没有威严；应该努力学习，这样就不会固陋迁执；为人处世，应以忠诚信义为主；不要与各方面都不如自己的人交朋友；有了过错不要紧，但千万不要怕改正。"在这一段里谈到了立身、学习、处世、交友、改过几个方面。"不重则不威"谈君子应该庄重。学生们谈起老师时说："子温而厉，威而不猛，恭而安。"（《述而》）孔子气象温和而又不失严肃，神情威严而又并不凶猛，容仪恭谨庄重而又舒泰安详。孔子每日与学生朝夕相处，以身教来引导学生如何培养君子的威仪。"学则不固"，通过学习保持进步，做到"毋意、毋必、毋固、毋我"。（《子罕》）"主忠信"，君子处世，与别人打交道，要讲诚实信义。"无友不如己者"，孔子提出交友的标准，不要与各方面都不如自己的人交朋友，"三人行必有我师焉"，能够发现别人的长处，善于向别人学习。

"过则勿惮改"，君子不是完人，立身处世中也必然会犯错。"人非圣贤，孰能无过"，人都会犯错，关键是面对错误的态度，君子不会害怕犯错，因为他一定会马上去改正。在孔子看来，真正的错误是犯了错误而不去改正，那就真成为过错了！

15.30 子曰："过而不改，是谓过矣！"（《卫灵公》）

君子也会犯错，但过而能改，因为君子内心坦荡，"君子求诸己"。明知道犯了过错，却"过而不改"，依然我行我素。这样就成为真正的过错了，甚至造成更大的过错。造成这种情况大概有两个原因，其一，是不愿意承认自己错了，固执己见。其人可能位高专断，也可能性格偏执。其二，是不认为自己错了，也听不进去别人的意见，终成大错。这两种情况都与"我执"有关。

孟子曰："爱人不亲，反其仁；治人不治，反其智；礼人不答，反其敬——行有不得者皆反求诸己，其身正而天下归之。"（《孟子·离娄上》）当我们爱别人，得不到回应时要"反其仁"，反思自己爱的初心和动机。这份爱是真的为对方好，还是一种占有和控制。由爱生恨，"爱之欲其生，恶之欲其死"，爱而不得，爱人者失去理智，被爱者恐怕只剩下恐惧，怎么还能亲近爱人者呢？治理国家时，得不到百姓的拥护，也要反思治理方法是不是有问题，不能去埋怨百姓。我对别人很有礼貌，别人却不爱理睬我，要反思自己是不是做到发自心底的恭敬。当我们期待一个好的结果却得不到时，都应该先反思自己身上的问题，不要去埋怨别人，推卸责任。

孔子评价颜回："不迁怒，不贰过。"颜回不会迁怒于人，同样的错误不会犯两次。朱熹《集注》曰："过而能改，则复于无过。"过而能改，则相当于没有了这个过错。改过迁善，则君子之功也。面对过失，小人不能坦然面对，甚至会文过饰非。

19.8 子夏曰："小人之过也必文。"（《子张》）

"文"，掩饰。子夏说："小人犯了过错，一定要掩饰一番。"小人之过，与君子之过互为发明。君子犯了过错，会勇敢面对，改过迁善。而小人则反之，犯了过错，一定要想办法掩饰错误、推卸责任。子曰："君子求诸己，小人求诸人。"（《卫灵公》）君子遇到问题在自己身上找原因，小人则总是苛责别人，看不到自己的问题。朱熹《论语集注》："小人惮于改过，而不惮于自欺。"小人害怕改错，但却不怕自欺欺人。

关于君子之过，子贡也有一段很好的表述。

19.21 子贡曰："君子之过也，如日月之食焉；过也，人皆见之；更也，人皆仰之。"（《子张》）

"日月之食"即日食和月食，"食"又作"蚀"。子贡将君子之过比喻为"日月之食"，即指日食（蚀）和月食（蚀）。子贡说："君子的过失，就像那日食月食一样。他犯过失的时候，人人都看得见；他改正过错的时候，人人都仰望着他。"日食、月食，这是自然本有的现象。君子有过失也如"日月之食"一样，一方面是君子犯错也是人之常情，另一方面，君子不隐瞒自己的过错，人们看到他的过失如同看到日食与月食。

君子之过必更，然后"人皆仰之"。人们没有因为君子犯了过错而批评责备，却因为君子改正了过错而仰望赞叹，看，有错必改，这人是个真的君子啊。

第四讲

仁爱为本
——做一个心中有爱的人

儒家思想的核心是"仁"和"礼"。儒学是立身入世之学，首先要解决的就是如何成人？成为什么样的人？在《论语》中，"仁"字常与"人"字同音互训。如"观过，斯知仁矣"（《里仁》），"殷有三仁焉"（《微子》）等。《中庸》第二章："仁者，人也。"将"仁"与"人"直接画了等号。正如刘强教授指出："'仁'是人的本质规定性。"① 可以说，儒家仁学就是以"仁"来认识人、引领人，做一个顶天立地、堂堂正正的人，心中要有"仁"，有了仁心善性才能爱己、爱人，爱更多的人。

　　弟子们多次请教老师什么是"仁"，孔子没有对"仁"下定义。而是给予了不同的回答，如樊迟问仁。子曰："爱人。"（《颜渊》）老师告诉樊迟一个简单明了的行动方案，去爱世人吧。司马牛问仁。子曰："仁者，其言也讱。"（《颜渊》）仁者说话一定是迟缓谨慎的。孔子从实践层面引导学生们理解仁道，儒学本质上就是一种实践之学，是对于"仁"的践行。孟子指出："强恕而行，求仁莫近焉。"（《孟子·尽心上》）忠恕之道

---

① 刘强：《论语新识》，长沙：岳麓书社，2016 年版，第 112 页。

是距离仁德最近的,曾子曰:"夫子之道,忠恕而已矣!"(《里仁》)以一颗仁爱之心去立身,去爱人,去处世,去践行。一个人有了仁心善性,立身处世一定会仁爱世人,以忠恕之道与自己、他人,和这个世界和谐相处。

如何做一个心中有爱的人?如何成为这样的人,爱自己和这个世界。本讲讨论的第一个主题是"仁者爱人",仁者爱人,先从爱自己的亲人开始,再爱更多的人,以此类推。用爱连结起这个世界。其二是探讨忠恕之道,理解"己所不欲勿施于人"的处世智慧,感悟仁者的胸怀。其三是探寻仁学大厦的建构,以仁道自处的智慧。最后,围绕"仁者不难"来理解仁学是每个人都可以践行的哲学。

一、仁者爱人

有子是《论语》中继孔子之后第二个出场的人物,可见其在孔门中有一定的地位。有子,姓有,名若,字子有。孔子弟子,比孔子小三十六岁。记录有若的言论都在《学而》篇,第二章就是有若谈论关于"仁之本"的内容。

1.2　有子曰:"其为人也孝弟,而好犯上者,鲜矣!不好犯上,而好作乱者,未之有也。君子务本,本立而道生。孝弟(tì)也者,其为仁之本与!"(《学而》)

有子说:"一个人能做到孝顺父母,爱敬兄长,却喜欢冒犯长上,这样的情况是很少的。不喜欢冒犯长上,却喜欢造反作乱，这样的情况从来没见过。君子应该致力于根本的确立，根本确立了，人道也就由此而生。孝和悌，应该就是仁道得以推行弘扬的根本吧！"孝弟也者"，这里的"弟"同"悌"。"孝弟"指的是两件事，孝指孝敬父母，"弟"（悌）指敬爱兄长。有子指出仁的根本就是孝悌之道。为什么孝悌之道是仁道的根本呢？

《大学》第一章："身修而后家齐；家齐而后国治；国治而后天下平。"君子修身的起点是孝悌之道，孝悌乃人之本，人能有孝悌之心，自能有仁心仁道，犹木之生于根。"君子务本"，君子应该致力于追求仁道的根本，践行孝悌之道，才能"家齐"。儒家是以血亲家族作为政治哲学的起点，"家齐"而后"国治""天下平"。因此，家的起点是孝悌之道。孝悌之心是仁心的发端。

仁道在现实中的表现有两个层面，在家庭伦理生活中，表现为孝悌。在社会生活中，表现为忠恕。一个人如果连父母都不爱，怎么能要求他考虑他人，为这个社会做点什么呢？因为这样的人只爱自己。一个人在家庭生活中可以做到孝悌，内心有仁爱，以礼来侍奉父母和兄长。那么在社会生活中就能做到忠恕，不"犯上作乱"。但要注意这里的"犯上"不能片面地、极端地理解为对君主或上级不"忠"。还要结合《论语》中的其他内容：

3.19 定公问："君使臣，臣事君，如之何？"孔子对曰："君使臣以礼，臣事君以忠。"（《八佾》）

君上若能按照礼来使唤臣下，臣下才会尽职尽责辅助君上。这里的"忠"不是忠于君主，而是忠于职责所在。所以，孔子也说过："勿欺也，而犯之。"

> **14·22**　子路问事君。子曰："勿欺也，而犯之。"（《宪问》）

不要欺骗君主，若君主有过失，应该敢于直言上谏。这就和有子说的"不好犯上"有不同的内涵。

有子的观点完整来看就是一个人若能做到孝悌，那么就可以生出人道中最根本的仁爱之心。如果仁道是一棵大树，孝悌之道就是仁道的根基。在整个社会生活中，一个人的仁心善性首先是通过孝悌之道表现出来的。因此，"君子务本"这个本就是"孝弟之道"，这也是儒家仁爱思想的源头。

值得一提的是，有子的外貌与孔子颇为相似，孔子去世后，学生们很想念老师，就想让有子坐在老师的位子上，"子夏、子张、子游以有若似圣人，欲以所事孔子事之"。（《孟子·滕文公上》）有子当然不能代替老师，曾子反对这样做，他讲到老师的地位是有子不能替代的："江汉以濯之，秋阳以暴之，皜皜乎不可尚已！"曾子用江汉之水和秋阳来比喻老师的思想深邃，光明广大，任何人都是无法替代老师的。

儒家思想的核心是"仁"，但是仁是很抽象的概念，有子从孝悌之道谈仁爱的根本，孝悌之道是我们在生活中日用而不知的道，也是容易理解的。"仁"在社会生活中还有很多不同的表达，关于什么是"仁"，如何理解"仁"也是孔门中的热门话题。樊迟向老师请教什么是仁，竟然问过三次。

12.22　樊迟问仁。子曰："爱人。"问知（zhì）。子曰："知人。"樊迟未达。子曰："举直错诸枉，能使枉者直。"樊迟退，见子夏，曰："乡（xiàng）也吾见于夫子而问知，子曰：'举直错诸枉，能使枉者直'，何谓也？"子夏曰："富哉言乎！舜有天下，选于众，举皋陶（gāo yáo），不仁者远矣。汤有天下，选于众，举伊尹（yī yǐn），不仁者远矣。"（《颜渊》）

樊迟请问什么是仁。孔子说："爱人。""问知"，这里的"知"通"智"，又问什么是智。孔子说："知人。"樊迟还是不太明白。孔子说："举直错诸枉，能使枉者直。""错"通"措"，是安置、放置的意思。就是将那些正直的人举拔出来置于不正直的人之上，便能使不正直的人成为正直的人。樊迟退下来，对老师的回答还是不明白，因此，见到子夏，希望子夏能帮他解读一下老师的话到底是什么意思呢？便对他说："乡也吾见于夫子而问知，子曰：'举直错诸枉，能使枉者直。'何谓也？""乡"通"向"，是刚才的意思。樊迟说："夫子说：'将正直的人举拔出来置于不正直的人之上，便能使不正直的人成为正直的人。'这是什么意思呢？"子夏说："富哉言乎！舜有天下，选于众，举皋陶，不仁者远矣。汤有天下，选于众，举伊尹，不仁者远矣。"子夏说夫子这话含义太丰富了！当年大舜拥有天下之时，在民众之中选拔出皋陶，那些不仁的人就远远离开了。

商汤拥有天下之时，在民众之中选拔出伊尹，那些不仁的人就远远离开了。

樊迟问仁，孔子回答"爱人"，只有两个字，简洁有力的回答却包含着无穷的情感与思想。有了仁心自然会爱人，爱是仁者与生俱来的能力。孟子进一步提出"仁者爱人"："君子所以异于人者，以其存心也。君子以仁存心，以礼存心。仁者爱人，有礼者敬人。爱人者人恒爱之，敬人者人恒敬之。"（《孟子·离娄下》）君子不同于常人的地方就在于所存之心，以仁爱之心去对待他人，一定会得到别人的爱戴，以礼去尊敬别人，也会得到他人的尊敬。

樊迟又问什么是智，孔子也只回答了两个字"知人"。了解别人的智慧首先是要能判断人的正直与邪曲，这也是儒学的"知人之智"。如何算是"知人"？孔子告诉樊迟"举直错诸枉，能使枉者直"，这句话如果只看表面似乎和"知人"没什么关系，但我们可以通过子夏的话来进一步理解其中的含义。子夏列举了虞舜和商汤时期的两位贤臣，皋陶是舜时的一位法官，正直公正，伊尹辅佐商汤建立商朝。舜和汤所选用的贤者，体现了他们的知人之智。子夏的话至少包含两层含义：其一，是儒家政治学的用人原则"举贤"，举荐正直贤德的人，让他们的位置在那些邪曲之人之上，这样邪曲之人就不敢恣意妄为，时间长了也可能会改邪归正。仲弓曾经也问过孔子为政之道，孔子说："先有司，赦小过，举贤才。"（《子路》）也讲到了举荐贤才是为政的重要条件。其二，"知人"也包含着对天下的大爱，"举直错诸枉"要求我们不但要能判断正直、邪曲，还要将那些

****

正直贤德的人举荐出来，让他们的位置在不正直的人上面，这样做实际上让更多的人得到了恩惠，邪曲之人就没有机会破坏正常的和谐安定。能够去举荐贤人是有天下情怀的君子，能够用贤臣是有崇高德行的明君。

"仁者爱人"是君子对于天下广博的爱，这份爱还包括对于天下万物生命的尊重与爱护，但儒家的爱是有先后次第的，由人及物。

> **10.12**　厩焚。子退朝，曰："伤人乎？"不问马。（《乡党》）

有一次孔子家的马厩失火了。孔子从朝廷回来后，忙问："伤到人了吗？"却不问马的情况。马厩失火了，孔子先关心有没有人员受伤，没有问马的情况。此章体现了儒家仁心的次第，需由人及畜，再及物。如朱熹《集注》："非不爱马，然恐伤人之意多，故未暇问。盖贵人贱畜，理当如此。"朱熹以"贵人贱畜"来说明圣人的仁心，儒家之爱，是有远近亲疏之别，有人畜之等差。而"不问马"，是在那种危机情况下，顾不上问。如果在危急情形下，先关心畜生和财物，而将人的生死置之度外，不要说圣人，一个有良知的人都不会如此，这是我们可以和圣人之心印证的地方。儒家的仁心，来自于普遍人性的认知。

在《论语》中也记录了孔子对待天地万物生命的尊重。

> **7.26**　子钓而不纲，弋（yì）不射宿。（《述而》）

"钓而不纲"，"钓"这里指钓鱼。"纲"是渔网的主绳，这里的意思是一网打尽。"弋不射宿"，"弋"是以生丝系矢而射。用一种系有细长绳的箭，射出去后可以把箭与猎物找回来。宿鸟是还巢栖息之鸟。"子钓而不纲，弋不射宿"，孔子钓鱼，绝不会用大网绝流而渔，一网打尽。孔子也射鸟，但绝不会射还巢栖宿之鸟，免使覆巢。孔子对万物的仁爱之心。人类社会的生存与发展有赖大自然的馈赠，但对自然的撷取要适度。

荀子进一步发扬了儒家的这种自然观，他在《王制》中说："圣王之制也，草木荣华滋硕之时，则斧斤不入山林，不夭其生，不绝其长也；鼋鼍、鱼鳖、鳅鳝孕别之时，罔罟、毒药不入泽，不夭其生，不绝其长也。"圣明的王制是当草木开花结果的时候，砍伐的斧头不允许带进山林，为了不使正在生长的草木生命受到人为的砍伐破坏，而鼋鼍、鱼鳖、鳅鳝等产卵时，渔网、毒药不准投入江河湖泽，这也是为了它们能够继续繁衍。人类的生存发展要与万物和谐共存。如果说"不问马"是基于普遍的人性，这一章对万物的仁爱之心则来自圣贤的大爱，这是普通人难以达到的境界。王阳明将这种爱升华为"一体之仁"，"大人者，以天地万物为一体也"，可以与佛家的"同体大悲"互为理解。

有一次孔子家的狗死了，孔子让子贡好好埋葬。并对他说："吾闻之也'敝帷不弃，为埋马也；敝盖不弃，为埋狗也。'丘也贫，无盖，于其封也，亦予之席，毋使其首陷焉。"（《礼记·檀弓下》）孔子不忍让狗的头直接碰到土，圣人仁心充沛其中。

如何判断一个人有没有仁心呢？孔子说，如果一个人用花言巧语、谄颜媚色取悦他人的人，很少有真正的仁德。

<u>1.3</u>　子曰："巧言令色，鲜矣仁。"（《学而》）

我们可以从一个人的言行举止来判断一个人内心是否有真正的仁德。语言是判断的重要依据。这是从反面来论证"鲜矣仁"。孔子也从正面说明了什么样的人接近仁德。

<u>13.27</u>　子曰："刚、毅、木、讷，近仁。"（《子路》）

孔子说："刚强、果敢、质朴、言语慎迟，这四种品质近于仁。"说话的时候言语质朴而迟缓，这样的人更接近于仁德。司马牛向老师问仁时，孔子的回答就着重在仁者的语言。

<u>12.3</u>　司马牛问仁。子曰："仁者，其言也讱。"曰："其言也讱，斯谓之仁已乎？"子曰："为之难，言之得无讱乎？"（《颜渊》）

司马牛请教什么是仁。孔子说："仁者讲话往往是迟缓谨慎的。"司马牛说："其言也讱，斯谓之仁已乎？""讱"，忍也，难也。讲话迟缓谨慎，就可以叫作仁了吗？老师告诉他："为之难，言之得无讱乎？"为之难，做起来难。得无，怎么。凡事做起来很难，说起来怎么能不迟缓谨慎呢？一个人内心有仁，说话一定是谨慎迟缓的。因为在说话之前要考虑他人的感受，会

不会对别人有所伤害。权衡的不是自己的利弊,而是他人的感受。

司马牛,名耕,字子牛,孔子弟子。宋国人,司马桓魋(向魋)之弟。《孔子家语》载:"牛为性躁,好言语,见兄桓魋行恶,牛常忧之。"司马牛性格急躁,说话鲁莽。孔子看到司马牛的不足,因材施教。凡事说起来容易,做起来难,子贡问老师怎么成为君子时,子曰:"先行其言,而后从之。"(《为政》)先把自己想要说的做好,然后再说出来。人们往往喜欢先说而后行,仁者对任何事都保持敬畏,知道成事不易,往往先去行动。即使要去说,也是非常谨慎的。

17.6 子张问仁于孔子。孔子曰:"能行五者于天下,为仁矣。"请问之。曰:"恭、宽、信、敏、惠。恭则不侮,宽则得众,信则人任焉,敏则有功,惠则足以使人。"(《阳货》)

子张向孔子请教何为仁。孔子说:"能够在天下实行五种品德,就是仁了。"子张请问哪五种。孔子说:"恭敬、宽厚、诚信、敏捷、恩惠。待人恭敬就不会遭受侮辱,为人宽厚就能得到拥护,诚实守信就会得到任用,做事敏捷就会容易成功,仁慈恩惠就能指挥得动民众。"本章谈论仁者行于天下的五种德行。

首先要做到"恭",恭敬是"礼"的体现。内在有仁德,其外必谦恭有礼。子夏曾对司马牛说:"君子敬而无失,与人恭而有礼。四海之内,皆兄弟也。"(《颜渊》)谦恭有礼的君子,无论走到哪里都会有朋友。"宽"实际上是忠恕的体现，宽厚待人是能体谅他人的品质。"信"则是君子行于天下的法宝，子曰："人而无信，不知其可也。"（《为政》）"敏"是说做事要勤勉灵活，一定会有所成就。"惠"是为政之道，惠及百姓，使民以时，就能得到支持和拥戴。

朱熹《集注》曰："五者之目，盖因子张所不足而言耳。"子张性格有些张狂自大，孔子所说的这五个方面，正是其所欠缺，需要努力弥补的德行。

二、己所不欲，勿施于人

孔门十哲德行科四位弟子：颜渊、闵子骞、冉伯牛、仲弓，冉雍位列其中。

> **12.2** 仲弓问仁。子曰："出门如见大宾，使民如承大祭。己所不欲，勿施于人。在邦无怨，在家无怨。"仲弓曰："雍虽不敏，请事斯语矣！"（《颜渊》）

仲弓请教何为"仁"。孔子说："平常出门如同会见外宾一样恭敬，使用民力如同承办祭祀典礼一样谨慎。自己所不愿意的事情，也不要强加于人。在朝为官心无怨尤，在家族中为人亦无怨尤。""在邦无怨，在家无怨"，"在邦"，指在朝为国家效力。"在家"，指在家族内，无怨，没有怨恨，不怨天不尤人。仲弓说："我冉雍虽然不够聪敏，但请允许我奉行您的教诲。"孔子的回答重在如何行仁，核心观点是"己所不欲，勿施于人"。

子张问仁，孔子首先谈到了恭，此章"出门如见大宾"，言谈举止要恭敬谦逊，如同要见重要的客人，这实际上是指出了行仁的首要前提。下面又谈到了为政的仁，体现在谨慎使用民力。无论做官，还是在家族事务中，都能做到无怨尤。

如何能做到"无怨"？——"己所不欲，勿施于人"，这是儒家的忠恕之道中"恕"的原则，自己不愿意、不想要的，不要强加给别人。孔子谈论的是人性共通的情感，孟子也说，人心有"同然"。因此，儒学是人人都需要的学问，也是人人都能理解的学问。

忠恕之道是儒家仁爱精神的体现，也是弘扬仁道的行动指南。"己所不欲，勿施于人"是"恕道"的体现，其精神核心应该是体谅和理解。那么忠是如何体现的呢？简而言之就是"己欲立而立人，己欲达而达人"。

6.30 子贡曰："如有博施于民而能济众，何如？可谓仁乎？"子曰："何事于仁，必也圣乎！尧、舜其犹病诸！夫仁者，己欲立而立人，己欲达而达人。能近取譬，可谓仁之方也已。"（《雍也》）

"如有博施于民而能济众"，"施"，是给予。"济"，是救助。子贡问老师，如果有人广施恩惠与民众，且能够救济民众之困乏，做到这样可以算一个仁者吗？子曰："何事于仁！必也圣乎！尧、舜其犹病诸！"何事，是何止之意。病，这里指担心。

孔子说："何止是仁者啊，那一定是圣人了！连尧舜这样的圣王尚且担心不能博施广济呢！"接下来孔子就说了那句儒家的经典名言，"夫仁者，己欲立而立人，己欲达而达人"。所谓仁者，就是自己想要安身立命，还能帮助他人安身立命；自己想要通达事理，还能帮助他人通达事理。仁的次第是由己及人。为什么孔子这样来解释仁者？因为仁者想到的不光是自己要有所成就，还要帮助更多的人获得价值和成功。这需要一份仁者的胸怀和境界，带领身边的人披荆斩棘去改变这个世界，让更多的人能够得到安顿，让更多的人获得生存的价值。这看起来需要非凡的能力和智慧，毕竟在这个世界上成功的人还是极少数，对于普通人来说，这个高度是不是难以企及呢？

孔子接下来要说的，就是将这个看起来很难的高度降级了，降到普通人可以触碰到的地方。"能近取譬，可谓仁之方也已"，能从近处取譬相喻，从己身推及他人，可以说是求仁的最佳方法了。"能近取譬"，"譬"是取譬相喻。人能就近体察己身，譬之他人，推己及人。这里指恕道。简单来说从我们自己身边可以做到的事情开始，哪怕是一件微乎其微的事，但你的起心动念是考虑到别人，帮助到别人，让我们的世界变得更好一点。这里的取譬，还包括恕道的体谅和理解，推己及人。这是每个人只要发心就能做到的。也是求仁最简单的方法。"立人""达人"要从身边、近处的人着眼去做，这样才能将仁道践行下去。行仁先从安顿好身边的人和事开始，从小事做起。如孟子所说："君子之言也，不下带而道存焉。"（《孟子·尽心下》）君子不是说上来就讲大道理，所说的话都在眼前，就在日常生活的各个方面，这也是道指所存之处，与孔子"能近取譬"，可谓圣人用心良苦。

子贡问仁，是从广大高远的"博施济众"开始提问，这是仁者的天下之志，但这样的境界连尧舜那样的圣人都担心做不到，更何况是普通人呢。仁者心中必有天下之志。孔子肯定其志向（博施济众）已比肩圣贤，但也担心子贡好高骛远。孔子叮嘱子贡"己欲立而立人，己欲达而达人"以忠恕之道弘扬仁道才是君子的追求，以"能近取譬"的行仁方法让子贡回归到当下的生活中，从自己和身边之事开始行仁。如《中庸》云："君子之道，辟如行远必自迩，辟如登高必自卑。"只要脚踏实地地努力，循序渐进地行仁，仁者的影响也一定会由"人"及"众"。

孔子的思想中始终贯穿的就是忠恕之道，但有的学生却没有看到孔子思想中始终贯穿如一的这个思想是什么。比如子贡，他只看到老师的勤奋好学，却没有看到老师思想的本质。

15.3   子曰："赐也，女以予为多学而识之者与？"对曰："然，非与？"曰："非也。予一以贯之。"（《卫灵公》）

孔子知道子贡没有深入的理解，故意问他："赐也，女以予为多学而识（zhì）之者与？"赐是端木赐，子贡的名。识，通"志"，记。子贡啊，你以为我是一个博闻强记的人吗？子贡回答："是啊，难道不是吗？""予一以贯之"实际是"予以一贯之"。孔子说："不是的，我的道是由一个根本的东西贯彻始终的呀！"在学习知识的过程中"博闻强记"很重要，但只有这些是远远不够的。孔子"十有五志于学""默而知之"，评价自己"好学"，这些弟子们都很容易地看到、感受到。但理解夫子的道，还要由此看到形而上的层面，也就是看不到的精神层面，始终不变，贯穿如一的道。

这个道是什么呢？子贡没有继续问，孔子也没有再解释，我们不得而知。但儒学大川磅礴广大，气象万千，却可以归结到一个"仁"字上，"一以贯之"的"一"可以通过儒学的"仁"来理解。孔子在这里谈到的贯穿始终的根本是"仁"道，这是儒学始终如一的核心追求。知识不是越多越好，而重在学习的过程中看到知识背后的规律。透过表象看到本质，才能使思维获得深度。

孔子也对曾参说过"一以贯之"这句话，参是曾子的名。同样，在这次对话里，孔子依然没有解释这个贯穿始终的"一"是什么，但是曾子对此做了解释。

> *4.15*　子曰："参乎！吾道一以贯之。"曾子曰："唯。"子出。门人问曰："何谓也？"曾子曰："夫子之道，忠恕而已矣！"（《里仁》）

子曰："参乎！吾道一以贯之"孔子对曾参说："我的道是由一个根本的东西贯穿始终的。"曾子恭恭敬敬地回答了一个字说："是！"等他出去以后，其他弟子们就问曾子，老师说的是什么意思呢。曾子曰："夫子之道，忠恕而已矣。"曾子说："夫子他老人家的道,只是忠和恕罢了。"尽己之心以待人叫忠,推己之心以及人叫恕,己所不欲,勿施于人是恕。曾子对于老师这个"一"解读为"忠"和"恕",这是在说"仁"道的道德实践。"忠"是积极的道德,做对别人有益的事。"恕"是消极的道德,不做对别人有害的事情。《中庸》云:"忠恕违道不远。"我们在日常实践中践行"忠恕"之道,实际上就是在弘扬仁,成就仁。

忠恕之道体现着仁学的道德实践精神,忠和恕包含着两个不同层面的道德内容,如果需要做一个选择,你会选哪一个呢?大多数人都会选"恕",因为它符合更符合人性。当子贡问老师有没有一个字能让终生坚守并去做呢?孔子就回答了"恕",并再一次用"己所不欲,勿施于人"来解释恕道的精神本质。

15.24 子贡问曰:"有一言而可以终身行之者乎?"子曰:"其'恕'乎!己所不欲,勿施于人。"(《卫灵公》)

孔子对"忠"和"恕"做了一个选择,只留下了"恕"。"忠"是"己欲立而立人,己欲达而达人",做到这一点内在要有仁心,高尚的道德,外在还要有能力,有影响力,才能做到"立人""达人"。而"恕"是"己所不欲,勿施于人",以己之心度他人之心,不要做对别人有害的事。体谅他人,理解他人,对他人和这个世界多一点善意。对大多数人来说,做到这一点还是比较容易的。可见,孔子对于人性了解之深,儒学帮助我们在真实的成长经历中去不断超越自己,没有苛求,如果你能慢慢做到了"恕",也许也能逐渐做到"忠"。感知这个世界的温度，也许它没有你想得那么好，但一定会因为你的、他的、我们的善意变得更好。

三、里仁为美

成为一个仁者，身心安居在仁德之境是一件美事。"里仁为美"说的就是这样一种人生境界。

4.1 子曰："里仁为美。择不处仁，焉得知（zhì）？"（《里仁》）

"里仁为美"，"里"表示居处。安居于仁德之境，是一件美事。"择不处仁，焉得知"，"择"是选择；"处仁"：以仁道自处；"焉"，哪里；"知（zhì）"，通"智"。人生面临抉择时，不能以仁道自处，哪里算得上是有智慧呢！孔子谈到以仁安居，以仁道自处。

"里仁"首先是指安居在仁德之境，住在有仁者的地方。环境对人的成长和改变有着非常重要的意义。《荀子·劝学》："故君子居必择乡，游必就土，所以防邪僻而近中正也。"君子必定会居住在有贤者的地方。与贤者、仁德的人做邻居，我们耳濡目染也会受到好的熏陶。这也是环境对一个人成长的重要作用，所谓"近朱者赤，近墨者黑"。其次，"里仁"也指心灵的居所，精神的依托。一个人能好好地安顿自己，身心都应得到好的居所。人的一生面临很多的选择和诱惑，能以仁道为心灵精神的家园，才能在面对选择和困惑时不做错误的决定，这是真正的智慧。

不是每个人都能以仁道自处,认为里仁为美是一件人生美好的事。孔子也从"不仁"之境来论证"择不处仁,焉得知?"

> **4.2** 子曰:"不仁者,不可以久处约,不可以长处乐。仁者安仁,知者利仁。"(《里仁》)

"不仁者,不可以久处约,不可以长处乐。""约",贫困。不仁德的人,既不能长久处于贫困之中,也不能长久处于安乐之中。一个人如果不仁德,在贫困中要有问题,在富贵中也要出问题。因为想要改变贫困而不在乎用什么样的方法,孔子说:"君子固穷,小人穷斯滥矣。"(《卫灵公》)唯有君子才能固守于穷困而不改其志,小人一旦陷入穷困,就会肆无忌惮地胡作非为了。即使是在富贵安乐的日子,不仁德的人依然不能长久地安乐下去,因为他会以不仁之心对待他人与这个世界,必然"多行不义必自毙"。孟子曰:"不仁者可与言哉?安其危而利其菑,乐其所以亡者。"(《孟子·离娄上》)孟子也讲到,不仁之人还有什么能对他说的呢?一个人的良心善性都丧失了,与禽兽有何区别呢?在本质上已经不能称其为人了。这样的人看到别人遇到困难,身处险境之时,不但袖手旁观,甚至"利其菑",还要从灾难中谋取利益。"乐其所以亡者",是说不仁者以那些能使人灭亡的手段和道路为乐,比如坏人以抢夺别人的财物为乐,恶人以随便伤害别人为乐。所以孟子在后面说:"天作孽,犹可违;自作孽,不可活。"不仁者往往最终的结局是自取灭亡。

"仁者安仁，知者利仁。""安仁"，安处于仁道。"利仁"，有利于仁道。仁者安处于仁道，智者有利于仁道。无论生活境遇如何，有仁德的人能让自己的身心安处于仁德之中，有智慧的人能够去弘扬仁道，有智慧的人也一定能"择以处仁"。

实际上，人的本性本应该是纯良质朴的。儒家性善论就是相信人有这种本性。既然如此，那么人的行为应该就由此出发而行仁道和正道。孔子用了一个很形象的比喻，就像我们离开屋子一定会从门走出去，这就是仁道、就是正道。

> **6.17**　子曰："谁能出不由户？何莫由斯道也？"（《雍也》）

孔子说："谁能离开屋子却不经过房门？为什么没有人从这仁义之道上经过呢？"孟子也说过"居仁由义，大人之事备矣。"（《孟子·尽心上》）住在仁德的屋子，走仁义的大道，这是有德君子要做的。"言非礼义，谓之自暴也；吾身不能居仁由义，谓之自弃也。仁，人之安宅也；义，人之正路也。旷安宅而弗居，舍正路而不由，哀哉！"（《孟子·离娄上》）如果背离了礼义，不能居仁由义，就是自暴自弃了。仁是人心安住之地，义是人出门应该走的正路，无仁身心得不到安顿，无义人生会无路可走。"旷安宅而弗居，舍正路而不由，哀哉！"那些舍弃了仁义之路的人，实际上舍弃的是人生之本，岂不是可悲嘛！但当时的春秋战国时期，礼崩乐坏，天下混乱。孟子说："世衰道微，邪说暴行有作，臣弑其君者有之，子弑其父者有之。"（《孟子·滕文公章句下》）孔子认为天下动乱是因为礼制废弛，人心不古是因为失去了仁义。

天下如此动荡，是否还有希望呢？有一位仪封人见过孔子后对弟子们说过这样一段话："二三子何患于丧乎？天下之无道也久矣，天将以夫子为木铎。"（《八佾》）诸位何必还要担心丧位失道呢？天下已经衰乱无道很久了，上天将要让夫子来作引领天下、复兴王道的木铎啊！古时天子发布政令，使者先振木铎（大铃，金口木舌，故称木铎），以警示民众。这里是以木铎比喻孔子将以仁道引领天下之正道。

孔子以仁爱精神培养君子，"仁者安仁，知者利仁"是君子的道德境界，也是君子的实践精神。在孔门的众多学生中，能达到仁爱境界的，只有颜回得到了老师的肯定。

6:7 子曰："回也，其心三月不违仁；其余，则日月至焉而已矣。"（《雍也》）

孔子评价颜回"其心三月不违仁"，说颜回心性纯良，能够长久地安于仁德之境。这里的"三月"，不是具体时间，意为时间长。那么其他弟子呢？"其余，则日月至焉而已矣。"其他的弟子嘛，不过短时间至于仁德罢了。"日月至焉"，"日月"，一日一月，表示时间短。孔子称赞颜回能够长久地安于仁德之中。由"里仁为美""仁者安仁""居仁由义"看出，儒家思想所提倡的"仁道"，不是空洞的标语，而是需要每个人身体力行地去做。孔子希望弟子们能够理解仁的内涵、弘扬仁的精神。在众多弟子中，颜回是做得最好的，不仅做到"仁者安仁"，也做到了"知者利仁"。

四、我欲仁，斯仁至矣！

践行仁德，成为一个有仁德的人，是不是一件难以实现的事情？

`7·29`　子曰："仁远乎哉？我欲仁，斯仁至矣！"（《述而》）

孔子说："仁德离我们很远吗？我想要仁德，仁德也就来了。""我欲仁"是说我想要仁德，这个是主观条件，取决于你愿不愿意，而不是你能不能。只要你愿意，从任何身边的小事去做，就可以践行仁，仁德就来了。"斯仁至矣！"是说仁德就来了，这句话解答的是践行仁这件事不难。孟子说："仁义礼智，非由外铄我也，我固有之也。"仁德这件事本来就是人心本有的，所以，只要我愿意、我想要去做，就可以把内心本有的仁心善性呈现出来了。

既然仁者不难，为什么孔子也评价弟子们只能短时间致力于仁德呢？因为我们的心容易受到环境的干扰和很多诱惑，因此而慢慢蒙蔽了本心，心灵麻木了，逐渐丧失了仁心善性，这时行仁固然是一件困难的事了。孟子曰："大人者，不失其赤子之心者也。"（《孟子·离娄章句下》）无论人生境遇如何，不要丧失了人本来的纯良本性。孔子说："我未见好仁者，恶不仁者。"孔子说自己没有见过真正爱好仁德的人，和真正憎恶不仁的人。这实际上讲到了对于仁德这件事人们的麻木态度，不喜欢也不憎恶。这样就失去了道德评价的标准和能力。这不禁让人想到鲁迅笔下旧中国麻木的中国人，道德判断和情感无论是对个人，还是一个民族和国家都是至关重要的。对这样的麻木，孔子在两千多年前就发出了感叹。

4.6　子曰："我未见好仁者、恶不仁者。好仁者，无以尚之；恶不仁者，其为仁矣，不使不仁者加乎其身。有能一日用其力于仁矣乎？我未见力不足者。盖有之矣，我未之见也。"（《里仁》）

"仁者，无以尚之；恶不仁者，其为仁矣，不使不仁者加乎其身。"爱好仁德的人，那真是再好不过了。憎恶不仁的人，他行仁德的时候，绝不使不仁之事施加在自己身上。如果一个人憎恶仁德，自己就不会做出不仁之事，这就做到了"己所不欲，勿施于人"。成为一个仁者，首先要有道德判断，爱憎分明，孔子说："唯仁者能好人，能恶人。"（《里仁》）只有仁者才能真正喜爱可爱之人，憎恶可恶之人。"有能一日用其力于仁矣乎？我未见力不足者。盖有之矣，我未之见也。"真有哪怕在一天之内能够全部致力于仁道的人吗？——我还没有见过行仁而力量不够的，大概会有这样的人，只是我没有见到吧！真正爱好仁德的人，能不能做到一天之内全部致力于仁道呢？将自己的起心动念都安于仁境之中。如果连一天都做不到还怎么能谈到爱好仁德呢？"我欲仁，斯仁至矣"这还是想不想，愿不愿意的事情，还是主观意愿来决定的。

在行仁这件事上，孔子批评的是没有主观能动性，甚至麻木不仁的人。孔子的学生冉求甚至为自己不能践行老师的道找借口。

> 6.12 冉求曰："非不说（yuè）子之道，力不足也。"子曰："力不足者，中道而废，今女（rǔ）画。"（《雍也》）

冉求曰："非不说（yuè）子之道，力不足也。"这里的"说"通"悦"，喜欢之意。冉求说："我也不是不喜欢老师的道，实在是力量不够啊！"冉求态度似乎很诚恳，我觉得老师的道很好，我是愿意去学习实践的，但是我实在是心有余而力不足。冉求的借口就是"力不足"，老师对此严厉批评："不足者，中道而废，今女画。"画者，画地为牢。如果真是力量不够，也应走到中途，没力气了再停下来。现在你却还没上路，就已先给自己画定了界限。孔子指出冉求的问题"今女画"，冉求你都没有努力，一直在原地踏步啊，怎么能说自己力量不够呢？

颜回做到了"其心三月不违仁"，其他的弟子是"日月至焉而已矣"，但是冉求恐怕一天也没有做到，还在为自己找借口，孔子对这个弟子可以说是很失望了。冉求在做了季氏的管家之后，很多做法都引起孔子的不满，甚至有一次孔子很生气地说冉求："非吾徒也！"要跟他断绝师生关系，可见，冉求确实是有负老师的期望。

孔子对于颜回寄予厚望，在其问仁时，也给予了更有深度的引导和回答。

> **12.1** 颜渊问仁。子曰:"克己复礼为仁。一日克己复礼，天下归仁焉。为仁由己，而由人乎哉?"颜渊曰:"请问其目。"子曰:"非礼勿视，非礼勿听，非礼勿言，非礼勿动。"颜渊曰:"回虽不敏，请事斯语矣!"(《颜渊》)

颜回请教什么是仁。子曰:"克己复礼为仁。一日克己复礼，天下归仁焉。""克己"，约束自己，克制私欲;"复"，返、归之义。孔子说:"约束自己复归于礼，便是仁。一旦做到克己复礼，整个天下便归向于我的仁心之中。行仁之事，全由自己，岂是由得别人的呢?"孔子从"克己复礼"的总体要求，再讲到具体的四方面要求。首先讲仁的总体纲目是"克己复礼"，"克己"克制的是个人的欲望与习气，"复礼"是复归于礼的要求。"礼"对内指向个人的道德水平，对外指向社会的秩序。如果能做到"克己复礼"，整个天下都归于和谐安定，这是仁的功效，从个体的仁，实现天下的仁。"为仁由己，而由人乎哉?"孔子再次强调了"为仁由己"，个人主观能动性的重要性，只有每个人真正愿意去做，才可能实现整个天下的仁德。

颜渊曰:"请问其目。"子曰:"非礼勿视，非礼勿听，非礼勿言，非礼勿动。"颜渊曰:"回虽不敏，请事斯语矣。"颜回又问:"请问详细的条目。"孔子说:"不合礼的现象不要看，不合礼的声音不要听，不合礼的言辞不要说，不合礼的行为不要做。"颜回说："我颜回虽然不够聪敏，但请允许我奉行您的教诲。"颜回的第二问是"请问其目"，请教具体行仁之方。孔子用了四个勿，被称为"颜子四勿"，是儒家仁学在实践中的工夫。"勿看""勿听"是主观上避免外在环境对自我的侵扰，"勿言""勿动"是对言行的要求。孔子为什么用双重否定来表达具体的行动指南呢？仁心实际上是道德的自觉，这种自觉外化于行，往往是在"不合礼"的时候能够得到更好的检验。当我们有逾越道德、违背本心的想法和行为的时候，是否能守住"仁"的道德境界，约束好自己的行为呢？

孔子从理论层面的"仁"到实践层面的"仁之目"，体现了儒家的学问是知行合一的，在实践层面更好地帮助我们完善道德境界，获得立身处世的智慧。

第五讲

礼的涵养

——以礼养成谦谦君子

礼乐文明是中华文化的重要内容。"礼"在《说文解字》中的释义为"礼，履也，所以事神致福也"，表达的是先民们在敬天法祖中的仪式，对于天地自然的敬畏，通过礼节仪式表达内心的恭敬。在甲骨文中，礼只有右边的"豊"（𧘲），后来才有了左边的"礻"，意思是通过祭祀活动，人们获得的启示，这实际上是"天人合一"最质朴的形态。在这个过程中，最重要的就是"敬"。

恭敬的本心实际上是内心仁德的体现。颜回问仁，孔子回答"克己复礼为仁"，表达了"仁"与"礼"的内在关系。"仁"是人之成人的内在本质要求，"礼"是"仁"的外在表达，因为内心有仁德，故而有对他人和万事万物的尊敬。孔子曾说："人而不仁，如礼何？人而不仁，如乐何？"（《八佾》）只有具备仁德的本心，礼和乐才能有意义。对于君子来说，"仁"和"礼"就是"质"和"文"的关系，子曰："质胜文则野，文胜质则史。文质彬彬，然后君子。"（《雍也》）"质"是君子的内在仁心善性，"文"是君子要具备的礼节仪文。仁德的内在通过礼节仪文的修饰而呈现出来，文质相和，仁礼互彰。孔子的思想重视内在君子品格的养成，通过外在礼的涵养呈现出来，文质彬彬，然后君子。

孔子一生的理想就是恢复周礼，实现天下归仁。本讲首先探讨孔子对于周礼的推崇，了解周公姬旦制礼作乐对于中华礼乐文明的重要意义。其次，解读"礼"的本质，如果我们只看到了礼所表达出的仪式，却没有理解礼的内在本质，就是舍本逐末了。第三个主题是了解"礼之用"，孔子说"礼之用，和为贵"，礼是用来调和人与人、人与社会，人与天地之间的关系。最后，君子一定要学习礼仪的重要意义。孔子说，"不学礼，不以立"（《季氏》），不学习礼，就无法立身处世。理解礼的本质，遵守礼的约束，才能成就谦谦君子的美名。

一、吾从周

周公制礼做乐，为中华文化的礼乐文明奠定了基础。《左传·文公十八年》载："先君周公制周礼曰：则以观德，德以处事，事以度功，功以食民。"说先君周公制作《周礼》，礼用来观察德行，德行用来处置事情，事情用来衡量功劳，功劳用来取食于民。孔子盛赞周朝的礼乐文明，希望能够尊崇周礼。

3.14 子曰："周监（jiàn）于二代，郁郁乎文哉！吾从周。"（《八佾》）

"周监于二代"，"监"是相比。相比于夏、商两个朝代的礼乐制度，周公依据二代之礼，加以损益，制定了完备丰富的礼乐制度。"郁郁乎文哉！吾从周"，"郁郁"是盛美的样子；"文"是文采。更重人文，故曰周尚文。周礼是多么盛美可观、丰富多彩啊！周礼以人伦为本，比夏商二代更为丰富多彩，可谓后来居上，后出转精。"吾从周"，因为周礼是这么丰富盛美，孔子表达愿意尊崇周礼。以周礼来考察德行，社会秩序稳定，周朝由此获得了八百多年的繁荣安定，这也是孔子遵从周礼的原因。

孔子认为礼崩乐坏是社会动荡的根本原因，希望能够恢复周礼。当公山弗扰想要启用孔子，孔子感慨地说："如有用我者，吾其为东周乎！"（《阳货》）如果能任用我，我会重新复兴东周的礼乐文明！孔子甚至说，如果能振兴周代的礼乐文明，三千年以后的事都可以预知。

2.23 子张问："十世可知也?"子曰："殷因于夏礼，所损益可知也；周因于殷礼，所损益，可知也；其或继周者，虽百世可知也。"（《为政》）

子张问老师："十世可知也?"三十年为一世，十世即三百年。三百年以后的事可以预知吗？孔子说："殷因于夏礼，所损益，可知也；周因于殷礼，所损益，可知也。""因"，因袭，沿袭。"损益"，增减。殷代承袭了夏代的礼制，其所减去或增加了什么，是可以考知的。周代承袭了殷代的礼制，其所减去或增加了什么，也是可以考知的。"其或继周者，虽百世，可知也"，若有继承周代之礼而推行于天下者，即便是三千年之后，也是可以预知的啊！孔子这里谈三代礼乐的传承，殷承夏，周承殷，至周大成，周朝达到礼乐文明的巅峰。孔子作为礼仪专家，精熟三代之礼，对周礼尤其推崇。孔子之所以说若能继周者，三千年以后的事都可以预知，是因为周礼已经是最完备、最丰富的了，并且在周朝的社会发展中发挥了重要作用，并得到了实践的检验。

钱穆先生评此章："孔子历陈夏、殷、周三代之因革，而特提一'礼'字。礼，兼指一切政治制度，社会风俗，人心之内在，以及日常之现于外表，而又为当时大群体所共遵共守者。故只提一'礼'字，而历史演变之种种重要事项，都可综括无遗，且已并成一体。必具此眼光治史，乃可以鉴往而知来，而把握到人类文化进程之大趋。"[1] "礼"实际上涵盖了国家治理方方面面的内容，周礼是三代礼制的集大成者，孔子预测其会影响三千年以后的社会，如今两千多年过去了，中华传统文化的"礼乐文明"依然在深刻影响着我们的民族精神与生活。

相比于古时的夷狄（古时对中原周边民族），中原各诸侯国因为有礼仪教化而能保持社会的秩序和稳定。

3.5 子曰："夷狄之有君，不如诸夏之亡（wú）也。"（《八佾》）

"诸夏"指中原各诸侯国；"亡"通"无"。孔子说："落后

的夷狄之地虽然也有君主（却没有礼乐文明），仍不如中原各国没有君主来得好（因为礼乐文明仍在）。"古之夷狄包括东夷、西戎、南蛮、北狄。这些落后的少数民族地区，虽有君主，但无礼乐教化，民风刁蛮，缺少文明教化。而礼乐昌明的诸夏，即使无君主也当有秩序。夷狄虽有君主，却没有礼乐文明，这是其与华夏最本质的区别。缺少了礼乐的滋养，就缺失了最根本的根基。华夏礼乐文明的滥觞始于周公制礼作乐，社会的安定和谐来自于社会的制度文化，就算没有君主，也能保障社会的安定有序。礼乐文明实际上体现着"道"的传承，即使亡国亡天下，"道"也不会亡。这就是华夏文明兴盛不衰的秘密。孔子在匡地遇险时，就说到自己的天命就是来传承这个道的。

9.5 子畏于匡。曰："文王既没，文不在兹乎？天之将丧斯文也，后死者不得与于斯文也；天之未丧斯文也，匡人其如予何？"（《子罕》）

孔子在匡地被匡人围困时，说："文王既没，文不在兹乎？天之将丧斯文也，后死者不得与于斯文也。""文王既没，文不在兹乎"，"文"指礼乐制度，也指道；"在兹"，在我这里。孔子说："周文王去世以后，礼乐文明不是也传递到我这里了吗？如果上天真要灭绝这礼乐文明的话，就不会让我这个后来者领会和掌握它了。""天之未丧斯文也，匡人其如予何？""丧斯文"，指灭绝礼乐文明。"后死者"，孔子自称。如果上天不想灭绝这礼乐文明，匡人又能把我怎样呢！

孔子"五十而知天命",知道了他这一生担负的历史责任与使命。孔子精通周的礼乐制度,可谓道在己身。因此,当遇到恶人桓魋时,他掷地有声地说:"天生德于予,桓魋其如予何?"(《述而》)孔子以这样智慧、通达的天命观来阐释自己对于周朝礼乐文明传承的责任与使命。这段话有三层内涵:其一,"文王既没,文不在兹乎?"孔子是以"大历史观"的视角来审视周朝礼乐文明的传承,他已经将自己的命运融入整个历史命脉的洪流之中;其二,"后死者不得与于斯文也",孔子就是这个"后死者",周朝礼乐文明的传承者、掌握者,他已经具备了渊博完备的知识,对自己的"天命"所在坚信不疑,对"吾从周"的躬身实践;最后,"天之未丧斯文也",上天没有将周朝的礼乐文明灭绝,不仅周的礼乐制度得到了完整地保存,还有了孔子的天命担当。在"大历史观""天命观""文化自信"中,孔子个人的命运就是文脉所在,如此,小小的匡人能把他怎样呢?

二、礼之用,和为贵

中国是礼仪之邦,礼仪文明在中华民族的精神内涵和社会生活中都有着重要的意义。如何理解礼在社会生活中发挥的重要作用呢?有子说,"礼之用,和为贵",可以说精准地概括出礼的作用,并由此窥探中华民族的精神特质。

> **1.12** 有子曰:"礼之用,和为贵。先王之道,斯为美,小大由之。有所不行:知和而和,不以礼节之,亦不可行也。"(《学而》)

"礼之用，和为贵。先王之道，斯为美，小大由之。""礼之用，和为贵"，有子认为礼的运用，贵在能和，也即以和为贵。"先王之道"是指古代圣王尧舜禹汤、文武周公，他们崇尚的道以"礼"治世，以'和'为美善之境，达到了中和之美。无论大事小事，都遵循此道而行。中华民族自古以来就是一个重视"和"文化的民族，通过礼仪文节追求和谐的道德境界。

"有所不行，知和而和，不以礼节之，亦不可行也。""不行"是行不通。"知和而和"，知道和的好处就一味求和。如果知道和的好处，便一味求和，为和而和，而不能用礼义来节制和调适，那也是行不通的。有子表达的是只知用礼，但没有节度，也是不行的。"礼"的作用是达到一种和谐、和善的境界，在形式上体现的是社会身份的差异性，如果只是追求"和"，而没有任何节制，那社会的秩序就会乱，这也是"礼节"的来源和内涵。因此，有子谈到了礼的两个重要作用，一个是"调和"，即"礼之用，和为贵"，还有一个是"节制"，即"以礼节之"。

《中庸》："喜怒哀乐之未发，谓之中；发而皆中节，谓之和。中也者，天下之大本也；和也者，天下之达道也。致中和，天地位焉，万物育焉。""礼"对内节制人的情感，对外调节人的行为，达到中和之境。儒家的中庸之道，就是以礼节之的，不偏不倚，恰到好处。

礼在社会治理也发挥着重要作用。曾子说："（为政者若能）谨慎对待父母的丧葬之礼，（又能重视祭礼），适时追念自己的远祖，那么，百姓的德性自然也就归于淳厚了。"

1.9 曾子曰："慎终追远，民德归厚矣！"（《学而》）

"终"指丧礼。"慎终追远"是谨慎对待丧葬之礼，适时追念自己的远祖。"民德归厚"指百姓的德性自然归于淳厚。为政者如果能做到"慎终追远"，能使百姓的德性变得淳厚。"慎终"是谨慎地对待父母的去世，"追远"是对祖先的追念祭祀。朱熹《集注》说："慎终者，丧尽其礼。追远者，祭尽其诚。民德归厚，谓下民化之，其德亦归于厚。"通过丧葬、祭祀之礼能够发挥社会政治教化的作用，使民风归于淳厚。

为政者不仅要重视礼制的教化作用，同时要以身作则。如鲁国权臣季康子曾经问孔子，如何才能使百姓对我恭敬、忠诚呢？子曰："临之以庄，则敬；孝慈，则忠。"（《为政》）你如果对百姓庄重严肃，百姓自然会心存恭敬；你带头孝顺父母、慈爱大众，百姓自然会对你忠诚无欺。孟子说："养生丧死无憾，王道之始也。"（《孟子·梁惠王上》）王道的开始要通过礼制教化让百姓生死都无憾。在养生的礼制中，最重要的就是孝道。

有一次鲁国大夫孟懿子问孔子什么是孝，孔子只回答了他两个字"无违"。

2.5 孟懿子问孝。子曰："无违。"樊迟御，子告之曰："孟孙问孝于我，我对曰：'无违。'"樊迟曰："何谓也？"子曰："生，事之以礼；死，葬之以礼，祭之以礼。"（《为政》）

孟懿子，仲孙氏，名何忌，是孟僖子仲孙貜（jué）之子，死后谥号为懿。孟僖子临死之前，遗嘱何忌从孔子学礼，故孟懿子亦孔子弟子。"无违"是什么意思呢？不要违背什么呢？实际上后面还省略了两个字"礼制"，也就是不要背于礼制。孔子的学生樊迟为孔子驾车出行，孔子对樊迟谈起了这件事。樊迟也是鲁国人，名须，字子迟，少孔子四十六岁（一说少三十六）。但是樊迟却不理解"无违"，反问老师是什么意思呢？孔子对此进行了解读，对他说："生，事之以礼；死，葬之以礼，祭之以礼。""事之以礼"，就是"以礼事之"。孔子说："父母在世时，要按照礼去侍奉他们；父母去世了，要按照礼安葬他们，并按照礼祭祀他们。"这句话的核心之义是"礼"。由此就可以理解"无违"，不要违背的是礼制，而不能理解为不要违背父母。父母生前，侍奉他们要按照礼制，但不能等同于对父母的要求要绝对服从，这样就会变为"愚孝"。孔子强调了孝道之"礼"，从生前的侍奉到死后的安葬，再到对他们的祭祀，都要按照礼制的要求。

"祭之以礼"强调的是祭祀之礼，祭祀之礼是对祖先的追念。在祭祀的过程中最重要的就是要做到"诚敬"。

3.12 祭如在，祭神如神在。子曰："吾不与（yù）祭，如不祭。"（《八佾》）

"祭如在"，祭祖如祖在。如在，好像真的在此接受祭祀一样。祭祀祖先时，（要心存诚敬）就好像祖先真在接受祭祀，祭祀神灵时，也好像神灵真在那里受祭一般。子曰："吾不与祭，如不祭。""与"，参与。孔子说："（参加祭礼时）如果我没有参与其中，便如同没有祭祀一样。"孔子表面是讲祭祀的时候要相信神灵、祖先就在那里接受我们的祭拜，但实际上是讲中华文明的传承。通过祭祀的形式，传递的是一种信念、精神和价值。这是一个民族延续强大的根本力量。我们相信、敬畏的是这种家族精神、民族精神的传承。如果不能从内心中感受到诚敬与敬畏，信念与力量，那参与其中的"礼"便失去了意义。

　　如果在社会生活中"无礼"会怎么样呢？孔子也从四个方面讲"无礼"的危害，从反面来论证"礼之用"。

　　8.2　子曰："恭而无礼则劳，慎而无礼则葸（xǐ），勇而无礼则乱，直而无礼则绞（jiǎo）。君子笃于亲，则民兴于仁；故旧不遗，则民不偷。"（《泰伯》）

　　"恭而无礼则劳，慎而无礼则葸，勇而无礼则乱，直而无礼则绞。""劳"，劳苦不堪；"葸"，畏惧；"绞"，急切。恭敬而无礼节，就会劳苦不堪；谨慎而无礼节，就会畏缩怯懦；勇敢而无礼节，就会犯上作乱；刚直而无礼节，就会偏激伤人。"恭、慎、勇、直"是优秀的品质，但需要用"礼"来节制，发挥"礼"的中和之用，调和这四个方面的度。否则，原本好的品质就会出现"劳、葸、乱、绞"的问题，不及则为劳为葸，过则为乱为绞。"礼之用"也是中庸之道的实践方法，对任何事都应以"礼"来调和，哪怕是好的事情，好的品质，也要有所约束。

"君子笃于亲,则民兴于仁;故旧不遗,则民不偷。""笃",厚待;"兴",兴起;"故旧",故交老友;"偷",浇薄,冷漠。在上位的君子如果能厚待亲族,百姓就会兴起仁德;如果能不抛弃故交老友,百姓也就不会冷漠凉薄。这两句话讲"礼"对于在上位君子的作用,也强调了为政者若能爱好礼、践行礼,用自己的身教教化百姓,就能发挥礼制、仁政的作用。

三、绘事后素

"礼之用,和为贵"是礼外在的重要作用,拨开礼仪文节,礼内在的本质是什么呢?如何去认识和理解呢?关于这个问题,子夏与老师有一段非常精彩的对话。

3.8 子夏问曰:"'巧笑倩兮,美目盼兮,素以为绚兮。'何谓也?"子曰:"绘事后素。"曰:"礼后乎?"子曰:"起予者商也,始可与言《诗》已矣!"(《八佾》)

子夏向老师请教《诗经·卫风·硕人》中的几句诗:"'巧笑倩兮,美目盼兮,素以为绚兮。'何谓也?""倩",笑靥美好;"盼",眼睛黑白分明;"素",白色的底子;"绚",绚烂。指诗中所描写的庄姜夫人皮肤洁白,姿容美好,明眸善睐,就像洁白的素底才能画出绚烂美好的色彩和图案一样。这首诗讲的是一位美人,卫庄公的妻子庄姜,她是齐国的公主。诗的后面一章更具体描写了美人之美:"手如柔荑,肤如凝脂,领如蝤蛴,齿如瓠犀。螓首蛾眉,巧笑倩兮,美目盼兮。"美人的手像春荑一样柔嫩，肤如凝脂多白润，颈似蝤蛴真优美，齿若瓠子最齐整。额角丰满眉细长，嫣然一笑动人心，秋波一转摄人魂。

子夏问老师这是什么意思呀？子曰："绘事后素。"孔子说："好比绘画，先要有白色的底子，然后才能画出美丽的图案来。"子夏说："那么，礼是不是在仁德之后呢？"绘画这件事是要先有素底才能奏效的。孔子很巧妙地用了一个比喻来说明美女的天然美与装扮之美，就像画画之前需要一张白纸，才能画出绚烂美丽的图案。子夏由此受到启发，继续向老师请教"礼后乎？"礼在什么后面呢？这里省略了一个"仁"字，"礼是不是在仁德之后呢？"子夏问诗，继而由此发明，阐发了"仁"与"礼"的关系。

孔子听到子夏的回答很高兴地说："起予者商也！始可与言《诗》已矣。""起予者商也"，"起"，启发；"商"，子夏姓卜名商。孔子说："能启发我的是你卜商啊！可以开始和你讨论《诗》的道理了！"孔子认为子夏能启发他，可以与他探讨《诗》了，子贡也得到过这样的评价。

在这次师生对话中，有两个精彩的辩证，其一是孔子论"素"与"绚"的关系，"绚"以"素"为基；其二是子夏由此讲到"礼"与"仁"的关系，"礼"在"仁"之后，"礼"以"仁"为本。如果将子夏的思考再做一个升华，可以说是"质"与"文"的关系，"仁"是"质"，"文"是礼乐，是修饰。

理解这一章的关键是理解"礼"的本质是"仁"。子夏通过"礼后乎？"认为必先有仁，礼乐才能奏效，这样"仁"与"礼"就有了内外之别，本与末的关系。孔子也讲到过"仁"与"礼"

及"乐"之间的关系。

　　3.3　子曰："人而不仁，如礼何？人而不仁，如乐何？"
（《八佾》）

　　孔子说："为人如果没有仁心，礼仪对他又有什么用呢？为
人如果没有仁心，音乐对他又有什么用呢？"如果能理解上一章
子夏说"礼后乎？"明白"礼"与"仁"的关系，这一章就很好
理解了。只有一个人有仁德的内心，"礼"和"乐"才能对他有
意义，如果没有了"仁"，"礼"和"乐"就失去了根本，因为
不能对人心产生作用，就会流于形式了。人而不仁，礼乐就对
他没有任何意义了。人只有具备内在的仁心善性，礼和乐才有
真正的意义，也才能对人产生真正的影响。如果一个人没有内
在的仁心，那么礼仪中的礼器与音乐就失去了真正的意义。

　　鲁国人林放向孔子请教"礼"的根本是什么，孔子没有直
接回答，而是谈到了礼仪过程中需要注意的态度。

　　3.4　林放问礼之本。子曰："大哉问！礼，与其奢也，宁
俭；丧，与其易也，宁戚。"（《八佾》）

　　"林放问礼之本。""礼之本"，礼的根本。林放请问礼的根
本。"大哉问"，"问大哉"的倒装。"易"，治理，办理。指礼义
周全，面面俱到。"戚"，哀戚。孔子说："你的问题太重大了！
施行礼仪，与其过分奢华，还不如节俭一些；安排丧礼，与其

治办得礼仪周全,还不如哀戚一些。"礼之本"是内心的仁德,如果内心有仁,不用一味追求奢华。安排葬礼时,内心的哀戚比礼仪的周全更加重要。如果安排得很周全、很隆重,但没有多少哀戚之情,丧礼也就丧失了根本的意义。没有了内心的真情实感,礼仪之中的礼器和贡品还有什么意义呢?

　　17.11　子曰:"礼云礼云!玉帛云乎哉?乐云乐云!钟鼓云乎哉?"(《阳货》)

　　孔子说:"礼呀礼呀,难道就是指玉器和丝绸这些东西吗?乐呀乐呀,难道就是指钟鼓这些乐器吗?"礼之本是仁,玉帛、钟鼓就是礼之末。礼是秩序,乐是和谐。礼乐看似是仪式、礼器、钟鼓、舞蹈,但应通过这些形式看到礼乐的本质,礼乐作为文明的传承实际上是精神与价值的传承。

四、不学礼,无以立

　　君子之学,内始于仁德,外立于礼仪。在儒学中,礼是君子成人之学,也是维护社会秩序的重要方式。孔子说:"不知礼,无以立也。"君子学礼而后身立。

　　20.3　孔子曰:"不知命,无以为君子也。不知礼,无以立也。不知言,无以知人也。"(《尧曰》)

　　孔子说:"不懂得天命,就无法成为君子。不懂得礼,就无法安身立命于世间。不懂得辨析别人语言的真实含义，就无法真正了解人。"孔子指出君子立身的三要素"知命""知礼""知言"。懂得天命，就有担当，找到个体生命的意义。礼是君子安身立命的所在，知礼乃知敬、知敬而有仁心。知言就能明是非，知善恶。

懂得礼仪是养成君子的必修课。知礼就是做一个文明人，理解礼的本质，有了仁爱之心，才能更好地表达礼的内涵，通过礼仪文节成就内在的德行与修养。孔子以这样的思想教育弟子，对自己的儿子孔鲤的教诲，也谈到了"礼"。

16.13 陈亢（gāng）问于伯鱼曰："子亦有异闻乎？"对曰："未也。尝独立，鲤趋而过庭。曰：'学《诗》乎？'对曰：'未也。''不学《诗》，无以言。'鲤退而学《诗》。他日，又独立，鲤趋而过庭。曰：'学礼乎？'对曰：'未也。''不学礼，无以立！'鲤退而学礼。闻斯二者。"陈亢退而喜曰："问一得三，闻《诗》，闻礼，又闻君子之远其子也。"（《季氏》）

孔子的儿子叫孔鲤，字伯鱼。陈亢，字子禽，作为孔子的学生想听一听老师孔子是不是给他的儿子开了小灶，所以问伯鱼："子亦有异闻乎？""异闻"，与众不同的教诲。意思是您在您父亲那里听到一些与众不同的教诲吗？伯鱼回答："没有啊。有一次父亲独立在堂上，我快步走过庭院，父亲见了问我：'学《诗》了吗？'我回答：'还没有。'父亲说：'不学《诗》，就无法发言。'我便退下来学《诗》。过了一段时间，父亲又独立在堂上,我快步走过庭院,父亲问我:'学礼了吗?'我回答:'还没有。'父亲说:'不学礼,就无法安身立命。'我便退下来学礼。我只听到这两次教诲。"陈亢回去高兴地说:"问一得三:闻《诗》,闻礼,又闻君子之远其子也。""问一得三",问一个问题却得到三个启发。"远其子",远是不偏私。陈亢很开心地说:"我问了一个问题,却得到三个收获:知道了要学《诗》,要学礼,还知道君子并没有偏爱自己的儿子。"

孔子两次问训孔鲤,第一次训诫其不学《诗》,就没办法说话。《礼记·经解》:"入其国,其教可知也。其为人也,温柔敦厚,《诗》教也。"儒家诗教在《诗》的涵养和熏陶中养成君子的品格。孔子为什么重视"诗教",因为其中包含着人类质朴真挚的情感,是人有感而发写就的。第二次训诫孔鲤不学"礼"就没办法立身处世。由《诗》而"礼",由情感的涵养到礼法的约束,而后"文质彬彬,而后君子"。

孔子在谈到君子修身之学时,指出两个重要的内容。其一是文,其二就是礼。

6.27　子曰:"君子博学于文,约之以礼,亦可以弗畔(pàn)矣夫!"(《雍也》)

"约之以礼",以礼约之。"约",约束;"畔"通"叛",离经叛道。孔子说:"君子应当广博地学习文献典籍,同时又能用礼来约束自己的言行,这样也就不会离经叛道了!"君子要学习文献典籍,是知识的积累,在知识中探求真理,明白事理。《中庸》第二十篇："知、仁、勇三者，天下之达德也。所以行之者一也。"这里的"一"所指为学，通过广泛地学习增长知识，培养仁爱的胸怀、无畏的精神。另一个方面是用"礼"来约束自己的行为，"克己复礼为仁"，这个约束的过程就是内心仁德的体现。

广博地学习，克己复礼，做到这两点就能不背离正道，也可以说是在求"道"的路上了。

曾子病重之时，鲁国大夫孟敬子来探望他。曾子语重心长地对他说了一段话，可谓告诫君子礼仪修身的要点。

8.4 曾子有疾，孟敬子问之。曾子言曰："鸟之将死，其鸣也哀；人之将死，其言也善。君子所贵乎道者三：动容貌，斯远暴慢矣；正颜色，斯近信矣；出辞气，斯远鄙倍矣。笾（biān）豆之事，则有司存。"（《泰伯》）

曾子说："鸟儿将要死了，它的叫声也是哀戚的；一个人将要死了，他的话也是善意的。""君子所贵乎道者三"，"贵"，犹重。郑玄指出："此道，谓礼也。"曾子告诉孟敬子，君子在礼义之道上应重视三点。"动容貌，斯远暴慢矣"，"动容貌"，动容改貌，即注意容貌举止；"暴慢"，粗暴简慢。行动注重仪容举止，就可远离粗暴无礼的对待。"正颜色，斯近信矣；""正"，端正；"信"，信实。端正自己的脸色态度，就可接近于忠信。"出辞气，斯远鄙倍矣"，"辞"，言语；"气"，声气；"鄙"，粗鄙；"倍"，背理。说话言辞声调得体，就可以远离粗野和背理了。

"笾豆之事，则有司存"，"豆"，指盛肉或其他食品的器皿，形状像高脚盘。竹豆谓之笾，木豆谓之豆。有司此指负责礼仪的官吏。至于与礼仪相关的笾豆之事，自会有专职人员负责过问。

本章可谓曾子临终赠言，指出君子在礼义之道上应注意的三点："动容貌""正颜色""出辞气"。"容貌"指容仪外貌，这是每个人给别人的第一印象。如果能做到仪容整洁，仪态庄重，自然会获得别人的尊重。孔子也说过"君子不重则不威"。(《学而》)"颜色"指脸色，端正神色态度，以示待人接物的诚敬，这样就可以接近忠信了，容易获得别人的信任。"辞气"是指说话的内容语气，说话时根据不同的场合、对象，注意说话的分寸、语音语调，就可以远离那些不文明的事、不文明的人。这三个方面是君子在礼仪方面需要着重注意的地方。最后说到"笾豆之事"是指具体的礼仪活动、礼器等等，不用担心，因为有专门的礼仪专家来负责。

曾子所讲的三点，实际上强调了"礼"在君子的实践中最日常也最重要的内容，简单来说就是仪表、态度、说话。直到今天，这三个方面依然是衡量个人修养的标尺。曾子也给我们指明了三个努力方向，由此也就会逐渐靠近谦谦君子了。

第六讲

乐的熏陶

——君子之乐怎能没有音乐?

　　周公制礼作乐，礼乐文明共同构成了中华文化中的重要内容。礼是秩序、规则，乐则表达着这种秩序的和谐。春秋时期，"不仅礼与乐是合在一起，而且当时歌诗以道志的风气，实际便是一种音乐的活动。"①《史记·孔子世家》载："三百五篇孔子皆弦歌之，以求合《韶》《武》《雅》《颂》之音。礼乐自此可得而述，以备王道，成六艺。"孔子将《诗经》的内容融入乐，将"诗以道志"通过音乐形式发挥更大的教化作用，这就是儒家的"诗教"。

　　《毛诗大序》阐发了"诗"与"乐"的关系，以及"诗教"的意义："诗者，志之所之也，在心为志，发言为诗。情动于中而形于言，言之不足，故嗟叹之；嗟叹之不足，故永歌之，永歌之不足，不知手之舞之、足之蹈之也。情发于声，声成文，谓之音。治世之音，安以乐，其政和。乱世之音，怨以怒，其政乖。亡国之音，哀以思，其民困。故正得失，动天地，感鬼神，莫近于诗。先王以是经夫妇，成孝敬，厚人伦，美教化，

---

　　①　徐复观：《中国艺术精神》，北京：九州出版社，2020年版，第21页。

移风俗。"

君子养成不仅要靠礼的涵养，也需要乐的熏陶。子曰："兴于诗，立于礼，成于乐。"（《泰伯》）在《诗》的熏陶中兴起人格，在礼的践行中挺立人格，在乐的涵养中成就人格。本讲内容主要分为三个主题，首先是了解有关《诗》的内容，孔子对于"诗教""思无邪""乐而不淫"的评价。其次是孔子谈"乐其可知也"，对于音乐的感知与欣赏，"三月不知肉味"对于音乐的陶醉与痴迷。最后了解孔子对于乐的评价，以及由此开辟的艺术精神。

一、乐而不淫，哀而不伤

《诗经》是最早的一部诗歌总集，共收 305 首诗歌，故称其"诗三百"。孔子非常重视《诗经》的教化作用，这就是儒家的"诗教"。如果用一句话来概括《诗经》，那就是"思无邪"。

> 2.2　子曰："诗三百，一言以蔽之，曰：'思无邪。'"（《为政》）

孔子说："《诗经》三百篇，可用一句话来概括，就是：情思纯正没有邪念。"《史记·孔子世家》："古者诗三千余篇，及至孔子，去其重，取可施于礼义，上采契、后稷，中述殷、周之盛，至幽、厉之缺。"孔子根据礼乐的需要，对《诗经》进行了删定。所留三百零五篇皆情思纯正，没有邪念。朱熹《集注》："孔子所谓思无邪，只是一个'正'字。"儒家诗教始于内心之仁，心念之正，故可以发挥"厚人伦，美教化"之意义。

《礼记·经解》："入其国，其教可知也……其为人也，温柔敦厚，则深于《诗》者也。"因为《诗》"思无邪"的纯正，所以诗教能使人"温柔敦厚"。《诗经》分为《风》《雅》《颂》三个部分。《关雎》是《风》的第一首诗：

关关雎（ jū ）鸠，在河之洲。窈窕淑女，君子好逑（ qiú ）。参差荇菜，左右流之。窈窕淑女，寤寐（ wù mèi ）求之。求之不得，寤寐思服。悠哉悠哉，辗转反侧。参差荇（ xìng ）菜，左右采之。窈窕淑女，琴瑟友之。参差荇菜，左右芼之。窈窕淑女，钟鼓乐之。

孔子评价《关雎》："乐而不淫，哀而不伤。"淫是过分。《关雎》这首诗，表达快乐而能不流于放荡，表达哀愁而能不陷于悲伤。

<u>3.20</u> 子曰："《关雎》乐而不淫，哀而不伤。"（《八佾》）

《毛诗关雎序》："上以风化下，下以风刺上，主文而谲谏，言之者无罪，闻之者足以戒，故曰风。""风"不仅有教化作用，同时有"刺上""讽谏"的意义，尊重了创作中的自由。"乐而不淫，哀而不伤"体现诗歌的中和之美，快乐和哀伤都有节度，也符合儒家的中庸之道。

9.15　子曰:"吾自卫反鲁,然后乐正,《雅》《颂》各得其所。"(《子罕》)

此章记录了孔子返鲁删诗正乐。孔子在哀公十一年(公元前484)从卫国回到鲁国,订正了音乐。"《雅》《颂》各得其所",《雅》《颂》是《诗经》中与《风》并列的分类名称。孔子正乐,使《雅》《颂》各自得到其适宜的位置。《毛诗序》:"雅者,正也,言王政之所由废兴也。""颂者,美盛德之形容,以其成功告于神明者也。"《雅》表达王道之正,《颂》吟诵王道之功。"《关雎》之乱以为《风》始,《鹿鸣》为《小雅》始,《文王》为《大雅》始,《清庙》为《颂》始。"(《史记·孔子世家》)

孔子正乐,是正其乐章,让《雅》和《颂》在适合的位置、适合的场景来吟唱。如钱穆先生说:"鹿鸣奏于乡饮酒、乡射、燕礼;清庙奏于祀文王、大尝禘、天子养老、两君相见之类。"[①]孔子教授弟子六艺之学:《诗》《书》《礼》《易》《乐》《春秋》,正乐也是对礼乐内容的规范与成就。在《论语》中记载了孔子在鲁国观看了《关雎》的音乐演奏,并进行了艺术评价。

8.15　子曰:"师挚(zhì)之始,《关雎》之乱,洋洋乎盈耳哉!"(《泰伯》)

---

① 钱穆:《论语新解》,北京:生活·读书·新知三联书店,2012年版,第214页。

"师挚"是鲁国的乐师，名挚。"始"为音乐之开始。奏乐开始时，由太师率领专学音乐的瞽人升堂唱歌。挚为太师，故称师挚之始。《关雎》是《国风·周南》之首篇。"乱"为音乐之结束，即合乐部分。"洋洋乎盈耳哉"是赞叹之辞。"洋洋"形容美盛的样子。孔子说："从太师挚升堂领唱开始，到《关雎》终章合奏，洋洋洒洒的美妙乐声，一直充盈在我的耳中啊！"

孔子在鲁国观乐的过程，感受到《关雎》作为《诗经》国风之始篇，在乐的完成中展现出的音乐盛况。"洋洋乎盈耳哉！"表达出孔子对礼乐的崇敬与赞叹！这也是孔子"乐正"，使《雅》《颂》各得其所的原因。师挚是鲁国乐师，其在鲁时，乐的形式和内容都比较完备。但后来却因为周王室衰微，礼乐崩坏，乐师们流落到四方。

18.9 大（tài）师挚适齐，亚饭干适楚，三饭缭适蔡，四饭缺适秦。鼓方叔入于河，播鼗（táo）武入于汉，少师阳、击磬襄入于海。（《微子》）

"大师挚适齐"，"大师"是乐师之长。"亚饭"是乐官名。古代天子、诸侯用餐，须有音乐伴奏，故有亚饭、三饭、四饭之乐师。太师挚流落到了齐国，亚饭乐师干流落到楚国，三饭乐师缭流落到蔡，四饭乐师缺流落到秦国。"播鼗武入于汉，少师阳、击磬襄入于海。""鼓方叔入于河"，"鼗"，一种手摇的拨浪鼓。负责摇鼗的人，叫武。少师是太师的副手。打鼓的乐师方叔避隐于黄河之滨，摇鼗的乐师武居于汉水，少师阳、击磬的乐师襄隐居在大海边。乐师们的命运实际上也是当时礼崩乐坏的写照。

在春秋时期，有很多盲人担任乐师。音乐之道也由他们来表现与传承，孔子对这些盲人乐师非常尊重，皆以礼相待。

> **15.42**　师冕见，及阶，子曰："阶也。"及席，子曰："席也。"皆坐，子告之曰："某在斯，某在斯。"师冕出。子张问曰："与师言之道与？"子曰："然。固相（xiàng）师之道也。"（《卫灵公》）

"师冕"是一位名冕的乐师。师冕来见孔子，走到台阶前，孔子说："台阶到了。"走到坐席边，孔子说："这是坐席。"大家都坐好后，孔子又一一告诉他："某人在这边，某人在那边。"在一旁的子张看到了这一幕，师冕告辞后，不禁问老师："与师言之道与？"这是与盲人乐师讲话的方法吗？子曰："然。固相师之道也。""相"就是引导帮助。孔子说："是啊。这本就是帮助、引导盲人乐师的方法啊。"

这一章记录了孔子对盲人乐师无微不至的关爱。实际上，孔子身边一定有学生在的，但他要自己去引导盲人乐师，这是圣人内心仁爱的自然流露。孔子以身教告诉学生，如何尊重和关爱盲人乐师。子张对老师的言行触动，向老师求教，这么做就是和盲人乐师讲话的方法吗？孔子肯定地告诉他，这就是在帮助、引导他们。内心的仁爱正是在细微末节处的关心，在看到别人需要关心与帮助时,一定要去真诚地做才能成为仁者,给这个世界带来温度和光。

孔子对于盲人乐师的尊重与关爱,实际上也体现其对礼乐的重视。"子见齐衰者、冕衣裳者与瞽者,见之,虽少,必作;过之,必趋",(《子罕》)孔子见到服丧者、穿戴礼帽和礼服者以及目盲者,会见时,即使他们很年轻,也一定从坐席上起身;从他们身边走过时,也一定快走几步(以示礼敬)。可见,孔子在日常生活中,对于礼者、乐者的敬重,对他们表达的礼节是发自内心的仁与敬。

二、乐其可知也

孔子说:"乐其可知也",音乐是可以被感知和欣赏的,他与鲁国负责音乐的太师一起谈论音乐,有一段非常精彩的对话。

3.23 子语(yù)鲁大(tài)师乐。曰:"乐其可知也:始作,翕(xī)如也;从(zòng)之,纯如也,皦(jiǎo)如也,绎(yì)如也;以成。"(《八佾》)

"子语鲁大师乐","语",告诉;"大",通"太"。鲁太师是鲁国掌管音乐的乐官之长。孔子告诉鲁国太师有关音乐的道理。"乐其可知也:始作,翕如也;绎如也,以成。""始作"是刚演奏时,先奏金,鼓钟。翕如是音乐刚刚开始振奋的样子。孔子说:"音乐,大概是可以被了解的吧!当乐曲刚刚奏响之时,振奋昂扬,充满活力。"

"从之,纯如也,皦如也","从之","从",通"纵",放开,展开。"纯如"是形容音乐进行中纯一和谐的样子。音乐展开之后,听上去更加纯正优美,一派和谐。"皦如"是说音乐清楚明亮的样子。继而音乐清楚明亮,渐入佳境。"绎如也;以成","绎如"是音乐缓缓收尾,连绵不绝的样子。整首曲子接近尾声时,却又余音袅袅,连绵不绝;一首乐曲便这样完成了。

本章记录孔子对于音乐的鉴赏与评价。如何去欣赏音乐?首先,从音乐的三个阶段去感受"始作""从之""以成",相当于一首乐曲"开始""展开到高潮"到"完成"。其次,每个阶段应该如何鉴赏,孔子用了"翕如也""纯如也,皦如也""绎如也"精彩诠释了"乐其可知也",道出了音乐是可以用精神和心灵感受的,这个过程也是乐对人的熏陶与滋养的奥秘。

对音乐的理解实际上是来自内心深处的生命感受力,孔子说:"人而不仁,如礼何? 人而不仁,如乐何?"一个人内心纯正敦厚,才能感知到音乐,感知天地之和,万物之美。《孔子世家》记载孔子向师襄子学习鼓琴的经过,在学习乐曲的过程中,展现了孔子对于音乐内在精神的感知与领悟。

孔子学鼓琴师襄子,十日不进。师襄子曰:"可以益矣。"孔子曰:"丘已习其曲矣,未得其数也。"有间,曰:"已习其数,可以益矣。"孔子曰:"丘未得其志也。"有间,曰:"已习其志,可以益矣。"孔子曰:"丘未得其为人也。"有间,有所穆然深思焉,有所怡然高望而远志焉。曰:"丘得其为人,黯然而黑,几然而长,眼如望羊(远望),如王四国,非文王其谁能为

此也！"师襄子辟（同"避"）席再拜，曰："师盖云《文王操》也。"（《史记·孔子世家》）

孔子跟随师襄子学习鼓琴，学了十天有没有继续学习新的曲子。师襄子建议孔子可以学新的曲子了。但是孔子说："我已经掌握了这首乐曲，但是还没有熟练地掌握技法。"又过了些时日，师襄子又说："你已经掌握弹琴的技法了，可以学习新的曲子了。"但孔子却说自己还没有领会乐曲的意蕴。又过去些时日，老师又对孔子说："你已经领会了乐曲的意蕴，可以学习新的曲子了。"孔子却说："我还没有体会出作者是怎样的一个人。"又过去了几天，孔子穆然沉思，接着又怡然有得，深沉高远地望向远方地说："我体会出作曲者是个什么样的人了，他的皮肤黝黑，身材高大，目光深邃如炬，就像一个统治四方诸侯的王者，除了周文王，又有谁是这样的呢！"师襄子听罢，恭敬地离开座位，起身向孔子拜了两拜，说："我老师原来说过，这是《文王操》啊！"

从这段文字记载中，我们看到孔子对于音乐精神把握的精准。孔子经历了"习其曲""得其数""得其蕴""得其为人"，对于音乐的理解由技艺层面到音乐的内在意蕴，再到理解乐曲的意蕴与精神，最后领悟到作曲者的内在精神世界。这一过程显示出其对音乐全面的把握与领悟。《文王操》是歌颂文王德行与功业的乐曲，可惜没有保存下来。孔子对这首乐曲的理解寄托着他对古代圣王的崇敬，也饱含着对实现天下大道的憧憬。《文王操》实际上也代表了周文王时代的社会安定与和谐，孔子将对音乐的欣赏与领悟提升到理想的精神引领与社会追求。

孔子对歌颂古代圣王的音乐溢于言表，有一次在齐国听闻《韶》乐，竟然"三月不知肉味"，成为妇孺皆知的经典语录。

> **7.13**　子在齐闻《韶》，三月不知肉味。曰："不图为乐（yuè）之至于斯也！"（《述而》）

《韶》是舜时的乐名。为什么齐国会有《韶》乐呢？因为陈国是舜的后代，陈敬仲从陈国逃亡至齐国，就将《韶》乐带入了齐国。孔子在齐国闻习《韶》乐，（专心致志）以至于三个月里竟忘记了肉的香味。"不图为乐（yuè）之至于斯也"，"不图"，想不到；"为乐"这里指欣赏音乐。孔子说："想不到欣赏音乐可以达到这般陶醉的境界啊！"

孔子在齐国听到《韶》乐，陶醉其中，竟然"三月不知肉味"，彻底沉醉其间，忘记了肉的香味。"乐其可知也"是对于音乐的感悟与鉴赏，也就是如何欣赏一首乐曲，相当于现在的艺术评论。而"三月不知肉味"则着重谈对音乐的感受，而这种感受又是通过味觉来表达的，孔子将对于乐的感受与感官味觉联系起来了，这是多么奇妙的联系与感知，令人回味无穷。

《韶》乐之所以让孔子如此痴迷，是因为它在艺术境界上达到了"至善至美"。刘强教授指出此章开启了后世文艺批评的"滋味说"[1]，如钟嵘《诗品序》论五言诗云："众作之有滋味者

---

[1]　刘强：《论语新识》，长沙：岳麓书社，2016 年版，第 193 页。

也。"唐代禅诗被戏谑有"蔬笋气"或"酸馅气"，这里的蔬笋和酸馅借指僧侣的生活状态和精神面貌，因其素食蔬笋、酸馅而带来的固有的生活气息和特有的风格，也有人称为"菜气"。这种评价追根溯源也应在"滋味说"。

子曰："兴于诗，立于礼，成于乐。"（《泰伯》）人格的完善是要在乐的熏陶中完善的，那么就要具备对于乐的欣赏和感知能力。诗、礼、乐是君子修养的必备课，三者又是相辅相成，如华美乐章写进君子的生命之歌中。

三、尽善尽美

孔子推崇古代圣王时期的音乐，因为乐曲中不仅包含了音乐之美，同时也表达着盛世之时社会安定和谐之音，它们达到了最高的音乐标准"尽善尽美"。

3.25　子谓《韶》："尽美矣，又尽善也。"谓《武》："尽美矣，未尽善也。"（《八佾》）

《韶》是舜帝之乐。《武》是周武王之乐。孔子在谈及《韶》乐时说："极尽其美了，又极尽其善了！"谈及《武》乐时，则说："极尽其美了，却未极尽其善呀！"本章记录了孔子对《韶》《武》的评价。《韶》是舜时的音乐，孔子评价《韶》乐是"尽善尽美"，是因为舜得天下是尧禅让其位，也是因为舜的德行很高被推举而接受禅让。上古社会民风质朴、人心向善、政治清明。故《韶》乐"尽善又尽美"。而《武》乐是周武王时期的音乐,武王伐纣虽是民愿所向,正义之战,但却因为讨伐战争而充满杀伐之气,牧野之战血流成河可以将盾牌浮起来,故孔子说《舞》乐"尽美矣,未尽善也"。

《礼记·乐记》:"是故审声以知音,审音以知乐,审乐以知政,而治道备矣。"就是说通过音乐可以知道政事,可以感知国家兴亡之道。故礼乐对于国家安定,社会和谐有着重要意义。"尽善尽美"也成为后世艺术评价的标准,唐太宗《王羲之传论》:"旷观古今,堪称尽善尽美者,岂惟王逸少乎!"对王羲之的书法评价为"尽善尽美",也是从其在艺术上的高度与完美来点评的。可见,孔子不仅是思想家、还是一位音乐评论家。

孔子不仅善于鉴赏音乐,在日常生活中也表现出对音乐的热爱。孔子喜欢唱歌,还喜欢和别人一起唱。

7.31　子与人歌而善,必使反之,而后和(hè)之。(《述而》)

"子与人歌而善","善",以为好。孔子与人一同唱歌,如果那人唱得好,"必使反之,而后和之","反之"是再唱一遍。"和之"是唱和。古时宴客,有歌有和,礼也。如果孔子觉得这个人唱得好,一定请他再唱一遍,然后与他一起唱和。读这一章,通过"歌""反""和"三个生动的场景,让我们看到一个在日常生活中热爱音乐,喜欢唱歌,喜欢和别人一起来感受音乐之美的孔子。圣人的亲切、和善之貌跃然纸上。对音乐的欣赏、对他人的尊重让我们感受到一个有生活气息的孔子,就好像和我们在一起唱着歌，感受音乐带来的那些生命中的美好瞬间。

音乐能感受美好，也能传达忧思。孔子在卫国时，因无法施展政治理想而踌躇，在院子里敲击磬，恰好被一位背着草筐的过路人听到了，这位路人竟然由击磬声捕捉到了孔子的心思。

14.39　子击磬（qìng）于卫。有荷蒉（hè kuì）而过孔氏之门者，曰："有心哉！击磬乎！"既而曰："鄙哉！硁硁（kēng kēng）乎！莫己知也，斯己而已矣。深则厉，浅则揭（qì）。"子曰："果哉！末之难（nàn）矣。"（《宪问》）

"击磬"是古代一种石制的敲击乐器。"荷蒉"，背着草筐，蒉就是草筐。孔子在卫国，一日，他在敲击石磬时，一位背着草筐的人路过孔子的门口，他听到磬声后说："有心哉，击磬乎！"（这磬声里）有心事啊，这敲磬的人！过了一会儿又说："鄙哉！硁硁乎！莫己知也，斯己而已矣。深则厉，浅则揭。""硁硁"是坚定的态度。"斯己而已矣"，就随世行己也就罢了。"深则厉，浅则揭"，出自《诗经·邶风·匏有苦叶》。朱熹《论语集注》："以衣涉水曰厉，摄衣涉水曰揭。"荷蒉者又说孔子："太鄙陋了吧！真是坚定而又固执啊！不就是没有人了解自己吗，那就随世行己算了！如果水深，干脆踩着石头过河；如果水浅，就把衣襟撩起来趟过去。"孔子听到这样的评价只是无奈地说："果哉！末之难矣。"认为这个人太果决了，我没有什么可以和他论难的。

　　孔子的击磬声表达着生命情感，而这个背着草筐的过路人也有着音乐鉴赏能力，能"识音断人"，可以说也是一位懂音乐的高人了。孔子在这里表达的什么样的情感呢？卫国是孔子周游列国的第一站，也是待的时间最长的国家。孔子希望能在卫国有用武之地，但却事与愿违。这击磬声正是孔子踌躇满志不得而行，不能推行仁政而救天下百姓于水火之中的沮丧吧。而这个过路人可能知道孔子就是那个"知其不可为而为之"的人，他以涉水过河为喻，劝孔子不要一意孤行，天下混乱至此，靠你一个人是难以改变的。不如随波逐流吧，何必自讨苦吃呢？没用的，别折腾了，也别为此痛苦了！隐者长沮、桀溺也这样劝过孔子，孔子说："鸟兽不可与同群，吾非斯人之徒与而谁与？"（《微子》）天下再乱，我孔丘也要和天下的苍生在一起啊！孔子的击磬声已经不再是音乐了，是为了追逐一个崇高社会理想的心声，那苍凉的击磬声就像他在这条路上经历过的孤独、痛苦和各种磨砺，最后终于到达了常人无法企及的生命高度。

第七讲

君子之志
——相同的志向让我们走到一起

　　孔子"十五而志于学"，一生勤学不怠，周游列国十四年，六十八岁回到鲁国后继续学习，删定六经，整理典籍。孔子的一生都对学习保持着浓厚的兴趣，这与其幼时立下的志向有着重要关联，一个人的志向决定了他的人生方向、人生追求和人生选择。子曰："匹夫不可夺志也。"在孔门中求学，孔子首先希望弟子们能立志成为君子。特别是对当时的士阶层，孔子对他们说，"士不可以不弘毅，任重而道远"，希望他们能有志向、有担当，成为改变世道的中坚力量。

　　君子之志，对内在修德，克己复礼。对外则能成就"天下归仁"的社会理想。荀子也曾说过："以修身自强，则名配尧、舜。"君子要追求的是天下的大道，实现天下关怀，不汲汲于功名利禄，不看重个人的利益得失，甚至不顾惜自己的生命"杀身成仁""舍生取义"，已成就君子之志。

　　人为什么要有志向呢？立什么志向才能让短暂的生命有意义？本讲君子之志，首先来谈立志对于人生的意义，就算是普通人，有了志向都可以勇往直前，更何况是志士仁人呢？孔子在追求理想时"知其不可而为之"的人生态度，成为其最具感染力的精神写照。在孔门中，老师曾与弟子"各言尔志"，成为孔门师生对谈的精彩片段。士阶层应该如何去实现志向呢？"士志于道"应该如何去践行？最后君子之志也体现在现实的选择上，孔子提出"谋道不谋食"，要坚守"道心"，不应沉溺于外在物质的追求中。下面就从以上四个方面了解儒学中的君子之志。

一、匹夫不可夺志也

"志"是一个人的精神追求，"志"是一个人精神力量的外化，一个人确立了志向是人格走向完善的开始。一个人的强大也在于其追求志向的勇气与智慧。孔子"十有五而志于学"到晚年"删定六经"，一生不改其志，终成圣人。"志"决定了人生方向，在追求志向的过程中，才可能成就人生价值，这是每个人都拥有的平等的生命权利。

9.26　子曰："三军可夺帅也，匹夫不可夺志也。"（《子罕》）

孔子说："三军虽众，可以夺取它的主帅；匹夫若强，谁都夺不去他的志向。""三军"是周朝制度，天子六军，大的诸侯可有三军，每军一万二千五百人。几万人的军队可以夺取它的主帅，但匹夫（即平民）的志却不能被轻易夺去。孔子用三军衬托了后面的一个普通人，一个人的志向若足够强大，其力量能够超过千军万马。因为精神上的强大，意志的坚定，没有人能改变他的志。

有了志向，人生才有了努力的方向，才能真正和这个世界建立联系，在追求自我价值的过程中，面对各种考验与诱惑，磨砺自己的意志，结交志同道合的朋友。但志向的不同也决定了不同的人生道路，在人生境界上来说，主要是君子与小人的区别。君子的志向是成就仁德，追求大道，为此哪怕牺牲自己。

　　15.9　子曰："志士仁人，无求生以害仁，有杀身以成仁。"（《卫灵公》）

　　孔子说："志士仁人，不会为了求生而妨害仁德，却有牺牲生命来成就仁德的。"志士仁人践行仁德可以做到"杀身成仁""舍生取义"，这是一个比较高的道德标准，民众似乎很难做到，孔子也说过："民之于仁也，甚于水火。水火，吾见蹈而死者矣，未见蹈仁而死者也。"（《卫灵公》）民众对仁德的需要，超过了对水火的需要。水火，我见过赴汤蹈火而死的人，却从未见过因为践行仁道而死的人。但正是因为每个时代都有这些敢于赴汤蹈火推行天下大道的人，人间的正义才不会缺席。

　　孟子对"生"与"义"的取舍说过这样一段话：

　　生，亦我所欲也；义，亦我所欲也。二者不可得兼，舍生而取义者也。生，亦我所欲，所欲有甚于生者，故不为苟得也；死，亦我所恶，所恶有甚于死者，故患有所不辟也。如使人之所欲莫甚于生，则凡可以得生者何不用也？使人之所恶莫甚于死者，则凡可以辟患者何不为也？由是则生而有不用也，由是则可以辟患而有不为也。是故所欲有甚于生者，所恶有甚于死者。非独贤者有是心也，人皆有之，贤者能勿丧耳。（《孟子·告子上》）

如果在"生"和"道义"之间做选择，则"舍生而取义"，但孟子最后说"非独贤者有是心也，人皆有之，贤者能勿丧耳。"意思是说不是贤者有这样的精神，人人都有，只有贤者未丧。为什么说人人都有呢？

孟子接着举了一个例子："一箪食，一豆羹，得之则生，弗得则死。呼尔而与之，行道之人弗受；蹴尔而与之，乞人不屑也。"如果有一碗饭，一碗汤，你得到就能活下去，就不会死，你得不到就会死。但是现在别人给你这些是用一些羞辱你的方式，用非人的对待方式呵斥你，将吃的喝的扔给你，踢给你，你愿意接受吗？就连乞丐都不愿意这样活下去。这就是生与义的选择，士可杀不可辱，没有尊严地苟活，生命的意义何在呢？通过孟子的论证，每个人都可以实现这种生命的价值与道义，人要活得像人，孟子还提出"我善养吾浩然之气"，历代多少志士仁人以天地之间的浩然正气书写着他们的人生之志，引领着人间正道。

孔子在乱世中追求天下大道，不被当时的世人理解，有一句最经典的评价"是知其不可而为之者与"？

14.38　子路宿于石门。晨门曰："奚自？"子路曰："自孔

氏。"曰："是知其不可而为之者与？"（《宪问》）

　　有一次，子路在石门这个地方过夜，早晨开城门的人问他："你从哪里来呀？"子路回答："从孔夫子那儿来。"守门人说："是那个明知其道不可行却还要去做的人吗？""知其不可而为之者"，实际上也是当时的人们对于孔子的印象和评价，但这句话成了孔子在追求理想的道路上评价的金句。这句话看起来前后矛盾，明明知道不可行，却还是要去做。我们似乎看到那个"有理想就任性"的孔子，不被理解，甚至被人嘲笑的圣人。

　　"知其不可"是当时的世道，是所有人都看到的，天下混乱，礼崩乐坏，战乱四起，最苦的是民众。孔子想要力挽狂澜太难了。如同隐士桀溺对孔子所说："滔滔者天下皆是也，而谁以易之？"（《微子》）你看那浊浪滔滔的河水，如今全天下都是如此啊，你又和谁一起去改变它呢？

　　明知不可为而为之，孔子"五十知天命"，即使面临困境，甚至生死，他依然坚信仁道可以改变这个世道，改变天下是他的责任与使命。当时仪封人见到孔子后也说："天下之无道也久矣，天将以夫子为木铎。"（《八佾》）天下已经衰乱无道很久了，上天将要让夫子来作引领天下、复兴王道的木铎啊！孔子周游列国十四年，历经磨难，不正是他"知其不可而为之"的人生写照吗？这样坚毅的品格也成为中华民族的气节与脊梁。

　　志士仁人心怀天下，因此可以担当更大的使命。

　　15.34　子曰："君子不可小知，而可大受也；小人不可大

受，而可小知也。"（《卫灵公》）

君子可以从小事上去了解他。但是却可以承担大的责任与使命。小人不能承担大的责任和使命，却可以从小处去了解他。君子不拘小节，但可以有大的格局和担当。小人精于小事，却难以担当大的使命和责任。观人应从大局上看，若着眼小事，君子可能未必有小人有专长。朱熹《集注》说："盖君子于细事未必可观，而材德足以任重；小人虽器量浅狭，而未必无一长可取。"此章可作为观君子与小人的方法，也由此可知君子与小人才量之不同。

二、各言尔志

孔子很重视对学生们志向的培养，君子要有仁爱之心，更应该心怀大志。有一次，颜渊、子路陪侍在旁，孔子就让他们谈一谈各自的志向。

> 5.26　颜渊、季路侍。子曰："盍各言尔志？"子路曰："愿车、马、衣、裘，与朋友共，敝之而无憾。"颜渊曰："愿无伐善，无施劳。"子路曰："愿闻子之志！"子曰："老者安之，朋友信之，少者怀之。"（《公冶长》）

子曰："盍各言尔志？"孔子说："何不各自谈谈你们的志向呢？""敝之而无憾"，"敝"是破旧，无憾，没有遗憾。子路愿意将车马、皮裘与朋友们共享，就是用坏了也毫不遗憾。颜渊曰："愿无伐善，无施劳。""伐"，自夸；"施"，表现。颜渊说："我愿不夸耀自己的善行，不表白自己的功劳。"子曰："老者安之，朋友信之，少者怀之。""老者安之，朋友信之，少者怀之"中的"安、信、怀"都是使动用法。孔子说："我愿天下的老人都能得到安养，天下的朋友都能相互信任，天下的少年都能得到关爱。"

本章师徒三人各言其志，儒家天下关怀尽在其间。子路的回答慷慨激昂，重情重义，彰显儒家"己欲立而立人，己欲达而达人"的忠恕之道。颜渊克己复礼，谦恭谨慎，在实践中做一个真正的仁者。孔子"老有所安""朋友有信""少者怀之"是让天下的人都得到照顾。程子曰："夫子安仁，颜渊不违仁，子路求仁。"夫子安仁且利仁，儒家天下归仁的情怀尽在其志向中，弟子颜回、子路紧随老师步伐，在践行仁的道路上矢志不渝。

孔子"十有五志于学"，圣人之道始于学，君子之志始于学。在孔门，有的学生志于求学，甚至不愿意毕业，不汲汲于富贵、功名、利禄，这也是孔子所说的"为己之学"。

> **8.12** 子曰："三年学，不至于榖（gǔ），不易得也。"（《泰伯》）

这里的"三年"泛指多年。"谷"这里指俸禄。"不至于谷"，没有想到俸禄名利。孔子说："一个人求学多年，还没有想到俸禄和名利，这是很难得的。"子夏曰："学而优则仕。"

(《子张》)一个人求学多年还未考虑到功名利禄,这是非常难得的。说明这个人的志向不在向外求金钱名利,而是向内求。求自我,求仁德,求知识,这样的人无论在哪个时代都是非常难得的。当然,不是说一个人不能去追求财富名利,而是说将自己的学养知识放在第一位,先考虑自我是否完善、德行是否具备,能力是否达到。这些是人生需要解决的首要问题。

孔子有个学生叫漆雕开,复姓漆雕,名启,字子开,少孔子十一岁。孔子觉得漆雕开学得差不多了,可以去做官了,但他却说对做官这件事还没有充分的信心。

5.6 子使漆雕开仕。对曰:"吾斯之未能信。"子说(yuè)。(《公冶长》)

孔子听了漆雕开的回答很高兴。因为漆雕开就是一个不汲汲于功名的学生,求学不是为了获得外在的财富。漆雕开对做官这件事没有信心,这看起来是个否定自己的回答,但是老师却很开心,为什么呢?因为这个学生读书不是为了求取功名利禄,而是真正的为己之学。漆雕开不想毕业,不想离开老师,在学习中找到了生命的意义,真正提高了自己内在生命的价值,人生还有什么比这更珍贵的事呢?儒家的君子之学是要先安顿好自己的身心,再安顿好家人和天下之事。《庄子·缮性》讲过类似的观点:"古之所谓得志者,非轩冕之谓也,谓其无以益其乐而已矣。今之所谓得志者,轩冕之谓也。轩冕在身,非性命也,物之傥来,寄者也。寄之,其来不可圉,其去不可止。故不为轩冕肆志，不为穷约趋俗，其乐彼与此同，故无忧而已矣！"意为古人所追求的志向，不在于汲汲追逐"轩冕"（功名利禄），因为这些是身外之物，一个人不能由这些所左右了自己的心性，无论贫穷或富贵，都应该有内在的滋味与追求，心性都应该是自在洒脱的。

子路向孔子问君子之道。

14.42　子路问君子。子曰："修己以敬。"曰："如斯而已乎？"曰："修己以安人。"曰："如斯而已乎？"曰："修己以安百姓。修己以安百姓，尧、舜其犹病诸！"（《宪问》）

孔子回答："修己以敬。""修己以敬"，修养自己，心存诚敬。子路问："如斯而已乎？"这样就可以了吗？孔子说："修己以安人。"修养自己，并能使身边人得到安乐。又问："这样便可以了吗？"曰："修己以安百姓。修己以安百姓，尧、舜其犹病诸！""病"是忧虑。孔子告诉子路，修养自己，以安顿天下百姓。修养自己以安顿天下百姓，连尧和舜尚且都担心自己做不到呢！

子路三连问修身之道，孔子层层递进地回答，从修己、安人到安天下，实际上也是儒家思想的由内圣之学到外王之道的次第。《大学》第一章："古之欲明明德于天下者，先治其国；欲治其国者，先齐其家；欲齐其家者，先修其身。"修身的起点是修己，修己后能齐家，家齐而后能安天下。道德的境界决定了一个人的高度，安顿天下是儒家最高的道德目标和政治理想，但尧舜都担心做不到,对于君子来说,天下之志就是最高的志向了。

三、士不可以不弘毅

春秋时期实行分封制,社会等级森严,主要分为天子、诸侯、卿大夫、士、平民,这五个阶层。士阶层在平民之上,在有社会地位的群体中人数也比较多,但也很容易失去社会地位变为平民。正因如此,士被孔子寄予厚望,希望他们能成为君子,成为改变世道的中坚力量。

> 8.7　曾子曰:"士不可以不弘毅,任重而道远。仁以为己任,不亦重乎? 死而后已,不亦远乎?"(《泰伯》)

曾子说:"君子不可以不胸怀宽广而意志刚毅,因为他的责任重大而道路遥远。以弘扬仁道作为自己的使命,这责任还不算重大吗? 到死才能停止,这道路还不算遥远吗?"曾子的这段话广为流传,成为志士仁人追求理想的人格写照。因为士的责任重大,故必须弘扬坚毅的品格,不能轻言放弃。以践行仁道为己任,在实践中身体力行,一息尚存,此志不懈。崇高的志向需要坚毅的精神,即使荆棘遍地,也必将开辟出一路花海。儒家的理想崇高温暖,士君子对于仁道的实践轰轰烈烈,直到生命的最后一刻。这样的精神热烈又崇高,充满对生命意义的探索,影响着历代知识分子对于真理、人间正道的追寻。

成为君子就应该有家国天下大的担当,特别是在危难之际,更能体现君子的气节。

8.6 曾子曰："可以托六尺之孤，可以寄百里之命，临大节而不可夺也，君子人与？君子人也。"（《泰伯》）

"可以托六尺之孤"，"六尺之孤"指尚未成年的幼君。可以把年幼的国君托付给他。"可以寄百里之命"，"寄百里之命"指将国政交付与他，可以把国家的命运交付给他。"临大节而不可夺也"，"夺"，改变，丧失。面临生死存亡的关键时刻而不丧失节操。这样的人算是君子吗？当然是君子啊！朱熹《集注》说："其才可以辅幼君，摄国政，其节于生死之际不可夺也，可谓君子矣。"

君子应该弘扬仁道，肩负责任，在国家关键时刻能够担当起重任，挽救危亡，在面对考验时，能够矢志不渝，这是君子的节操。周公尽心辅佐年幼的周成王，制礼作乐，使周获得几百年的安定繁荣。有志向很容易，践行其志不易，在生死存亡之际，不改其志，坚守其志更难。

子张也谈论过士人应该具备的品质与气节。

19.1 子张曰："士见危致命，见得思义，祭思敬，丧思哀，其可已矣。"（《子张》）

子张说："一个士人，遇到国家危难时，不惜献出生命；看见有利可得，要考虑是否合乎道义；祭祀时要考虑自己是否诚敬;守丧时要考虑自己是否足够哀戚,这样也就可以了。"士首先应该有担当与责任,在国家有危难时,可以舍生取义,这也就是曾子提到的"临大节不可夺也",这也是一个士人天下之志的忠勇与气节。"见得思义"以是否符合道义为原则来取舍。孔子在谈到如何成人时首先讲到的两点就是:"见利思义,见危授命",可见子张之言真传于夫子。"祭思敬,丧思哀",士人应具备恭敬心、仁孝心,皆是一个人内在之德的体现。内在之德决定了一个人外在的志向与担当。

　　子贡问老师"博施济众"这样的志向怎么样?孔子对这个志向予以了极大的肯定,并将这样的志向归为圣人之志,这样的境界实际上已经超过了仁者,因为连尧舜都担心自己做不好。

　　6.30　子贡曰:"如有博施于民而能济众,何如?可谓仁乎?"子曰:"何事于仁,必也圣乎!尧、舜其犹病诸!夫仁者,己欲立而立人,己欲达而达人。能近取譬,可谓仁之方也已。"(《雍也》)

　　有"博施济众"这样的志向固然好,但对于连仁者的境界还未达到的子贡来说是不是太过高远了呢?故孔子又将子贡的问题切回到如何行仁,并讲到了一个非常接地气的行仁之方——"能近取譬",先从身边事、身边人开始行仁、弘仁吧。孔子教诲子贡切勿好高骛远,也切莫心急,由仁而后才能入圣。

　　此章可见孔子之圣教由远及近,生动有力,极高明、极真切。

四、君子谋道不谋食

君子应志于追求道义，一个人的志向实际上体现的就是他的道德境界。对于普通人来说谋取生存利益往往是排在首位的，有的人甚至将利益最大化，最终深陷欲望的深渊，被人性的贪婪吞噬。君子的道德境界决定了他的追求不会将物质利益放在第一位，孔子说："君子谋道不谋食。"君子谋求于道业而不谋求于衣食。对这样的说法，有些人会提出质疑，饿着肚子怎么谈理想呢？肯定要先解决生存，有了物质基础再谈理想。但在生活中，这样做选择的人，很多人都过得没那么开心，甚至很迷惘。在人生的路口迷失，很可能在利益的驱使下，做出令自己懊悔的选择。孔子是如何来论证这个问题的呢？他举了一个农民耕地的事。

15.32　子曰："君子谋道不谋食。耕也，馁（něi）在其中矣；学也，禄在其中矣。君子忧道不忧贫。"（《卫灵公》）

"耕也，馁在其中"，"馁"是饥饿，耕田也常常会饿肚子。"学也，禄在其中矣"，求学，则常常会得到俸禄。"君子忧道不忧贫"，所以君子只管担心道业成就与否而不必担心生活贫困，君子应该志于行道、弘道，而不应志在谋求于衣食。子曰："君子怀德，小人怀土。"只有小人才"求田问舍"，追逐财富名利。但君子不谋食，是说做君子要挨饿吗？君子不能追求富贵吗？当然不是。孔子在这里是将"道"与"食"，做一个比较和排序，作为君子应把求"道"放在第一位。后面夫子做了一个论证，一个人耕田求食，也可能会挨饿，但是如果志于学，自己有所成就，在社会中能发挥自己的作用，自然就有俸禄了，怎么还用担心衣食的问题呢？正所谓"道心之中有衣食"。

所以君子不用担心自己生活过得不好，而应该担心自己是不是有谋求于道业的决心，担心自己有没有能力去实现自己的志向。孔子说君子应该做到"食无求饱，居无求安"，饮食不求饱足，居处不图安逸，君子的志向不应在外在的物质追求上，如果贪图享乐，也不配称君子之名。

> 1.14 子曰："君子食无求饱，居无求安，敏于事而慎于言，就有道而正焉，可谓好学也已。"（《学而》）

君子还应做事敏捷而言语谨慎，"就有道而正焉"，"就"，靠近；"正"，修正自己。亲近有道德的人以修正自身。君子首先要追求的是如何立志、如何弘扬道义。也不应理解为君子不能去追求好的生活。有君子之志，谨言慎行，结交贤者，这样的人已经做到好学了。

对于士阶层来说也是如此，孔子认为一个士人如果整天想着追求物质利益，那就没必要和他探讨大道了。

> 4.9 子曰："士志于道，而耻恶（è）衣恶（è）食者，未足与议也。"（《里仁》）

"恶衣恶食"指粗劣寒酸的衣食。孔子说："一个有志于行道的士人，却以粗劣寒酸的衣食为羞耻，那便不值得与他讨论了。"一个有志于追求道的士，却看重衣食，以恶衣恶食为耻，道心何在呢？这样的人也不值得与他一起追求道了。孔子类似的表达还有：

14.2　子曰："士而怀居，不足以为士矣！"（《宪问》）

"怀居"指贪图居室之安。孔子说："一个士人，如果贪图安逸的生活，就不配做一个士人了。"一个士人，一味贪图安逸的物质生活，必然会丧失内在的品格，失去外在的价值追求。安逸的生活只会消磨一个人的斗志。一个士人应该有纯粹的道德追求，如同毛泽东在《纪念白求恩》这篇文章中所说的："做一个高尚的人，做一个纯粹的人，一个有道德的人，一个脱离了低级趣味的人，一个有益于人民的人。"这也是每个人都应该有的道德追求，人的生活才可能获得真正的价值。

追求正道势必遇到各种考验与磨砺，孔子周游列国，陈蔡绝粮七日，仍不改其志，对弟子们说："君子固穷，小人穷斯滥矣。"只有君子才能在贫穷之中固守其志，不改其志，穷且益坚才是真君子。

第八讲

直道而行

——永远走在正确的道路上

正直是君子的品格。中国人喜欢用竹子来比喻君子之德，就是以竹子笔直向上的姿态来寓意君子的美德。直道而行，是君子的道德选择。孔子说："人之生也直，罔之生也幸而免。"人的天性本来就是正直的，不正直的人之所以也能生存，不过是他侥幸免于祸患罢了。是否做一个正直的人，是君子和小人的不同选择。即使遇到恩怨，君子也"以直报怨"，用正直回报仇怨，"以德报德"，用恩德回报恩德，小人则"以怨报德"，以仇怨回报恩德。

正直是一种崇高的德行。在甲骨文中，"德"的左边是"彳"，表示道路、行走，右边下边是一个"目"，"目"上是一条垂直的线，表示目视前方。在德最初的含义里已经有了"直"的含义。到了金文字形中，"德"字在"目"下又加了"心"字，又增加了心正的内涵。只有心正才能目正、行正。"德"在郭店楚简中写作"悳"，表示"直心为德"，有一颗正直的心，做一个正直的人，也是每个人基本的道德修养。正直是一种德，也是我们在实践中的一种选择和判断，需要"慎思之，明辨之，笃行之"，因此，正直也是一种"智"的体现。

本讲关于"正直"的思想，分为四个部分，首先，探讨"人之生也直"。每个人都有正直而质朴的本性，微生高"乞醯其邻而与之"，柳下惠"直道事人"，两人的境界显而易见。孔子称赞夏商周三代之民，因为他们能够保持质朴纯良的本性，能够直道而行。其次，在面对恩怨时，直者如何处理？孔子提出"以直报怨"，不能"以德报怨"，用正直来规范道德标尺。这一部分还有一个经典故事"其父攘羊"，以此来辨析，"直"与"隐"的关系。第三部分的内容是了解儒家用人的标准"举直""贤贤"。最后，鉴别正直的伪装者"乡愿"。

一、人之生也直

孔子认为"人之生也直"，这里的"生"通"性"，人的本性本来就是正直的，这里也隐含着孟子性善论的观点，人的本性本来就是善良正直的。与直对立的就是"罔"，是不直。但事实上，这个世界上有很多不正直之人，而且他们还活得很好，甚至比正直的人生活得更好。对此，孔子给出了一个结论：

> 6.19　子曰："人之生也直，罔之生也幸而免。"（《雍也》）

"人之生也直"，人的天性本来是正直的。"生"，通"性"；"直"，正直；"罔"，诬罔不直；"幸而免"，侥幸免于灾难祸患。孔子说："人的天性本来是正直的，不正直的人之所以也能生存，不过是他侥幸免于祸患罢了。"不正直的人为什么还能活得很好，因为他们只是暂时"幸而免"，暂时侥幸免于灾难祸患。一个人能保持正直、真诚的本性，则顺应天道。刘氏正义曰："直者，诚也。诚者内不自欺，外不以欺人。"所谓得道者多助，失道者寡助。不正直的人之所以也能苟活，只是侥幸免于灾祸，幸免于难而已。常言"自作孽不可活""不是不报，时候未到"，都是善恶有报、因果轮回的朴实天道观。

《中庸》："君子居易以俟命，小人行险以侥幸。"君子能安处于正直、仁德之道，等待天命的安排，小人则会以身犯险为求侥幸得逞。当代诗人北岛的两句诗"卑鄙是卑鄙者的通行证，高尚是高尚者的墓志铭"（《回答》），用当代诗歌的语言诠释了直与罔的人生写照。但有时我们很难区分出这两种人，因为不直的人会伪装自己，混淆视听。有一个叫微生高的鲁国人，人们都觉得他很正直，但孔子却提出了质疑。

> **5.24** 子曰："孰谓微生高直？或乞醯（XI）焉，乞诸其邻而与之。"（《公冶长》）

"醯"，醋。孔子说："谁说微生高是个正直的人呢？有人向他讨些醋，（他没有，却不直说）却向邻居讨来，给了那个向他借醋的人。"孔子对微生高是个正直的人提出反对意见，原因是有人向他借醋，明明没有，却要向邻居借来给这个讨醋的人。表面看起来是热心助人，实则是不直不诚，委曲世故，讨好别人为了赚取一个好名声。这样的人与乡愿，好好先生本质上是一样的，都是虚假伪善之徒，怎么能说他正直呢？为什么大家觉得他是个正直的好人呢？因为人们往往只看到了事情的表面，而没有看到本质。可见孔子识人之智，观人于微，直与不直不在事情大小，也不在看到的结果中，真正的直道应该是内心之直，在我们对待每一件事、每一个人的起心动念之中，发心是善良的、正直的还是邪曲的、自私的，这才是判断正直的根本依据。

孔子对人物的评价态度，保持客观、公正的态度，以直为评价尺度。对人的态度客观、公正，尤其是在评价人时，都是建立在事实的依据之上。

15.25　子曰："吾之于人也，谁毁谁誉？如有所誉者，其有所试矣。斯民也，三代之所以直道而行也。"（《卫灵公》）

"吾之于人也，谁毁谁誉？如有所誉者，其有所试矣"，"谁毁谁誉"即毁谁誉谁。毁不枉毁，誉不虚誉。孔子自述我对于人的评价，无论是诋毁还是称赞，都是经过考察验证的，毁不枉毁，誉不虚誉。这里的"试"就是验证。孔子对人物的评价态度，保持客观、公正的态度，以直为评价尺度。对人的态度客观、公正，尤其是在评价人时，都是建立在事实的依据之上，在《论语》中，孔子对于管仲个人的评价是不节俭，不知礼，但从其功业上来看，"九合诸侯，不以兵车"，给予了"如其仁，如其仁"这样高度的称赞。这些都是在实践考察过的，有现实依据的。管仲品行不好的方面，孔子明确地指出批评，但他以智慧和谋略减少了战争，天下得到了安定。这更值得肯定。

"斯民也，三代之所以直道而行也"，"斯民"指三代之民。"三代"指夏、商、周三个朝代。孔子认为（夏、商、周三代的）这些正直的民众啊，正是三代能够直道而行的基础啊！肯定了夏、商、周三代正直的民众，他们对于毁誉都有正直的判断，不会扭曲事实，委曲求全。相比于夏、商、周三代，春秋战国时期的社会风气就没有那么正直了。这当然与为政者的品德有关，子曰："政者，正也。"在乱世之中能够坚守正直之道就显得格外可贵，柳下惠就是春秋时期的这样一位贤者。

18.2　柳下惠为士师，三黜。人曰："子未可以去乎?"曰："直道而事人，焉往而不三黜? 枉道而事人，何必去父母之邦?"（《微子》）

柳下惠，姓展名获，一名季，字禽。封于柳下，死后谥号惠，故称柳下惠。"柳下惠为士师"，"士师"是典狱官，即司法官。柳下惠做司法官，三次被罢免。人曰："子未可以去乎?"有人建议他，难道你不能离开鲁国吗? 他却说："直道而事人，焉往而不三黜? 枉道而事人，何必去父母之邦?""焉往"，到哪里去。如果以正直之道待人，到哪里不会被多次罢免呢? 以诡曲之道待人，又何必离开父母之邦呢?

柳下惠三次被罢免仍然没有离开鲁国。究其原因，以直道事人到哪里都可能被罢免。如果改变自己的原则，变成邪曲之人，背离正道，就没有必要离开故乡了。柳下惠以直道待人、做事，即便被罢免，也无怨无悔，故有三次被罢免。"直道"是为了公正,"曲道"是为了私利。柳下惠不愿意去迎合曲道而改变自己,彰显其君子之德。孟子对柳下惠给予了很高的评价,认为他随和平易,是"圣之和者也",将其地位提到圣人的高度。

二、以直报怨

人生在世,难免总在是是非非中。如何去处理好德和怨,是作为入世之学的儒家必须面对和解决的问题。孔子让我们做一个正直的人、一个善良的人,并不是说做一个没有底线的滥好人,如果是这样,正直和善良就会失去真正的意义和价值。有人问过孔子这样一个问题:"以德报怨,何如?"如果一个人伤害了我,我还要对他感恩戴德,这样做怎么样?如果是你,怎么面对这样的状况呢?我们看看孔子是如何思考这个问题的。

> **14.34** 或曰:"以德报怨,何如?"子曰:"何以报德?以直报怨,以德报德。"(《宪问》)

孔子说的回答是:"那用什么来回报恩德呢?还是以正直来回报仇怨,以恩德来回报恩德为好。"孔子一针见血指出问题所在,如果这样,用什么来回报恩德呢?也就是无论好坏,都以好的方式回报他,看似是用一个宽容的、仁厚的方式去解决问题,实际上基本的道德底线和价值观就会被破坏。既然做坏事不需要付出代价,总是会得到包容和原谅,就会激发人性之恶。好人是不是也太受委屈呢?长此以往,谁会愿意做好人呢?那么，"以德报怨"就是不可取的，孔子以睿智的体察提出"以直报怨"，用正直的态度去面对仇怨，这是最公平、最合适的方式，也就是指出恶人之恶，让他面对公正的审判。

"以直报怨""以德报德"是儒者的勇气与智慧。刘强教授还指出了另外三种境界"以德报怨，恶来善往"，此佛老迂曲之道；"以怨报怨""以牙还牙"，此硁硁小人之道；"以怨报德""恩将仇报"，此禽兽之道，人所不齿也！①

面对仇怨和恶人，我们可以"以直报怨"，但如果是亲人犯了错，是不是也意味着要去大义灭亲呢？叶公告诉了孔子一件事，说在他的家乡，有个人的父亲偷了羊，他便去官府告发了父亲，将其父送进了大牢。孔子却说："吾党之直者异于是。"我们那儿正直的人不是这样，接下来就说出了著名的"亲亲互隐"的观点。

13.18 叶公语孔子曰："吾党有直躬者，其父攘（rǎng）羊，而子证之。"孔子曰："吾党之直者异于是。父为子隐，子为父隐，直在其中矣。"（《子路》）

"吾党有直躬者，其父攘羊，而子证之"，"攘"，偷；"证"，告发。直躬的父亲偷了羊，他便去告发了父亲。"吾党之直者异于是。父为子隐，子为父隐，直在其中矣。"孔子说："我们那儿正直的人不是这样。父亲为儿子的错误隐瞒，儿子为父亲的

---

① 刘强：《论语新识》，长沙：岳麓书社，2016年版，第412页。

错误隐瞒，（将错误在家庭内部加以修正）正直也就在其中了。""隐"并非消极包庇，而含有劝谏补救的意思。

此章在亲情中论直道。叶公讲的正直是"大义灭亲"，孔子反对这样的做法，在亲情与法律、伦理与正义面前，在面对多种价值冲突时，亲缘关系与其他社会关系发生冲突时，应该先考虑亲情关系，尊重最基本的社会人伦底线。据《韩非子·五蠹》载，直躬向官府告发其父攘羊。楚国的令尹要杀了他，认为他"直于君而屈于父"，如果一个人连亲生父母都可以去告发，社会根本的信任体系就会被打破，那还有什么人能去信任？值得信任呢？又据《吕氏春秋·当务》载，直躬告发其父后，官府要杀父，直躬又请求代父受刑。并对有司说，我告发父亲攘羊的行迹，这是直，代父受刑，这是孝。我这样既正直又孝顺的人都要被杀掉，那天下还有好人吗？因此，最终被免于刑戮。孔子听说了这件事，说他利用父亲得到了两个好名声，这哪里是直，就是欺世盗名之徒。

再说孔子说的"隐"，要注意隐的程度，是在可以隐的范畴内，如果真是一个杀人狂魔，再去用亲情原谅与姑息，那就是纵恶杀人的帮凶了。其次，这里的"隐"是不宣扬出去，但不是把问题隐藏起来，或者姑息纵容。长辈对晚辈就是教诲、引导，晚辈对长辈则是劝谏。孔子说："事父母几谏。见志不从，又敬不违，劳而不怨。"侍奉父母时，若父母有过失，应当委婉劝谏。

亲亲相隐是儒家传统道德观的重要组成内容。在《韩诗外传》中也讲了一个石奢的故事，他为人公正而好直，有一次追捕一个杀人凶手，最后竟发现是自己的父亲，于是放弃了抓捕，并向国君坦诚自己因孝道而无法逮捕父亲，国君通过孔子"父为子隐，子为父隐"的思想肯定了石奢的做法。在现代的国家法律中，在面对亲情和法律的价值冲突时，法律有相关规定直系亲属可以不用出庭作证，就是在保护人伦社会的基本道德原则。

君子因为直，就一定会有所恶。君子应该憎恶什么呢？子贡向老师提出了这样的问题。

> **17.21**　子贡曰："君子亦有恶（wù）乎？"子曰："有恶。恶称人之恶者，恶居下流而讪（shàn）上者，恶勇而无礼者，恶果敢而窒者。"曰："赐也亦有恶乎？""恶徼（jiǎo）以为知者，恶不孙以为勇者，恶讦（jié）以为直者。"（《阳货》）

"君子亦有恶乎？""恶"，憎恶。子贡说："君子也会有所憎恶吗？"子曰："有恶。恶称人之恶者，恶居下流而讪上者，恶勇而无礼者，恶果敢而窒者。""讪上"，"讪"，诽谤，君子憎恶在下位而诽谤上级的人；"果敢而窒"，言人执拗而不通人情事理。孔子说："有憎恶。君子憎恶喜欢讲别人坏话的人，憎恶在下位而诽谤上级的人，憎恶勇敢却不懂礼节的人，憎恶果敢专断而执拗不通情理的人。"

曰："赐也亦有恶乎？"赐啊，你也有所憎恶吗？"恶徼以为知者，恶不孙以为勇者，恶讦以为直者。""徼以为知者"，"徼"，抄袭；"讦"，攻击揭发别人的隐私。我憎恶以抄袭他人为聪明的人，憎恶以不逊无礼为勇敢的人，憎恶以攻击别人的隐私为直率的人。

　　本章讲君子憎恶的几种人，孔子说君子应该憎恶四种人。喜欢讲别人坏话的人，喜欢诽谤别人的人，这两种人都是用语言搬弄是非，缺少忠厚德行的体现，为君子所不齿。勇敢却不懂礼节，专断而不通情理皆是背离中道的人，"勇而无礼则乱""果敢而窒者则无智"，是君子所不为也。子贡也说了憎恶的三种人：耍小聪明的人，以鲁莽无礼为勇敢的人，以揭发别人隐私为直率的人。

　　师生二人都讲到了正直勇敢与鲁莽无礼的区别，真正的勇敢不仅有礼，且有智。

三、举直错诸枉

　　《礼记·礼运》："大道之行也，天下为公，选贤与能，讲信修睦。""选贤与能"，举荐贤德正直的人，让他们担当大任，天下的大道才能得到推行。鲁哀公向孔子问："何为则民服？"怎么做老百姓才会信服呢？孔子的回答就是儒家政治学在用人中的标准"举直错诸枉"。

　　2.19　哀公问曰："何为则民服？"孔子对曰："举直错诸枉，则民服；举枉错诸直，则民不服。"（《为政》）

　　"举直错诸枉"，"举"，举用；"直"，正直者；"错"通"措"，意为安置；"诸"，"之于"的合音字；"枉"，邪曲不直

者。鲁哀公问："怎样做老百姓才会信服呢?"孔子回答说："举
用正直之人，使其位于邪曲者之上，老百姓就会信服；举用邪
曲之人，使其位于正直者之上，老百姓就不会信服。"只有这样
做老百姓才能信服，同时正直的人也成为天下人的标尺，改变
不正邪曲的风气。这样的治理才能得人心，并且是有效的。

子曰："政者，正也。"为政者应该发挥"身为示则"的表
率作用。权力不是让人们屈服，而是让人们信服。只有为政者
自己身正才能产生这样的公信力。关于这个内容会在治国之道
中详细讨论。樊迟问仁时，孔子也谈到过"举直错诸枉"，见第
四讲"仁者爱人"的内容。

12.22 樊迟问仁。子曰："爱人。"问知。子曰："知人。"
樊迟未达。子曰："举直错诸枉，能使枉者直。"樊迟退，见子
夏，曰："乡也吾见于夫子而问知，子曰：'举直错诸枉，能使
枉者直'，何谓也?"子夏曰："富哉言乎! 舜有天下，选于众，
举皋陶，不仁者远矣。汤有天下，选于众，举伊尹，不仁者远
矣。"(《颜渊》)

"举直错诸枉，能使枉者直"是对天下的仁，能够发现正直
的人更是一种智。以直道引领天下之道，如皋陶、伊尹行仁道
于当时之世，不仁者远矣，则是"能使枉者直"。朱熹《集注》
说："不仁者远，言人皆化而为仁，不见有不仁者，若其远去
尔，所谓使枉者直也。子夏盖有以知夫子之兼仁知而言矣。"

由此章可知，直者必有仁，也必有智。仁能博爱天下，以

弘扬仁道为己任。智则足以应对邪曲之人，使其远。或以仁爱之心使"枉者直"。《孔子家语·王言解》："孔子曰：'故曰：所谓天下之至仁者，能合天下之至亲也。所谓天下之至知者，能用天下之至和者也。所谓天下之至明者，能举天下之至贤者。此三者咸通，然后可以征。'"

"选贤与能"不仅是仁爱天下，举荐贤能更是智慧。仲弓做了季氏的家宰，向夫子请教为政之道，孔子也讲到了如何"举贤才"。

> **13.2**　仲弓为季氏宰，问政。子曰："先有司，赦小过，举贤才。"曰："焉知贤才而举之？"子曰："举尔所知。尔所不知，人其舍诸？"（《子路》）

孔子给了仲弓三条建议："先有司，赦小过，举贤才。""有司"指下属各职能部门。先做好下属职能部门的表率，赦免属下的一些小的过失，举荐贤良的人才。仲弓又问："如何知道谁是贤才而去举荐他呢？"曰："举尔所知。尔所不知，人其舍诸？"孔子说："先举荐你所知道的贤才，至于你所不知道的，别人难道会舍弃他们吗？"

仲弓在孔门弟子中不仅德行高尚，且很有为政之才。故孔子说："雍也可使南面。"仲弓可以独当一面，为政一方了。仲弓在季氏家中做家宰，问政于孔子。老师给出的建议，首先是做好表率，也是身正以率天下之意。仲弓为德行科高第，孔子深知其德，希望他能在践行仁道，能使枉者直。而同时也给予其"赦小过""举贤才"的教诲。"赦小过"是仁者之心，仁政之德。"举贤才"则是"贤有德者，才有能者，举而用之"，举用贤才，为政才能清明，社会才能安定。

四、乡愿，德之贼也

说到正人君子，我们往往会想到奸邪小人。但实际上还有一种人比小人更危险，那就是孔子提到的"乡原"。小人容易被发现，但"乡原"却隐藏得很好，而且在人们口中还可能是个"好人"。

17·13 子曰："乡原（yuàn），德之贼也！"（《阳货》）

孔子说："那些伪善欺世、不分是非的好好先生，真是道德上的祸害啊。"这里的"乡原"，亦作"乡愿"，指乡里因伪善欺世而受到欢迎的好好先生。孔子批评乡愿是道德的祸害。乡愿就是我们平时说的"好好先生"，没有道德准则，没有是非标准，只是为了博取一个好名声，而行不正之道。这样的人就是道德的败类。邪曲之人是容易发现的不直之人，乡愿因为用伪善来欺世盗名，是难以发现的。具体来说，怎么样的人算是乡愿呢？孟子说得好：

何以是嘐嘐也？言不顾行，行不顾言，则曰：古之人，古之人。行何为踽踽凉凉？生斯世也，为斯世也，善斯可矣。阉然媚于世也者，是乡原也。（《孟子·尽心下》）

　　乡愿批评狂放之士，为什么要志存高远呢？像"古之人"那样去改变现实是难以完成的。又批评狷介之士，为什么要那么较真儿呢？人活着就要迎合这个世道，混个好名声就行了。万章又问孟子："一乡皆称原人焉，无所往而不为原人。孔子以为德之贼，何哉？"全乡的人都认为他是好人，到哪里都被视为好人，孔子为什么说他是道德的祸害呢？孟子答道："非之无举也，刺之无刺也，同乎流俗，合乎污世，居之似忠信，行之似廉洁，众皆悦之，自以为是，而不可与入尧、舜之道，故曰'德之贼'也。"这种人，想批评他却说不出缺点，想责骂他却找不到由头，他只是同流合污，合于世俗之道。平时似乎忠诚老实，处事似乎方正、廉洁，大家都喜欢他，自己以为做得正确，却与尧、舜之道格格不入，所以说是"德行的损害者"。面对道德的沦丧，"君子反经而已矣"，君子直道而行，让一切回到正道上来。

　　"乡原"是危害道德的人，同时还有一种人是对美德的抛弃，那就是传播谣言者。

　　17.11　子曰："道听而涂说，德之弃也！"（《阳货》）

　　孔子说："在道路上听到传言便在道路上传播，这是对美德的一种抛弃。"这里的"涂"通"途"，表示路上。乡愿是"德之贼"，传播谣言就是"德之弃"。道听途说是人云亦云，缺乏独立的思考和客观的判断。君子应该"敏于事而讷于言"，谨慎地表达自己的观点。"慎思之，明辨之"，谨慎地思考，明辨是非。在今天的网络信息时代，传播谣言的速度更快了，对今天的社会道德风气有极大的危害。尤其是在不明真相之时，随意对他人进行网络暴力攻击。这不仅仅是对美德的抛弃，甚至威胁到当事人的生命安全，传播谣言或者编造谣言本身就是不仁德的作为。孟轲云："'尧舜不胜其美，桀纣不胜其恶。'传言失指，图景失形。众口铄金，积毁消骨，久矣其患之也。"传言会越来越夸大其辞，逐渐背离事实。"德之贼""德之弃"都对社会产生很大危害。

"乡原"因伪善欺世而受到欢迎的好好先生，没有道德立场而善于和稀泥。孔子告诉我们，如果一个人大家都喜欢他，那一定要去考察一下，有可能就是一个乡原。反之，大家都厌恶一个人，也要去考察他，有可能是个十恶不赦之徒，连坏人都厌恶他。

15.28　子曰："众恶之，必察焉；众好之，必察焉。"（《卫灵公》）

为什么要去"察"呢？因为这是一种极端情况，也是违背常理的。任何一个人都做不到让所有人都喜欢他，或者厌恶他。即便全乡的人都说这个人好，也可能是一个欺世盗名的伪君子。整个乡里的人都讨厌他，连坏人都讨厌他，可能是个罪大恶极之徒。这两种情况都值得好好去考察。但在很多人眼中，"众好之"似乎可以证明这个人德行很高了。子贡也有这样的疑问，也问了老师怎么看待"众好之"：

13.24 子贡问曰："乡人皆好（hào）之，何如？"子曰："未可也。""乡人皆恶（wù）之，何如？"子曰："未可也。不如乡人之善者好之，其不善者恶之。"（《子路》）

"乡人皆好之，何如？""好之"，喜欢他。"恶之"，讨厌他。子贡问道："整个乡里的人都喜欢他，这个人怎么样？"孔子说："不行啊。""整个乡里的人都讨厌他，这个人怎么样？"孔子说："也不行啊。不如乡里的好人都喜欢他，不好的人都讨厌他。"孔子提出了一个鉴别乡愿的好方法，"善者好之"，通过善良正直的人去评价一个人才是有效的。"众好之""众恶之"都会形成一种巨大的道德力量，这样的情况都应该去明辨考察，以正视听。"善者好之"才是鉴别一个君子的正道。

还有一种违背直道的人，他们也同"乡原"一样善于伪装，乡原是把自己伪装成好好先生，这种人是把自己伪装为强大的人，实则内心非常怯懦。

17.12 子曰："色厉而内荏（rěn），譬诸小人，其犹穿窬（yú）之盗也与？"（《阳货》）

孔子说："外表严厉而内心怯弱。拿没有品行的小人来比喻这种人，就像那穿墙打洞的小偷吧！"色厉内荏是一个成语，"荏"是软弱。"穿窬之盗"是穿墙打洞的盗贼。"色厉内荏"之人，需要强硬的外表来掩盖内心的怯懦，表里不一违背正道。孔子用穿墙打洞的小偷来比喻这样的人，小偷所行之事偷偷摸摸，见不得光，形容色厉内荏的人隐藏自己的内心，怕被别人发现，这个类比形象又生动。但内心真正强大的人是不需要用外在的强悍来标榜自己的强大。

一个人的内心要强大，首先是人格的完善。孔子说："见利思义，见危授命，久要不忘平生之言，亦可以为成人矣。"一个人真正的成长是能够承担责任与弘扬道义。其次，是要有高尚的道德境界，通过学习来修养自己，找到生命的真正价值。孟子说："吾善养吾浩然之气。"浩然之气是天地正气，君子以此弘道。

第九讲

知者不惑
——如何成为一个有智慧的人？

　　《论语》中多次出现"知"，读第四声时通"智"，表示智慧。"知、仁、勇"是孔子所提倡君子要遵循的三个道，《中庸》第二十章讲到："知、仁、勇三者，天下之达德也。"《中庸》明确提出了"三达德"这个概念，"知""仁""勇"成为天下至德，成就君子这三种品德都不可缺少。孔子说："知者不惑，仁者不忧，勇者不惧。"一个仁者，必有知，必有勇。但勇者和智者，却不一定有仁。

　　如何成为一个有智慧的人？首先要知己，其次要知人。儒家是立身入世之学，立身需知己，入世要知人。"知己"实际上比"知人"更难，因为人心往往驰骛外物，忘了本心，甚至迷失自我。因此，能够"知己"是大智慧。古希腊哲学家苏格拉底告诫世人："了解你自己。"了解自己实际是人最大的哲学命题。孔子"四十而不惑""五十知天命"都是对于自我生命、天地间生命意义的探索。再说"知人"，《中庸》讲到"天下之达道五"，就是说儒家的五伦关系，要有"知人之知（智）"才能处理好人与人、人与社会之间的关系。《道德经》第三十三章："知人者智，自知者明。"此之谓也。

本讲从四个方面了解儒学的"知人之智"。首先是"知己"的智慧，了解自己。儒家提倡"反躬自省""内省不疚"，用这样的方式在实践中不断地省察自我，了解自己。曾子之"吾日三省吾身"，成为儒家修身之学的工夫。其次是"知人之知"，探讨孔子讲到的了解他人的方法和智慧，观察人的言行举止，甚至脸色，再决定如何说、如何做，知道如何去知人也是一种处世的能力。其三，孔门师生讨论什么是"知"，在师生的对答中，了解孔子对"知"的评价，对学生的引导。最后，梳理知、仁、勇三者的关系。真正的仁者应该是什么样子的呢？让我们一起来学习这一讲吧！

一、四十不惑

儒学作为立身入世之学，引领的是个体生命的成长，以及如何处理好各种社会关系，实现生命的价值。"知者不惑"是知己、知人的智慧。孔子"四十而不惑"就是对人生，对生命的使命有了透彻的认知，因而不再迷惑。如何能做到不惑？这是儒学克察省己、慎独存养的工夫。曾子"吾日三省吾身"是省察自我的具体方法。

> 1.4　曾子曰："吾日三省（xǐng）吾身：为人谋而不忠乎？与朋友交而不信乎？传不习乎？"（《学而》）

曾子就是曾参（shēn），字子舆，南武城人。孔子晚年弟子，少孔子四十六岁。"三省"是在三个方面省察自身。曾子说："我每天都在三个方面反省自己。""为人谋而不忠乎？"
"忠"，尽心尽力。为别人谋划效劳，有没有尽心尽力呢？"与朋
友交而不信乎？""信"，诚信。与朋友交往，有没有诚实守信
呢？"传不习乎？""传"，传授。"习"，实习，践行。老师已传
授给我的（或我将传授给学生的）学问和道理，我自己有没有
实习力行呢？

"反躬自省"是君子之学。曾子省察的三件事，前两个方面
是忠和信，这是从内在道德修养上省察自己，认识自我，检视
自我。在不断向内自省的过程中，获得认知自我、修正自我的
能力。最后是反省自己学到的知识有没有去躬身实践，也就是
知行合一。儒家的省察有两种情况，事上省察，曾子所言的三
件事，都是在事上省察，在事上不迷失本心，这个本心也就是
仁心善性。王阳明："省察是有事时存养，存养是无事时省察。"
（《传习录》）还有一种省察是克己慎独，是无事时的观照己心，
独处时的存养正气。道家讲"涤除玄览"，禅宗讲"本来面目"，
都是一种与自我的对话，对自我的内存垃圾清理过程。找到本
心，回到本我。

向内反省自己没有愧疚，是君子的境界。司马牛问君子，
孔子告诉他要做到"内省不疚"。

12.4　司马牛问君子。子曰："君子不忧不惧。"曰："不
忧不惧，斯谓之君子已乎？"子曰："内省（xǐng）不疚，夫何
忧何惧？"（《颜渊》）

"内省不疚"，反省自己，没有愧疚。司马牛请问什么是君子。孔子说："君子无忧愁、无恐惧。"司马牛说："无忧愁、无恐惧，这样便算得上君子了吗？"孔子说："反省自己，没有任何愧疚，还有什么可忧愁、可恐惧的呢？"君子"不忧不惧"，不忧愁、不恐惧，不担心、不害怕。君子光明磊落，正义而行，所谓"君子坦荡荡，小人长戚戚"。正因如此，君子向内省察自我，没有愧疚，无忧无惧，"内省不疚"，这就是君子的境界。正如孟子所说："仰不愧于天，俯不怍于人。"（《孟子·尽心上》）。司马牛因为哥哥司马桓魋在宋国叛逆作乱而内心忧虑，孔子以此来开解激励司马牛。如果自己的内心没有愧疚，那还有什么害怕和担忧的呢？君子无所惧也。

君子在内省时，会多看到自己身上的问题，这一点与小人有本质区别。

15.21 子曰："君子求诸己，小人求诸人。"（《卫灵公》）

孔子说："君子凡事责求于自己，小人凡事责求于别人。"君子会先从自己身上找问题，小人则反之。在不断反躬自省的过程中，才能更好地了解自己，及时更正错误，不贰过。君子往往对自己要求严苛，而宽厚地对待别人。

15.15 子曰："躬自厚而薄责于人，则远怨矣！"（《卫灵公》）

"躬自厚"，对自己要求严格。"躬"，自身。"薄责于人"，对别人要求宽松。孔子说："对自己的错误责备得厚重一些，而对别人的过失不要苛责，就会远离怨恨了。"多反思自己身上的问题，少去苛责别人。孔子是针对人性的通病来讲的，人总是会盯着别人的毛病，而缺少自我的反思。遇事反求诸己，是君子的品格。同样，在自我生命成长中，反躬自省也是第一位的，与其担心前途未来，还不如自省靠什么安身立命。

> **4.14**　子曰："不患无位，患所以立；不患莫己知，求为可知也。"（《里仁》）

"不患无位"，"患"，担心；"位"，职位、官位和名位。"立"，立身。"求为可知"，"为"，被；"可知"，可以称道的才能和德行。孔子说："不要担心自己没有职位，应该担心的是如何安身立命。不要担心不被别人所知，而应尽力追求为人称道的才能和德行。"孔子从内外两个层面去讲人应该担心什么。对外不要担心自己得不到职位俸禄，不要担心自己没有名声，应该担心自己如何安身立命。不要担心别人不知道自己、不了解自己，应该担心自己没有内在的德行与才能。孔子也说过："君子病无能焉，不病人之不己知也。"（《卫灵公》）君子只忧虑自己没有能力，不会担忧别人不知道自己。也是从这个意义上来说的。

人活在世上，难免会患得患失。我们可能经常用外在的名利成功来衡量自己，却忘记了审视内在的自我，真正了解自己。

当一个人懂得了审视自我，向内求自我，还用担心天下没有施展自己才能的地方吗？故孔子说"君子谋道不谋食"，道心中自有衣食。

人生在每个阶段都有感到忧虑、迷惑的事情。孔子将人的一生分为了三个阶段，少时、壮年及老年，并对这三个阶段容易受到迷惑而忘乎本心的事情做了总结，值得每个人借鉴。

> 16.7　孔子曰："君子有三戒：少之时，血气未定，戒之在色；及其壮也，血气方刚，戒之在斗；及其老也，血气既衰，戒之在得。"（《季氏》）

"戒"，戒备，警惕。孔子说："君子当有三件事须要戒备警惕：少年之时，血气还没有稳定，须要戒备的是贪恋美色；到了壮年，血气正是刚强之时，须要戒备的是好勇斗狠；等到年老，血气已经衰微，须要戒备的是好利贪得。"孔子是根据"血气"的状态来给出每个人生阶段的建议。少年时，血气未定，易受外在如美色的诱惑，现在科学会用荷尔蒙旺盛来解释少时的情感痴迷。到了壮年，血气方刚，戒之在斗，防止斗狠拼命。到了老年血气已经衰败，就要避免贪财好利。年老象秋冬，秋冬为阴，秋冬是藏的时节，所以老年易贪。

"君子三戒"虽是通过血气来谈论人生，但本质上应该归为人之心。《论语集释》："惟心则主乎血，而志为气之帅，故知养其心，则能制血气而不至于乱。圣人三者之戒，亦惟操其心而已。"人的起心动念决定了选择，所以，了解自己还是了解别人，都要从"心之动"上去观察体悟。

二、人焉廋哉

儒学的智慧不仅是知己，还包括知人之智。如何去了解一个人？孔子提出了三个方法，看这个人做事情的动机、方法、身心安放在何处，对于这个人就能全方位地了解他了。

　2.10　子曰："视其所以，观其所由，察其所安，人焉（sōu）廋哉？人焉廋哉？"（《为政》）

"视其所以，观其所由，察其所安"，"视"，看；"所以"，所为，引申为做事的原因或动机；"观"，审视；"由"，经由，通过，引申为方法或途径；"察"，细察；"所安"，所处，所止，所乐。"人焉廋哉？""焉廋"，"焉"，哪里；"廋"，藏匿。孔子说："先看一个人平时之所为的动机，再了解他做事所采取的方法，再仔细观察他最终所能安处的状况，这个人哪里还能隐藏得了呢？哪里还能隐藏得了呢？"做事情的动机可以判断他追求什么？采用什么方法可以鉴别这个人的能力和道德，身心安处在哪里可以看出这个人的境界。如此一来，这个人便无处隐藏了。

孟子后来又提出通过观察一个人的眼睛来知人。孟子曰："存乎人者，莫良于眸子。眸子不能掩其恶。胸中正，则眸子瞭焉；胸中不正，则眸子眊焉。听其言也，观其眸子，人焉廋哉?"(《孟子·离娄上》)孟子认为一个人的眼睛不能掩饰心中的恶,如果一个人心存善念,眼睛必定明亮。如果心有邪念,眼睛必定是昏暗的。如果一面听这个人讲话,一面观察他的眼睛,就能判断出这是一个什么样的人。俗话说"眼睛是心灵的窗户",离不开孟子的影响。

除了上面的三种识人之法,孔子还说过,通过观察一个人犯的过错,也可以了解这个人。

1.7 子曰:"人之过也,各于其党。观过,斯知仁矣。"(《里仁》)

"各于其党","党"是类别,人之过也,各于其类。"斯知仁矣","斯",就;"知仁"即知人。孔子说:"人所犯的过失,各有其党类。观察他的过失,便知道他是一个怎样的人了。"通过观察一个人的过失,可以知道他的性格不足。比如急躁的人,经常做事鲁莽,缺乏思考和判断。当我们看到一个人做事鲁莽,可以判断他可能是个急躁的人。其次,观察一个人的过失,还可以了解到他能力的不足。因为某些知识或能力的欠缺,出了差错。观"过"不仅可以了解他人,也可以省察自己。

交谈与沟通也是人和人相互了解的重要方式。说话是学问,也是艺术。在谈话中如何把握时机,适当地去表达自己,值得我们去好好学习。

15.8 子曰:"可与言而不与之言,失人;不可与言而与之言,失言。知者不失人,亦不失言。"(《卫灵公》)

"失人",错失人才或知音。孔子说:"可以与他交谈却不与他交谈,这是待人有失;不可以与他交谈却与他交谈,这是言语有失。有智慧的人既不会待人有失,也不会言语有失。"本章从说话知人。可以去交谈一下,彼此了解一下,但不去交谈,错过的是了解别人的机会,也是别人了解你的机会,那就可能错失一个良师益友。有合适的机会,要敢于表达。不能说的话,却告诉了别人,这是言语的过失,不仅浪费精力,甚至会留下后患。一个智者在什么场合和什么人说什么话,应该知道什么话对什么人该说,什么话对什么人不该说。

孔子说:"不知言,无以知人也。"(《尧曰》)不懂得辨析别人语言的真实含义,就无法真正了解人。把话说好,是一门艺术,也是智慧。不错过向他人学习交流的机会,注意说话的对象和场合,就达到智者的境界了。普通人在说话时会犯哪些错误呢?孔子给我们总结了三点,看看你有没有这样的毛病?

16.6 孔子曰:"侍于君子有三愆(qiān):言未及之而言,谓之躁;言及之而不言,谓之隐;未见颜色而言,谓之瞽。"(《季氏》)

"愆",过失。"躁",急躁。"隐",隐瞒。"瞽",目盲。孔子说:"陪君子说话常有三种过失:还没轮到他说话便抢先发言,这叫急躁；该他说话却不发言，这叫隐瞒；不看对方的脸色便贸然发言，这叫盲目。"孔子讲了君子说话的三种过失。首先是"燥"，还没到说话的时机却急于说话，这就是急躁。孔门中最急躁的就是子路，在《先进》11.26 篇记载，有一次弟子们侍坐，孔子问弟子们的志向，子路不假思索就轻率地回答了。其次是"隐"，应该说话却不说，这就是隐瞒。有所隐瞒就背离了正直、诚信。但如何说，怎么说，是需要智慧的。不看别人的脸色就随便发言，这就是"瞽"，是盲目。察言观色是知人的重要方式，也是怎么说话的重要依据。这三种过失，最需要注意的是"燥"，孔子说"君子不威则不重"，一个人如果急躁就会不庄重，没有威严。急躁也会容易说错话，办错事。

三、樊迟问知

我们读《论语》会发现，弟子们问什么是"仁"，而后会接着问什么是"知"，这个"知"通"智"，表示智慧。说明弟子们也很在乎老师对于"知"的解答。君子应该有什么样的"知"呢？

6.22 樊迟问知（zhì）。子曰："务民之义，敬鬼神而远之，可谓知矣。"问仁。曰："仁者先难而后获，可谓仁矣。"（《雍也》）

"务民之义"，"务"，致力于；"之"，行也；"义"，宜也，指人道之所宜。樊迟问什么是智。孔子说："致力于使百姓从事人道所宜之事，保持对鬼神的敬畏，又远离对鬼神的过分崇拜，这样便可说是有智慧了。"樊迟再问什么是仁。孔子说："难事做在人前，获报退居人后，这样便可说是仁了。"孔子为樊迟讲解什么是"知"。真正的智慧首先是致力于人道之上，对鬼神保持敬畏，但又不过度崇拜，这是一种理性的态度。"子不语怪、力、乱、神"（《述而》），孔子不去谈那些无法用常识解释的事物，而是引导我们去认清现实中人的生命意义。一个智者应该有敬畏心，但他的智慧应该是在生活实践中发挥作用，致力于人道的弘扬。樊迟又问仁，孔子说"先难而后获"，也是让其重视实践，承担责任。无论是智者还是仁者，都应在生命实践中实现价值。

"敬鬼神而远之"是保持人的理性态度，敬畏又不受迷惑。世间还有一种能迷惑人心的事物便是情了。有一次，子张请教如何提高德性、辨明迷惑，孔子就指出了情的极大伤害性。

12.10　子张问崇德、辨惑。子曰："主忠信，徙义，崇德也。爱之欲其生，恶之欲其死；既欲其生，又欲其死，是惑也。'诚不以富，亦祗以异。'"（《颜渊》）

"徙义"，遵循道义；"徙"，迁移，引申为遵循。义者，宜也。子张请教如何提高德性、辨明迷惑。孔子说："以忠诚信实为主，时刻遵循道义，这样就可以提高自己的德性了。喜爱一个人就希望他生，厌恶一个人就希望他死；既想要他生，又想要他死，这就是迷惑呀！（就像那诗中的怨妇所说）：'他抛弃我,的确不是因为财富,只不过是因为他见异思迁罢了。'"子张向老师请教了两个问题,如何提高德性,是孔子经常讲到的内容。但如何辨别迷惑,却少有人问。孔子没有直接回答如何辨惑,而是讲到了爱恨对人的迷惑。实际上在讲人的七情六欲对人心的迷惑,爱一个人的时候,全是好,厌恶一个人的时候,全是错,甚至起了杀心。极端的情感能让人迷失方向,失去理智。人间的悲剧往往因此而起,古今皆同。一个人有智慧就不会被情感左右,也不会被他人左右。能够主宰自己情感和思考的人,才是真正的智者。

樊迟也问了如何辨惑的问题。

12.21 樊迟从游于舞雩(yú)之下,曰:"敢问崇德、修慝(tè)、辨惑。"子曰:"善哉问!先事后得,非崇德与?攻其恶,无攻人之恶,非修慝与?一朝之忿(fèn),忘其身以及其亲,非惑与?"(《颜渊》)

"樊迟从游于舞雩之下","舞雩"是鲁国求雨的高台,在今曲阜市东;"从游"犹言散步。樊迟陪同孔子在舞雩台下散步,曰:"敢问崇德、修慝、辨惑。""崇德、修慝、辨惑",崇尚德性、消除恶念、辨明迷惑。"慝",邪恶,罪恶。樊迟问:"请问怎样才能崇尚德性、消除恶念、辨明迷惑?"子曰:"善哉问!先事后得,非崇德与?攻其恶,无攻人之恶,非修慝与?一朝之忿,忘其身以及其亲,非惑与?""攻其恶,无攻人之恶",攻治自己的恶念,而不责备别人的过失。"一朝之忿",一时的忿恨。孔子说:"问得好!先付出劳动,而后再考虑收获,这不就是崇尚德性吗?攻治自己的恶念,而不责备他人的过失,这不就是去除恶念的方法吗?因为一时的忿恨,就忘记自身的安危,甚至祸及亲属,这不就是迷惑吗?"

樊迟问了三个问题,"崇德、修慝、辨惑",也问到了辨惑的问题。如果樊迟只问崇德,还没有那么特别,但他又问了"修慝""辨惑",这三个问题由高到低就有了层次,可以看出他是个善于提问的学生。

对于"崇德"的回答,孔子说"先事后得",让樊迟先去行动,再考虑收获。实际上也就是教导其不要先想着得到,想着结果,应该脚踏实地地去努力,自然会有收获。樊迟问仁时,孔子也叮嘱其"先难而后获",这个意思是差不多的。孔子对于学生的教诲是因材施教,根据学生的情况提出建议,同一个问题,没有固定的答案。"修慝",如何消除恶念呢?先修正自己的恶念,不要盯着别人身上的问题,这还是回到君子修身的起点,君子求诸己。

最后一个问题"辨惑",孔子说到了忿恨对于人的迷惑。不仅自己有杀身之祸,甚至祸及家人。克制愤怒是修身大要。《周易》"损"卦卦辞为"君子以惩忿窒欲",君子应该克制愤怒,控制欲望。这是修德之本,心定才能生出智慧。

四、知者乐水

生活中的智者是什么样子?山水之中见仁,见智,孔子说

"知者乐水，仁者乐山"。

6.23　子曰："知者乐（yào）水，仁者乐（yào）山；知者动，仁者静；知者乐，仁者寿。"（《雍也》）

"乐"，喜爱。孔子说："智慧的人喜爱水，仁德的人喜爱山；智慧的人如水一样变动不居，仁德的人如山一样沉静庄严；智慧的人快乐，仁德的人长寿。"智慧的人喜爱水，因为水是流动的，如同智者思如泉涌，水又能容万物。《道德经》第八章："水善利万物而不争。"仁德的人喜爱山，因为仁德的人固守仁心，有着纯良厚重的本性如同大山的沉稳不移。智慧的人因为总能解决麻烦和问题，自己快乐，也能带给别人快乐。仁德的人因为宅心仁厚，不苛责于人，心中无怨，故得长寿。

孔子将仁者、知者之德行比赋于自然中的山水。山和水本自是在大自然中相依相存的，如同仁者也一定有智。一个智慧的人未必有仁心，但一个仁德的人一定有智慧。因为成为仁者，必定了知生命的意义与价值，这需要上智。如果一个人既具备内在的仁德，又有处世的智慧，那就是世间最美的风景了。智者、仁者、勇者都有鲜明的特点。

9.29　子曰："知者不惑，仁者不忧，勇者不惧。"（《子罕》）

孔子说："智者心无迷惑，仁者心无忧虑，勇者心无畏惧。"

有智慧的人不会迷惑，不会彷徨，因为能透过表象看到本质，不被情绪和外在因素干扰。有仁德的人不忧虑，没有私心足以忘忧。仁德的人也有忧，忧的是天下和家国。勇敢的人无所畏惧，这种勇敢必定是站在道义的一边。钱穆解此章："本章知仁勇三德，知以明之，仁以守之，皆达德。学者能以此自反而加体验，则此心广大高明，希圣希贤，自能循序日进矣。"以此三大德为广大目标，则益近圣贤。那么三者之间有什么关系呢？宰我问了一件事，孔子通过这件事告诉我们，仁者不可欺，仁者必有智，也必有勇。

6.26　宰我问曰："仁者，虽告之曰：'井有仁焉。'其从之也？"子曰："何为其然也？君子可逝也，不可陷也；可欺也，不可罔也。"（《雍也》）

"井有仁焉"，犹言有人坠于井中。"仁"通"人"。"何为其然也"，为什么要那样做呢？"逝"，使之往救。"陷"，陷之于井。"罔"，愚弄。宰我问："一个仁者，即使你告诉他，有人落入井里了，他是不是也要跳到井中去救人呢？"孔子说："怎么会这样呢？君子是这样一种人：你可以使他去救助他人，但不可以使他陷入井中。你可以用常理去欺骗他，但不可能用歪理去愚弄他。"

君子也会被欺骗，如果用常理去欺骗他，也会上当受骗。但这不能判断君子就没有智慧，而恰恰是他内心仁德的体现。宰我问有人落入井中，仁者是不是要跳下去救人呢？仁者会让自己陷入危险吗？哪怕在危急之中，仁者都会有所判断，不会让自己被愚弄或者陷入险境，因为仁者必有智。朱熹《四书集注》："宰我信道不笃，而忧为仁之陷害，故有此问。"宰我问的是仁德善良之人是不是容易上当受骗？对于践行仁道有所疑虑。这个问题如果不经过深思，似乎今天有些人仍会有这样的担忧。好人容易被骗，善良的人容易上当。针对这个问题，孔子给出了非常好的论证："君子可欺也，不可罔也。"

　　针对这个观点，孟子也讲了一件事。有一次，有人送给郑国的子产一条小活鱼，子产就命人将鱼养在水池里，但是这个人没有将鱼放进池塘里，而是把鱼吃掉了，吃完还跟子产绘声绘色地描述他将鱼放进池塘中的情形，"始舍之，圉圉焉，少则洋洋焉，攸然而逝"，刚把小鱼放进池塘时，它还不动，过了一会儿，小鱼又活泼起来了，开心地游到别的地方了。子产听后就说："得其所哉！得其所哉！"这条小鱼回到了它应该去的地方了。这个人离开后就开始嘲讽子产："孰谓子产智？予既烹而食之，曰：'得其所哉！得其所哉！'"谁说子产有智慧？鱼已经在我的肚子里了，他居然还说："得其所哉！得其所哉！"言下之意，你看子产多笨，我多聪明啊。我把一个这么聪明的人都骗了，我多厉害啊！孟子就此也提出这样的观点："故君子可欺之以方，难罔以非其道。"（《孟子·万章上》）你可以用合乎情理的方式去欺骗一个人，而且总会有这样的事情发生，但我们不能因此就怀疑所有人，怀疑所有事。君子相信常理，维护的是道德信任。这不仅是智者，更是仁者。

孔子也谈到了智、仁、勇在治理国家中的作用，以及三者之间的关系。

15.33　子曰："知（zhì）及之，仁不能守之，虽得之，必失之。知及之，仁能守之，不庄以莅之，则民不敬。知及之，仁能守之，庄以莅之，动之不以礼，未善也。"（《卫灵公》）

"知及之"，"知"通"智"。"及之、守之"的"之"指治民之道。"庄以莅之"，"庄"，庄重；"莅"，临。"莅之、动之"的"之"，指百姓。孔子说："如果智慧足以了解道，仁德却不足以守护道，虽然暂时得到了它，终究也会失去。如果智慧足以了解道，仁德也足以守护道，却不能以庄重的态度来对待百姓，老百姓就不会心怀恭敬。如果智慧足以了解道，仁德也足以守护道，又能以庄重的态度来对待百姓，却不能按照礼的要求来指挥调动百姓，终究还算不上完善啊。"

智来了解道，仁来守护道。对待百姓要以庄重的态度，还要加以礼的调和，才能达到很好的治理。智是前提条件，仁是实践中的保障。和仁是对在上位的执政者，庄和礼是对百姓。

孟子讲到大禹治水的智慧，说道："行其所无事也。如智者亦行其无所事，则智亦大矣。"（《孟子·离娄章句下》）意思是大禹治水的智慧是一种顺其自然的做法，不是刻意为之，"行其所无事"，看起来没花什么大的力气就把事情做出成了，这种智慧是大智，可以说已经在道的层面了，从本质上去把握事物的规律，才能做好一件事。因此孟子接着说："天之高也，星辰之远也,苟求其故,千岁之日至,可坐而致也。"即使一千年以后的事情也可以预测,这里遵循的就是一个世间万事万物的本质规律。拥有这样的智慧,无论知己、知人还是管理天下,做什么不能成功呢。

第十讲

交友之道

——什么样的朋友值得交?

朋友是儒家思想五伦关系中的一伦，《论语》开篇就讲到"有朋自远方来，不亦乐乎？"孔颖达曰："同门曰朋，同志曰友。朋友聚居，讲习道义。"在一个师门共同学习为朋，有共同的志向追求叫友。因为学习而相聚在一起，又因为共同的志向而成为朋友。孔子曾说："可与共学，未可与适道；可与适道，未可与立；可与立，未可与权。"可以在一起学习，却未必成为志同道合的朋友。

儒家思想的交友之道立足于君子的修身之道，共同的志向追求是成为朋友的重要前提。追求君子的修养，一定会亲近贤者，子曰："居是邦也，事其大夫之贤者，友其士之仁者。"亲近贤者与仁者，成为君子交友的标准。其后，孟子又提出"尚友古人"，曰："颂其诗，读其书，不知其人，可乎？是以论其世也。是尚友也。"通过阅读诗、书与其人在精神上交流对话，这就是与古人交朋友了，这种思想打破了朋友的时空界限。

朋友对每个人的成长与社会生活都有非常重要的意义，可能引领我们走向全新的未知世界，也可能将我们带入深渊，故孔子提出"益者三友，损者三友"。应该通过什么样的方式来结交朋友呢？如何能结交到对我们的人生有意义、有价值的朋友呢？孔子给到我们很多建议。本讲的朋友之道，从四个角度来展开。首先是"道不同，不相为谋"，这是儒家交友之道的身份验证，什么样的人可以成为朋友，这个验证码就是"道"是否相同，我们今天说"三观"也是类似的意思。其次，君子应该结交什么样的朋友？除了贤者与仁者，孔子还提出了"狷者"与"狂者"。最后，朋友的打开方式是什么？曾子曰："以文会友，以友辅仁。"

一、道不同，不相为谋

君子交友的根本尺度是"志同道合"，在古代"友"的内涵是大于"朋"的，因为能成为友，必定是拥有共同的志向，共同的追求，共同的选择，才能走在同一条人生道路上。

> **15.40** 子曰："道不同，不相为谋。"（《卫灵公》）

孔子说："所行之道不同，就不必相商共谋了。"这里的"道"主要指"形而上之道"，意谓精神上、志向上的追求。真正的朋友一定是有精神层面的共同追求，这是能成为朋友的比较高的境界。"道"还可指不同的职业追求，深耕在不同的社会领域。每个行业的人，有自己的朋友圈，共同的职业理想将一些人聚集起来，交换行业经验与资源。

《孔子家语·儒行解》谈到儒者交友的态度："儒有合志同方，营道同术，并立则乐，相下不厌。久别则闻流言不信，义同而进，不同而退。其交有如此者。"志趣相投是前提，地位差不多在一起很开心，地位不同也不会相互厌弃。即使很久不见，听到对方的流言蜚语也不会轻易相信。志向相同就进一步交往，志向不同就退避疏远。这就是君子交友之道。

交友时，一旦关系亲密，往往容易忽略礼数和尺度。与朋友相交，也应该遵循儒家的中庸之道。子游说过一段话，表达过这样的观点。

4.26 子游曰："事君数（shuò），斯辱矣；朋友数（shuò），斯疏矣。"（《里仁》）

这里的"数"表示多次，有繁琐、逼迫义。"疏"是疏远。子游说："事奉君主，若太过烦琐苛责，就会招致羞辱。与朋友相交，若太过求全责备，就会被朋友疏远。"子游讲到了侍奉君主和与朋友交往的原则，应该适可而止，要以礼节之。君臣之义应以"礼"待之，孔子说："君使臣以礼，臣事君以忠。"这里的"礼"是相互的，礼体现的是对彼此的尊重，也是适宜与分寸。唐朝魏征敢于多次向李世民直言进谏，皇帝虽然也会被激怒，但还是因其勇气与才识接受了他的建议，留下美名。这是比较特殊的情况，遇到了明君与盛世。

如果和朋友相处，对朋友过于苛责，就会被朋友疏远了。"水至清则无鱼，人至察则无徒"，对于朋友来说，理解和支持比苛责更重要，在这个基础上再去提出适度的、良好的建议，那就不容易失去友谊了。当朋友有过错时，也不能以为他好为由，不断地批评劝谏。

12.28 子贡问友。子曰："忠告而善道之，不可则止，毋自辱焉。"（《颜渊》）

"善道之"，善为劝导，道同"导"。子贡请教交友之道。孔子说："（朋友如有过失）应提出忠告而善为劝导，如果他不听从，也就罢了，不要自取其辱。"孔子是针对当朋友犯错时该怎么做回答子贡的问题。首先要"忠告"，"忠"表示的是内心的诚，因为对朋友的义，当看到朋友有过失或误入歧途，责无旁贷地提醒朋友，这也是儒家的"忠恕"之道在交友之道中的体现。其次要"善道"，用合适的方法劝谏他，能接受、能听进去的方式劝导他。最后，孔子谈到了"度"，劝谏要适度，听不进去就不要硬劝了。如果超过了合适的尺度，会激怒朋友，这样就会招致侮辱。

"忠告""善道""适度"可谓劝谏朋友三部曲。

孔子心中最理想的朋友是"中道而行"者，其次是狂者和狷者。

13.21 子曰："不得中行而与之，必也狂狷（juàn）乎！狂者进取，狷者有所不为也。"（《子路》）

"中行"，行为适中，不偏不倚。"狂狷"，"狂"是积极进取的人。"狷"是洁身自好的人。孔子说："如果不能与行中道的人相处，那就一定要与狂士和狷介的人相交往！狂士积极进取，狷介之人能够坚守做人的底线。""中道而行"者就是言行举止皆合于中道。《中庸》第二十章："从容中道，圣人也。"真能达到中道的人，就是圣人了。孔子亦说："中庸之为德也，其至矣乎！民鲜久矣。"（《雍也》）中庸作为一种德行，可算是至高无上了！可惜百姓不知此德、不行此道已经很久了。中道难行，行中道之人难得。那我们对朋友的要求是不是太高了？

孔子又提出了"狂者""狷者"。"狂者"是对世界充满热情，积极进取的人。"狷者"是有所不为，保守坚定之人。这两种人虽然不在中道，但这个世界保持着独有的态度与坚持。"狂者"带领我们努力改变这个世界，"狷者"让我们坚守着理智与道德。这个世界因为他们而变得更好。

二、四海之内皆兄弟也

朋友虽然没有血缘关系，但因为共同的志向与价值追求，能让彼此的生命更紧密地联系在一起，但从这一点来看，朋友虽不是兄弟，情感有时甚于兄弟。子路有一次问孔子什么是士？孔子在回答这个问题时讲到了士应该如何对待朋友和兄弟。

13.28 子路问曰："何如斯可谓之士矣？"子曰："切切、偲偲、怡怡如也，可谓士矣。朋友切切、偲偲（sī），兄弟怡怡。"（《子路》）

"切切、偲偲"，"切切"，诚恳切磋；"偲偲"，敦促勉励。"怡怡如"，和悦亲热的样子。子路问："怎样才称得上是一个士呢?"孔子说："能够相互切磋勉励，和悦亲热地相处，便可以称得上士了。(具体而言)，朋友之间要相互切磋勉励，兄弟之间应该和悦亲热。"子路问士，孔子以朋友、兄弟之道来切近生活实践回答子路的问题。朱熹《集注》引胡氏曰："切切，恳到也。偲偲，详勉也。怡怡，和悦也。皆子路所不足，故告之。又恐其混于所施，则兄弟有贼恩之祸，朋友有善柔之损，故又别而言之。"

李泽厚释此章："朋友之所以更重批评督促，因为朋友经常是由于气味相投而成交，便容易或言不及义，或阿私偏袒，或纯酒肉交；兄弟之所以更重和睦，因为自然血缘，关系亲密，言行直率，反易因细小事故而吵架成仇。"[①] 孔子针对子路身上的不足，提出建议，又将朋友、兄弟分别开来，让子路注意其中的差异，老师教诲之心深沉如此。"可见孔门讲述人伦秩序，不只重外在的社会关系或生活位置，更重与责任感相关联的内在情感—心理的形成。朋友与兄弟，便有彼此不可替代的不同的情感关系或情理结构。"

一个君子即使没有兄弟，但无论走到哪里都不用担心自己没有朋友。司马牛的兄长是宋国司马桓魋，因得到宋景公宠信而飞扬跋扈，为自己修石棺而耗费民生财力。孔子周游列国时到宋国与弟子在树下习礼，桓魋派人来砍树，并扬言要杀掉孔

---

① 李泽厚：《论语今读》，北京：世界图书出版公司，2018 年版，第 251 页。

子。后桓魋预谋杀掉宋景公未得逞适卫，司马家其他三个兄弟也相继离开了宋国。司马牛对于其兄桓魋行径非常担忧恐惧，也为其兄羞耻。有一次，司马牛说出了自己的忧虑。

> **12·5**　司马牛忧曰："人皆有兄弟，我独亡（wú）！"子夏曰："商闻之矣：'死生有命，富贵在天。君子敬而无失，与人恭而有礼；四海之内，皆兄弟也。'君子何患乎无兄弟也?"（《颜渊》）

"亡"通"无"，没有。"商"是子夏的名，子夏姓卜名商。司马牛忧愁地说："别人都有兄弟，唯独我没有！"子夏说："我听说：死生有命，富贵在天。一个君子如能做到心存敬慎而无过失，与人交往言行恭谨而有礼节，那么四海之内、所到之处，都是你的兄弟呀！君子何必担心没有兄弟呢?"孔子也劝导过司马牛，本章子夏也来开导司马牛，可见师门情深。司马牛忧惧自己没有兄弟了，子夏却从君子之道开导司马牛。如果一个人具备了君子内在的德行，则"四海之内皆兄弟"，无论走到哪里都会有朋友，都是你的兄弟啊。君子不必担忧自己没有兄弟。孔子也说过："德不孤，必有邻。"此之谓也。

朋友在成为一个仁者、践行仁道中发挥着重要的作用。子贡请问老师如何修养仁德，孔子给出的建议，其中之一就是"友其士之仁者"。

> **15·10**　子贡问为仁。子曰："工欲善其事，必先利其器。居是邦也，事其大夫之贤者，友其士之仁者。"（《卫灵公》）

　　"为仁"，行仁，修养仁德。"工欲善其事，必先利其器"，"工欲善其事"，工匠想要做好自己的事；"利其器"，"利"，快利，使精良。"器"，工具。子贡问如何修养仁德。孔子说："工人要想干好他的工作，必须先把自己的工具做得精良而快利。居住在一个国家，就要事奉大夫中的贤者，并且与士人中的仁者交朋友。"一个仁者的力量很小，但一群人的力量就会很大。在修养德行中，向贤者学习，与他们交朋友。在行仁的实践中，就会得到仁者、贤者的支持和帮助。孔子用了一个很形象的比喻，就像工人做好工作，必须先要磨砺自己的工具，如同提高自己的仁德，结交好的朋友，是行仁的必备条件。

　　万章问孟子："敢问友。"交友的原则是什么呢？孟子曰："不挟长，不挟贵，不挟兄弟而友。友也者，友其德也，不可以有挟也。"（《孟子·万章章句下》）孟子提出的交友标准是"不挟长，不挟贵，不挟兄弟之友"。交朋友不应该看对方的年龄、对方的身份地位，也不能依仗兄弟的权势。这些外在条件都不是交友之道，是功利的交友。只有"友其德也"，才能收获真正的朋友，将内在的德行作为交友的标准，去除交友的附加条件，才能实现人格与心灵的平等对话。这是交友的高级境界。

三、以文会友，以友辅仁

　　我们应该结交什么样的朋友？孔子说："毋友不如己者。"

　　`9.25`　子曰："主忠信，毋友不如己者，过则勿惮改。"（《子罕》）

孔子说："君子要以忠诚信实为主，不要与一无是处的人交朋友，有了过失不要紧，不要怕改正。""毋友不如己者"是说不要和各方面都不如自己的人交朋友。要善于看到、发现别人的优点。不是说不去结交不如自己的人，如果都要去结交比自己优秀的人，任何人都交不到朋友了。朋友是一面镜子，我们可以在朋友身上看到自己没有的优点，也可以看到他的问题，自己的问题。朋友的问题则"忠告而善道之"，自己的问题则"过则勿惮改"。

"主忠信"君子要做到忠诚信实，以真诚的态度对待他人，孔子反对"巧言令色"，虚伪狡黠之人。

5.25　子曰："巧言、令色、足恭，左丘明耻之，丘亦耻之。匿（nì）怨而友其人，左丘明耻之，丘亦耻之。"（《公冶长》）

"足恭"，过分恭敬，"足"，过分。"左丘明"，鲁国贤者，或与孔子同时而年辈稍长。"匿怨而友其人"，"匿"，隐藏。"友"，与……友好。藏怨于心，诈亲于外。孔子说："花言巧语、诌颜媚色、过分卑恭，左丘明以之为耻，我也以之为耻。隐藏对人的怨恨，装作与其友好的样子，左丘明以之为耻，我也以之为耻。"孔子讲交友之道中的"直"与"诚"。一个正人君子会真诚、正直地对待他人。"巧言令色""阿谀奉承"非君子所为，"足恭"是过分的谦卑与恭敬。这些都背离了纯正、真诚的情感，而在背后都有其私欲。正所谓"君子坦荡荡，小人长戚戚"。

　　孔子还特别谈到了"匿怨而友其人"，隐藏对别人的怨恨，还装成友好的样子，必将使自己变得虚假，背离君子之道。故子曰："唯仁者能好人，能恶人。"只有仁者才能真正喜爱可爱之人，憎恶可恶之人。

　　君子通过什么方式结交到贤友呢？

　　12.24　曾子曰："君子以文会友，以友辅仁。"（《颜渊》）

　　"辅仁"，辅助仁德的提升。曾子说："君子通过文献学问的讲习来结交朋友，通过朋友间的切磋琢磨来辅助仁德的提升。"君子结交朋友的方式是通过共同的学习，朋友的缘分始于"学缘"，这样交到的朋友往往能真正提高我们内在的精神境界与道德水平，这是因为在学习中彼此的切磋交流，思想的碰撞，对这个世界的认知就会多一个视角。

　　通过学习结交的朋友一定是良师益友，反之，如果通过利益、享乐结交到的朋友，就会损害内在的仁德。孔子提出了"益者三友，损者三友"，帮助我们鉴别有益的朋友和有害的朋友。

　　16.4　孔子曰："益者三友，损者三友：友直，友谅，友多闻，益矣；友便辟（pián pì），友善柔，友便佞（pián nìng），损矣。"（《季氏》）

"友直"，朋友正直。"友谅"，朋友宽厚守信。"便辟"，"便"，熟习；"辟"通"僻"，谓习于威仪而无诚。"善柔"，善于媚悦而不直。"便佞"，习于花言巧语而不仁。孔子说："有益的朋友有三种，有害的朋友也有三种：朋友正直，朋友宽信，朋友见多识广，这便于己有益；朋友虚伪不直，朋友谄媚不实，朋友花言巧语，这便于己有害。"

人生不能没有朋友，交朋友的时候要有所选择。有益的朋友有三种，有害的朋友也有三种。友直、友谅、多闻，则可以常知己过，开拓心胸，增长见识。友便辟、友善柔、友便佞，与这样的朋友相处日久，仁德本心必将被蒙蔽，变得自大狂傲，虚伪不实。本章孔子还是从实践中引导我们如何去交朋友，如何去鉴别有益的朋友、有害的朋友。

关于如何交朋友，子夏与子张的观点有所不同，有一次子夏的学生请教子张交友之道，子张先问了子夏的观点，其后阐释了与子夏的不同的观点。

19.8 子夏之门人问交于子张。子张曰："子夏云何？"对曰："子夏曰：'可者与之，其不可者拒之。'"子张曰："异乎吾所闻：君子尊贤而容众，嘉善而矜不能。我之大贤与，于人何所不容？我之不贤与，人将拒我，如之何其拒人也？"（《子张》）

"问交"，请教交友之道。"云何"，何云，说了什么。子夏的弟子向子张请教交友之道。子张说："子夏是怎么说的呢？"

弟子答："子夏说：'可交的就与他交往，不可交的就拒绝他。'"子张说："我听到的不是这样：君子尊重贤者且能包容众人，赞许善者并且同情不能的人。如果我是个大贤之人，那对人有什么不能包容的呢？如果我不是个大贤之人，人家将会拒绝我，我哪还有资格去拒绝别人呢？"

　　子夏的观点是有选择性地交朋友。子张不同意这种方式，阐述了老师的观点："尊贤而容众，嘉善而今不能。"作为一个君子应该能够包容众人，尊重贤者与仁者，也能兼容能力不够的人。子夏与子张都得孔子教诲而各得所悟。子夏"不可者拒之"，做到了老师所教"毋友不如己者"，子张"尊贤而容众"，则有老师"泛爱众而亲仁"的胸怀。然两者境界都有所局限，子夏境界显得局促，子张则在实践中不足。

四、与朋友交言而有信

　　"言而有信"是交友之道的重要原则。子夏将"言而有信"与侍奉父母和事君放在了一个维度，如果能在这三个方面都做得很好，那么这个人就可以说是学习过了。

　　1.7　子夏曰："贤贤易色，事父母能竭其力，事君能致其身，与朋友交言而有信——虽曰未学，吾必谓之学矣。"（《学而》）

　　子夏姓卜，名商，字子夏，是孔子晚年弟子，比孔子小四十四岁。"贤贤易色"，两个"贤"字，一作动词，尊敬义；一作名词，贤德义。"易"，轻易，轻视。"色"，美色，美貌。"贤贤易色"意为看重贤德，不重美色。"致其身"，"致"，奉献。子夏说："对人（尤其对妻子）能敬重其贤德，忽略其美貌；侍奉父母能竭尽自己的心力；为君主（或国家）服务，临难遇险时能够挺身而出，舍生取义；与朋友交往，说话诚实守信。这样的人虽然可能谦称自己没有学过什么，我也一定说他学习过了。"

子夏从四个方面评价一个人好学，但这四个标准不是从学校科目中评价的，而是完全从社会生活实践中来衡量的。在家庭生活中，更看重配偶的德行，不应太在意外貌。是否能承担起赡养父母的责任，孝悌之道是仁的根本。在国家的政治生活中，能否舍生取义，有家国天下的胸怀与抱负。最后一个是与朋友交往，是否诚实守信，这也是交友之道的重要原则。这些都能做到的人，虽然说自己没学习过什么，但可以评价为优等生了。如孟子曰："人之所不学而能者，其良能也。"（《孟子·尽心上》）

子夏的评价标准是"行"比"知"更重要，孔子也曾说："弟子入则孝，出则弟，谨而信，泛爱众而亲仁。行有余力，则以学文。"（《学而》）"行有余力，则以学文"，也是说一个人的成长也先在社会生活中的事情做好了，再学习书本上的内容。儒家之所以是入世之学，就在于孔子是非常重视"行"，儒家思想实际上就是要我们去真切地去行，去将好的德行，仁爱的本性弘扬出去，在社会生活的方方面面去实践。

孔子说到人的信用时用了一个很形象的比喻。

2.22　子曰："人而无信，不知其可也。大车无輗（ní），小车无軏（yuè），其何以行之哉？"（《为政》）

"大车无輗"，"大车"指牛车，"輗"是古代车辆两边有车辕，前面有横木，连接车辕与横木之间的活销，就叫作"輗"，其作用是用来缚轭驾牛。"小车无軏"，"小车"指马车。"軏"是辕端上曲，钩衡以驾马者，作用与輗相同。孔子说："人若不讲诚信，真不知道他怎么可以行得通。就像大车没有輗，小车没有軏，怎么能够行走呢？"

孔子以车子行走的关键部件来比喻人的诚信。人如果没有了诚信，怎么能立足世间呢，简直是寸步难行，就像大车没有輗，小车没有軏，怎么能够行走呢？这样生动的比喻，很容易让人理解诚信对于人的重要意义。两千多年前，孔子用这样的标准来引导人，至今我们依然看到诚信是人在当代社会存在的重要标尺，诚信依然是每个人与他人交往的重要原则，也成为整个社会道德层面建设的基本要求，现代社会完善了公民的征信记录，也影响着每个人在社会行为中的评估。

孔子在和弟子们谈论志向时，说到了自己的志向是"老者安之，朋友信之，少者怀之"（《公冶长》），"朋友信之"表达了孔子希望天下的朋友都能相互信任，也说明了朋友之间的信任对整个社会道德建设的重要意义。在孔子对弟子们的教育中，

"信"就成为了重要的内容。

7.21 子以四教：文、行、忠、信。（《述而》）

"子以四教"，孔子通过四个方面教育弟子。"以"，凭借，通过。孔子通过四个方面教育弟子：文献、德行、忠实、诚信。孔子教育弟子的四个内容，核心应该是"行"，前面讲到孔子说"行有余力，则以学文"可见，"行"应在"文"之前。而"忠"和"信"又是如何行的重点。孔子也曾说"主忠信"，忠实、诚信成为君子德行外化的主要内容。

子张曾向孔子问行，子曰："言忠信，行笃敬，虽蛮貊之邦，行矣。"（《卫灵公》）言语忠诚信实，行为厚道恭敬，即便到了野蛮地区也行得通。孔子在讲如何行时，也是先讲到了忠信。行仁的两个重要实践就是要做到"忠"和"信"。

第十一讲

治国之道
——儒家社会理想的实践

儒家思想的君子之学最终指向的是家国天下。《大学》："古之欲明明德于天下者，先治其国；欲治其国者，先齐其家；欲齐其家者，先修其身；欲修其身者，先正其心；欲正其心者，先诚其意；欲诚其意者，先致其知；致知在格物。""正心诚意""格物致知"是修身的起点，是君子之学的工夫论，"自天子以至于庶人，壹是皆以修身为本"。修身而后齐家，家齐而后国治，国治而后天下平。这就是儒家的"内圣外王"之次第。

徐复观先生说："儒家内在的道德实践，总是归于人伦。而落到现实上的成就，大体是从三个方面发展：一为家庭，二为政治（国家），三为'教化'（社会）。"[①] 儒家的仁爱精神在家表现为孝悌，在国家治理层面表现为仁政德治，在社会教化方面则表现为忠恕之道。仁政德治是儒家政治理想，对为政者的德行提出要求，如"为政以德""政者，正也。"孔子盛赞上古尧舜之治，因为尧舜之德高明广大。"大哉尧之为君也！巍巍乎！唯天为大，唯尧则之。荡荡乎！民无能名焉。巍巍乎其有成功

---

① 徐复观：《儒家思想与现代社会》，北京：九州出版社，2014 年版，第 20 页。

也,焕乎其有文章!"尧的德行配天,百姓都不知道怎样去称赞他了。为政者如果能正心修德,天下必得大治。

对于天下的治理,孔子提倡"以礼治国",同时倡导"德主刑辅",孔子认为政令刑法只会让百姓"民免而无耻",礼乐之治则可以令百姓"有耻且格"。对于刑法,更希望"必也使无讼乎!"要使天下没有诉讼官司。本讲主要分为四个部分,首先,了解儒家"为政以德"的基本思想,以德治来治理天下,仁爱百姓,摒弃恶行。其次,孔子对于为政者提出明确要求"政者,正也",在《论语》中多处指出在上位者应修养自身之德,天下就能够实现自治。第三个内容是探讨儒家的礼乐之治的理想与实践,子游为武城宰的礼乐之治得到老师的称赞。最后,了解儒家政治哲学的逻辑基础,"鸟兽不可与同群",人禽之别是其逻辑起点,大同社会成为儒家政治理想的最高境界。

一、为政以德

儒家政治学首先是对君主及在上位者提出要求,即推行仁政德治,百姓安定,天下才能富足。孔子将能实行仁治的君王比喻成天上的北极星,安居其所,而众星皆围绕着他。

2.1 子曰:"为政以德,譬如北辰,居其所而众星共(gǒng)之。"(《为政》)

"为政以德"即以德为政。用道德来治理国家。这里是就国君而言。"北辰"是北极星。古人以为天之中枢。"共"是"拱"

的本字，围绕。孔子说："为政者用道德来治理国家（效果最好），就像北极星一样，安居其位，而众星自然环绕拱卫着它。"孔子的理想就是实现德治。"为政以德"，应至少含有两重含义，其一是为政者之德，人君有德，才能施仁政和德治，孔子北辰之喻，比喻君主位居其上，其光芒照耀其下，喻其德恩泽天下。其二是国君之德的感召力，以高明配天之德管理天下，必能率先垂范，为天下做出表率。子曰："政者，正也。"君正，则臣正，则百姓正。

但孔子之时，正是春秋乱世，群雄争霸，各种思想盛行，其中，法家思想提倡以刑法政令来治理百姓。孔子比较了"德治"与"刑治"在社会治理中效果的差异。

2.8　子曰："道（dǎo）之以政，齐之以刑，民免而无耻；道之以德，齐之以礼，有耻且格。"（《为政》）

"道"，治理。"齐"，整顿。"免"，免于刑戮。"格"，正。孔子说："用政令来治理百姓，用刑罚来整顿百姓，百姓虽然暂时免于犯罪而遭刑戮，却没有羞耻之心。如果用道德来引导百姓，用礼义来教化百姓，百姓不仅会有羞耻之心，而且言行能归于纯正，合乎正道。"在国家治理中，以"德治""礼治"来教化百姓，百姓不仅有羞耻心，还能产生积极的规范作用。若纯以政令、刑法来治理国家，则民怨倍，法令极则民哀戚。百姓只是因为害怕而不去犯罪，却没有了羞耻心，没有了道德自觉和道德判断。长此以往，后患无穷，世道必乱。《朱子语类》：

"圣人为当时专用政刑治民，不用德礼，所以有此言。"春秋时期，礼崩乐坏，孟子曰："世衰道微，邪说暴行有作，臣弑其君者有之，子弑其父者有之。"（《孟子·滕文公下》）孔子希望用仁政德治矫正混乱的社会秩序，改变天下之无道。

本章体现了孔子"德主刑辅"的治国思想。在《孔子家语·刑论》篇中，孔子曰："圣人治化也，必刑政相参焉。太上以德教民，而以礼齐之。其次以政导民，以刑禁之。"导之以德教礼乐，德教行而民康乐。如有教化不能者，伤义败俗者，才用乎刑。孔子面对刑罚态度非常谨慎，在做鲁国大司寇时，对每一件案子都非常慎重地处理，子说："听讼，吾犹人也。必也使无讼乎！"（《颜渊》）对于诉讼案件，孔子希望天下没有诉讼官司才好！而在审理案件时，倾向于调解的方式，不会随意地处以刑律。这种调解的方法，成为我国处理民事纠纷、民事问题的主要方式。

"慎刑""调解"，无不显示圣人对天下百姓的深沉之爱，对于人性人情之体贴。曾子曾告诫自己的学生阳夫："上失其道，民散久矣。如得其情，则哀矜而勿喜。"（《子张》）在上者背离正道，百姓离心离德已经很久了。你断案时如能审查出犯人犯罪的实情，也应该同情可怜他们，而不要沾沾自喜。可以看出，曾子与老师一样，对百姓也充满悲悯之情。儒家的这些治理方式都对整个社会制度的完善和发展产生深远影响，至今，德治依然影响着和谐社会的构建和发展。

如果治理一个拥有千乘兵力的中等国家，应该如何施行仁政呢？孔子指出了三点。

<u>1.5</u> 子曰："道（dǎo）千乘（shèng）之国，敬事而信，节用而爱人，使民以时。"（《学而》）

"道千乘之国"，"道"同"导"，意为治理。"乘"，兵车，古时一车四马为一乘。千乘之国，相当于一个中等国家。"敬事而信"，"敬"，敬慎；"信"，诚信。"节用而爱人"，节制财用，仁爱人民。"以"，按照。"时"，时令，指农闲之时。孔子说："治理一个拥有千乘兵力的中等国家，为政者对待政事应敬慎勤勉，言行诚信；节制财用，仁爱百姓；即使要使用民力，也应安排在农闲之时。"

此章孔子对为政者提出五点要求：敬事、守信、节用、爱人、惠民。从为政者治国的态度、信用、财政、对百姓的仁爱与恩惠来衡量其治理能力与治理成效。朱熹《集注》："言治国之要，在此五者，亦务本之意也。"这五个方面体现了儒家的"以民为本"的仁政思想。为人君者，事无大小悉须敬。对百姓要有信用，不要朝夕令改。财政使用上不能铺张浪费。特别是对待百姓要仁爱，在使用民力之时，要安排在农闲之时。仁政之本在爱民，爱民之政是能让百姓感受到的，实实在在得到恩惠的政策。

子张向老师请教如何从政。孔子提出"尊五美，屏四恶"，崇尚五种美德，屏除四种恶政。我们一起来看看什么是"五美"

和"四恶"？

20.2   子张问于孔子曰："何如斯可以从政矣？"子曰："尊五美，屏（bǐng）四恶，斯可以从政矣。"子张曰："何谓五美？"子曰："君子惠而不费，劳而不怨，欲而不贪，泰而不骄，威而不猛。"子张曰："何谓惠而不费？"子曰："因民之所利而利之，斯不亦惠而不费乎！择可劳而劳之，又谁怨？欲仁而得仁，又焉贪？君子无众寡，无小大，无敢慢，斯不亦泰而不骄乎！君子正其衣冠，尊其瞻视，俨然人望而畏之，斯不亦威而不猛乎！"子张曰："何谓四恶？"子曰："不教而杀谓之虐；不戒视成谓之暴；慢令致期谓之贼；犹之与人也，出纳之吝，谓之有司。"（《尧曰》）

"惠而不费"，惠民而不耗费财力。"因民之所利而利之"，根据百姓可能获利的方面，从政策引导他们去获利。"无众寡，无小大，无敢慢"，无论人多人少，事大事小，都不敢怠慢。"正其衣冠，尊其瞻视，俨然人望而畏之"，衣冠整齐，非礼勿视，仪态端庄，让人看上去肃然起敬。"不戒视成"，不先告诫而视其有成。"慢令致期"，政令下达缓慢，期限到了却刻不容缓。"犹之与人也，出纳之吝，谓之有司"，"犹之"，如同，同是给人东西，但在给予的时候却又吝啬不舍，这叫作有司。"有司"，古时管事者之称，因其职务卑微，常有吝啬之举。

子张问孔子："怎样做才可以从政呢？"孔子说："要崇尚五种美德，摒弃四种恶政，就可以从政了。"子张问："什么叫五种美德?"孔子说:"君子从政,惠民而不耗费财力,劳民而不招民怨,有欲而无自私之贪,心中安泰而不骄傲,有威仪而不凶猛。"子张问:"怎么叫作惠民而不耗费财力呢?"孔子说:"看百姓在哪方面可以得利,便在哪方面诱导他们去得利,这不就是惠民而不耗费财力吗?选择可以劳动的(时机、情况和人力),再去让他们劳动,又有谁会埋怨呢?欲行仁政而得行仁政,又贪求什么呢?无论人多人少,事大事小,都不敢怠慢,这不就是心中安泰而不骄傲吗?衣冠整齐,仪态端庄,让人看上去肃然起敬,这不就是有威仪而不凶猛吗?"子张问:"什么叫作四种恶政呢?"孔子说:"事先不加以教育,犯了罪便杀戮,这叫作酷虐;事先不告诫,突然视其所成而治罪,这叫作残暴;下命令时很缓慢,期限到了却刻不容缓,这叫作贼害;同是给人东西,但在给予的时候却又吝啬小气,这叫作精于算计的有司。"

五种美政是"惠而不费,劳而不怨,欲而不贪,泰而不骄,威而不猛"。和前面所讲到的"敬事而信""节用而爱人"其核心都在爱民,而本章是将"惠民"放在了首位,仁政之效还是要让百姓得到实惠和利益,这是治理国家首先要考虑的问题。

需要摒弃的四种恶政:不教而杀谓之虐,不戒视成谓之暴,慢令致期谓之贼,犹之与人也,出纳皆吝之有司。虐、暴、贼、吝,这四种恶政,实际上就是为政者缺乏仁心,不施仁政的治理。尤其是虐和暴,对百姓没有教化,事先不告诫,犯了错就杀掉,这就是用刑法和政令来治理国家,必将留下后患,引起社会的动荡。

"尊五美，屏四恶"放在最后一章，可以说孔子对儒家治国思想进行了全面的总结。

二、政者，正也

"为政以德"是孔子的政治理想，若要推行仁政德治，君主和在上位者的德行就要先过关，所谓"政者，正也。"所以，在鲁国国君和季氏来问政时，孔子都会提出这个问题。

12.17　季康子问政于孔子。孔子对曰："政者，正也。子帅以正，孰敢不正？"（《颜渊》）

"政者，正也"，政与正，古通用。"正"，正直，公正。"帅"，率也。"孰敢不正"，谁敢不正？季康子向孔子问为政之道。孔子答道："政的意思，就是正。您率先垂范行正道，谁还敢不正呢！"孔子将"政者"解释为"正"，隐含着两重意义，其一是为政者应该修身养德，正心诚意，心正则身正。治理天下的前提是圣王之德，正如孔子推崇的尧舜之道。其二是行正道，行仁政。若在上位者，自己能够行得正，做得端，这本身就是一种国家治理中的表率和导向。百姓自然会肃然起敬，依样效仿。这样的治理成效，孔子说过："其身正，不令而行；其身不正，虽令不从。"（《子路》）领导者本身行得正，即便不发布命令，事情也能行得通；如果本身行得不正，即使三令五申，百姓也不会听从。

鲁哀公问政，孔子也是这样回答的。《礼记》："哀公问为政。孔子曰：'政者，正也。君为政，则百姓从政矣。君之所为，百姓之所从也。'君所不为，百姓何从？"这样的表述在《论语》中也有多处，可以看出，儒家的治国之道是对为政者提出道德标准，以此为起点推行仁政，教化民众，得民心，天下平。孟子曰："君仁，莫不仁；君义，莫不义；君正，莫不正。一正君而国定矣。"（《孟子·离娄下》）君主是不是"仁、义、正"决定了一个国家的情况。

季康子执政期间，盗贼比较多，就向孔子请教。

12.18 季康子患盗，问于孔子。孔子对曰："苟子之不欲，虽赏之不窃。"（《颜渊》）

"患盗"，担心盗贼出没。季康子担心盗贼太多，向孔子请教。孔子答道："如果您不贪财好利，即便是奖励老百姓去偷盗，他们也不会去做的！"季康子向孔子请教了一个社会治安问题，盗贼太多怎么办，但孔子没直接回答，却将问题指向季康子，批评他贪财好利，实际上就是窃取国家财富，搜刮民脂民膏。天下有盗贼，执政者应该在自己身上找问题，是不是德行不够，没有做到身正垂范。对百姓的治理过于严苛，缺乏仁爱，如齐国"苛政猛于虎"，老百姓难以生存，盗贼就会多起来。当然还有可能是民众因自身问题成为了盗贼。

孔子批评季康子贪财好利，在其他章节也有出现。如《先进》篇："季氏富于周公，而求也为之聚敛而附益之。子曰：

'非吾徒也，小子鸣鼓而攻之，可也。'"孔子的学生冉求在季氏家中做管家，季氏作为当时实际把持鲁国政权的三家之一，财富比周公还富有。但是冉求却还帮助季氏聚敛财富。对此，孔子很生气，甚至说冉求不再是我的学生了，其他的弟子们都可以去讨伐他了。实际上孔子希望冉求能对季氏做一些劝谏，发挥一些影响。这次确实是对这个学生很是失望。但从季康子几次问政于孔子，可以看出他对夫子还是很尊重，孔子在当时也具有很高的社会地位和影响力。

孔子希望执政者能够先检视自身，有没有道德有失，行为不端的情况，想要治理好国家，你们自身就是风向标，自己端正了，自然就有了威严，从政就不会有什么困难了。

13.13 子曰:"苟正其身矣，于从政乎何有? 不能正其身，如正人何!"(《子路》)

"苟"，如果。"何有"，有什么苦难。"如正人何"，即如何正人。孔子说:"如果执政者自身端正，对于从事政治有什么困难呢? 如果自身不能够端正，又怎么能够端正别人呢?"孔子在这里继续谈为政者自身要端正，强调执政者先正己身的重要性，自己不正，如正人何。"苟正其身矣，于从政乎何有?"其成效乃"其身正，不令而行";"不能正其身，如正人何!"也即"其身不正，虽令不从。"

"政者，正也"，如何理解"正"? 在孔子与樊迟的对话中，讲到了上位者应该做到的三点——"上好礼""上好义""上好信"。

13.4　樊迟请学稼（jià）。子曰："吾不如老农。"请学为圃。曰："吾不如老圃。"樊迟出。子曰："小人哉，樊须也！上好礼，则民莫敢不敬；上好义，则民莫敢不服；上好信，则民莫敢不用情。夫如是，则四方之民襁（qiǎng）负其子而至矣，焉用稼？"（《子路》）

"樊迟请学稼"，请教如何种庄稼，五谷曰稼。"为圃"，种蔬菜曰圃。"老圃"，菜农。"圃"，菜地。"小人"即庶民，非道德低下者。"莫敢不用情"，不敢不以诚相待。"襁负其子"，用襁褓背着孩子。樊迟请求学种庄稼，孔子说："我不如老农。"樊迟又请求学种菜，孔子说："我不如菜农。"樊迟退出后，孔子说："樊须真是个小人啊！在上位者如爱好礼，百姓没有敢不尊敬的；在上位者如爱好义，百姓没有敢不敬服的；在上位者如爱好信，百姓没有敢不忠诚的。如果做到了这些，四方的百姓就会用襁褓背负儿女前来投奔，哪里用得着亲自去种庄稼呢？"

樊迟在《论语》中向老师提出不少问题，三次问"仁"，两次问"知"。虽然有时不能立刻领悟老师的教诲，但也算问了形而上的问题。但这次的提问却让老师比较失望，因为他向老师请教怎么种庄稼，孔子告诉他，这个问题去问老农民吧，他比我专业。孔子学院是培养君子的地方，不是农业学校。"禹、稷躬稼，而有天下"，禹和稷都是亲自到田间带着百姓种地，而得

到了天下。后稷是周的先祖，教民稼穑。但樊迟从务民之义出
发，稼穑之事是百姓生存之本，以本治本也有一定的现实意义。
《论语发微》："樊迟欲以井田之法行于天下，后世学者当深究其
理，农家者流，即出于此。孟子所谓有大人之事，有小人之事。
小人哉者，使迟知稼圃为小人之事也。"孔子评价樊迟为小人，
也是从这个角度来说的。

　　"上好礼""上好义""上好信"皆是对在上位者的君子提出
的要求，如果做到"礼""义""信"，百姓自然信服。对于至于
学的君子，应追求"大人之事"，行义达道，以礼义信自治其
身，而百姓也会潜移默化地被引导规范自己的行为，若能做到，
怎么还需要学习种庄稼呢？对于君子来说，就是舍本逐末了。
《论语集释》引《四书绍闻编》："此可见大人以道德风教为主，
为斯世主礼义之责，则自有为之耕稼者，岂必自耕稼哉？"

三、割鸡焉用牛刀

　　以礼治国是实现仁政德治的重要保障。相比于刑法政令，
礼制能激发百姓的道德羞耻心，自觉修正行为，从根本上实现
对百姓的教化。周公制礼作乐后，礼乐制度不仅成为维护社会
等级秩序的基石，也成为君子立身成人的重要标尺。在社会理
想上，孔子希望能恢复周代的礼乐文明，推行仁政德治，实现
以礼治国。

　　4.13　子曰："能以礼让为国乎？何有？不能以礼让为国，
如礼何！"（《里仁》）

　　"为国"即治国。"何有"，有何困难呢？孔子说："若能以礼让治理国家，那还有何困难呢？若不能以礼让治理国家，那又拿礼怎么办呢？"本章讲以礼让治国。孟子曰："辞让之心，礼之端也。"礼之所生，是辞让之心。辞让之心的根本是仁德之心。孟子从心性本源解释礼的产生。《荀子·礼论》篇："人生而有欲，欲而不得，则不能无求。求而无度量分界，则不能不争。争则乱，乱则穷。先王恶其乱也，故制礼义以分之，以养人之欲，给人之求，使欲必不穷于物，物必不屈于欲，两者相持而长，此礼之所由起也。"荀子从人的欲望相争引发社会的动乱来解释先王制礼的原因，着重从外在因素来阐释礼的产生。实际上荀子的说法更能解释礼让治国发挥的重要作用。

　　子曰："道之以德，齐之以礼，有耻且格。"以礼让治国，激发百姓的道德自觉，促进社会和谐，减少社会矛盾。在上位者不能忽视礼治对于国家治理的重要意义。子游能积极践行老师的道，在担任鲁国的武城担任地方官，虽然是个小城池，但子游却身体力行地推行礼治，孔子看到甚是欣慰。

　　17.4　子之武城，闻弦歌之声。夫子莞尔而笑曰："割鸡焉用牛刀？"子游对曰："昔者偃也闻诸夫子曰：'君子学道则爱人；小人学道则易使也。'"子曰："二三子！偃之言是也。前言戏之耳！"（《阳货》）

　　孔子来到武城，听到弹琴歌咏之声。孔子微微一笑说："杀鸡哪里用得上宰牛的刀啊？"子游回答说："从前弟子曾经听老师您说过:'在位的君子如果学习礼乐就会懂得爱人,平民百姓学习礼乐就容易听从指挥了。'"孔子说:"弟子们! 言偃的话是对的。刚才我不过是和他开个玩笑罢了。"子游做武城宰,以礼乐为教,故百姓皆弦歌也。孔子来到武城,听到弦歌之声,微微一笑说:"割鸡焉用牛刀",意为治理武城这样的小县邑,不需要用治国之礼乐。看起来是玩笑之话,子游用礼乐治理是不是小题大做了呢?

"君子学道则爱人;小人学道则易使也",子游所说是受老师教诲。君子学道就要仁爱世人,以礼乐教化民众,治理武城就是行仁爱之道。不能以地方大小而论。对于百姓来说,学习礼乐,滋养性情,提升道德境界才更容易教化,从根本上改善社会风气。《论语集注》:"君子、小人,以位言之。子游所称,盖夫子之常言,言君子、小人皆不可不学,故武城虽小,亦必教以礼乐。"相比于冉求"中道而废",子游能践行孔子之道,以礼乐治武城,孔子表面说开玩笑,内心却感到莫大慰藉。

颜渊请教治国之道时,孔子讲到了治理国家时所需要注意的一些重要礼制。

15.11　颜渊问为邦。子曰:"行夏之时,乘殷之辂(lù),服周之冕,乐则《韶》舞。放郑声,远佞人。郑声淫,佞人殆。"(《卫灵公》)

"为邦",治国。"行夏之时",施行夏朝的历法。今日所用农历，便是夏历。"乘殷之辂"，乘用商代的车子。"服周之冕"，穿戴周代的衣冠。"乐则《韶》舞"，乐舞采用《韶》乐。"放郑声，远佞人"，"放"，舍弃、禁绝；"远"，疏远；"佞人"，巧言令色的小人。"殆"，危险。颜渊请教治国之道。孔子说："实行夏朝的历法，乘坐商代的车子，穿戴周代的衣冠，乐舞则采用《韶》乐。舍弃郑国的音乐，疏远巧言令色的小人。因为郑国的乐曲滥无节制，而巧言令色的小人太危险。"

　　此章孔子讲到了国家的历法、乘坐的车子、服冕和音乐。特别强调了音乐对治国的作用，治国之音要采用《韶》乐，因为"尽美矣，又尽善也"。远离郑国的音乐，因为郑国的音乐好滥淫志，郑国的音乐淫滥在当时也是世人共识。《礼记·乐记》："郑音好滥淫志，宋音燕女溺志，卫音趋数烦志，齐音敖辟乔志。此四者，皆淫于色而害于德，是以祭祀弗用也。""放郑声"舍弃郑国靡靡之音，选用尧舜的《韶》乐，所谓"治世之音安以乐，其政和"。"远佞人"远离奸邪令色小人，国家才能远离祸乱，保持安定繁荣。这二者之间也有其联系，因为巧言令色之徒多好淫乐，丧志溺祸。故子曰："放郑声，远佞人。"

　　11.26是整本《论语》中最长的一章，记录了子路、曾皙、冉有、公西华和老师谈论各自的志向，实际上谈论的都是如何经世致用，如何治理好国家。孔子最后给出的评论中，赞许的曾点所描绘的不正是礼乐之治下的乐土吗？

11.26 　子路、曾皙、冉有、公西华侍坐。子曰："以吾一日长乎尔，毋吾以也！居则曰：'不吾知也！'如或知尔，则何以哉？"

子路率尔而对曰："千乘之国，摄乎大国之间，加之以师旅，因之以饥馑，由也为之，比（bì）及三年，可使有勇，且知方也。"夫子哂（shěn）之。

"求，尔何如？"

对曰："方六七十，如五六十，求也为之，（bì）比及三年，可使足民；如其礼乐，以俟（sì）君子。"

"赤，尔何如？"

对曰："非曰能之，愿学焉！宗庙之事，如会同，端章甫，愿为小相焉。"

"点，尔何如？"鼓瑟希，铿（kēng）尔，舍瑟而作。对曰："异乎三子者之撰！"

子曰："何伤乎？亦各言其志也。"

曰："莫春者，春服既成；冠者五六人，童子六七人，浴乎沂（yí），风乎舞雩，咏而归。"

夫子喟（kuì）然叹曰："吾与（yǔ）点也。"

三子者出，曾皙后。曾皙曰："夫三子者之言何如？"

子曰："亦各言其志也已矣。"

曰："夫子何哂由也？"

曰："为国以礼，其言不让，是故哂之。"

"唯求则非邦也与？"

"安见方六七十，如五六十，而非邦也者？"

"唯赤则非邦也与？"

"宗庙会同，非诸侯而何？赤也为之小，孰能为之大？"
（《先进》）

子路、曾皙、冉有、公西华侍坐。子曰："以吾一日长乎尔，毋吾以也！居则曰：'不吾知也！'如或知尔，则何以哉？""以吾一日长乎尔"，"以"，因为；"长乎尔"，比你们年长些。"毋吾以也"，不要因为我而不敢说话。"居"，平时。"何以"，以何，做些什么。子路、曾皙、冉有、公西华陪侍孔子而坐。孔子说："我比你们虚长几日，你们不必在乎。平时你们常说：'没有人了解我呀！'如果有人想要了解你们，你们准备做些什么呢？"

子路率尔而对曰："千乘之国，摄（shè）乎大国之间，加之以师旅，因之以饥馑，由也为之，比及三年，可使有勇，且知方也。"夫子哂（shěn）之。"摄"，逼近。"摄乎大国之间"，意为夹处于大国中间不得伸展。"比（bì）及"，等到。"方"，道义的方向，这里指道理。"哂"，笑。子路不假思索就轻率答道："如有一个千辆兵车的国家，夹在几个大国之间，外有军队侵犯，内有连年饥荒，让我仲由去治理，等到三年，就可使百姓不仅有勇，而且懂得道义。"夫子微微一笑。

"求，尔何如？"对曰："方六七十，如五六十，求也为之，（bì）比及三年，可使足民。如其礼乐，以俟（sì）君子。""足民"，使民富足。"如"，若，至于。"俟"，等待。又问："冉求！你怎么样？"冉求答道："一个边界以六七十里或五六十里见方的小国，让我去治理，只要三年，可以使人民富足。至于礼乐方面的事，那只有等等君子来实施了。"

"赤，尔何如?"对曰:"非曰能之，愿学焉。宗庙之事，如会同，端章甫，愿为小相焉。""宗庙之事"，指诸侯祭祀祖先的事。"会"，指诸侯会盟;"同"，指诸侯共同朝见天子;"端"，古人用整幅布做的礼服，又叫玄端;"章甫"，一种礼帽，端章甫，即穿着礼服，戴着礼帽;"相"，在祭祀或会盟时，主持赞礼和司仪的人。"公西赤，你怎么样?"公西赤回答道:"我不敢说能做什么，只愿意学习罢了。祭祀的工作或者与外国举行会盟时，我愿意穿上礼服，戴着礼帽，做一个小司仪。"

"点，尔何如?"鼓瑟希，铿(kēng)尔，舍瑟而作，对曰:"异乎三子者之撰(zhuàn)。""希"同"稀";铿，象声词，铿尔犹铿然，推瑟时发出的声音;"舍"，舍弃，放下;"作"，起;"撰"，撰述，犹言观点。"曾点，你怎么样呢?"(曾皙正在鼓瑟)此时音声渐稀，铿然一声，舍瑟而起，说:"我恐怕与三位的想法不同。"

子曰:"何伤乎? 亦各言其志也。""伤"，妨碍。孔子说:"有什么妨碍呢? 也不过是各自说说自己的志向罢了!"曰:"莫春者，春服既成，冠者五六人，童子六七人，浴乎沂(yí)，风乎舞雩，咏而归。""莫"，"暮"的本字;"暮春"，指三月;"冠者"，成年人，古时男子二十岁须行冠礼，故以冠者称成年人;"童子"，未冠的少年;"浴"，盥濯，就水边洗头面两手，或谓三月三日上巳日的一种祓禊仪式;"沂"，水名，在今山东曲阜市南;"风"，吹风，乘凉;"舞雩(yú)"，古时求雨的祭坛，在曲阜市东南;"咏"，唱歌。曾皙这才说道:"(我在想)到了暮春时节，穿上春天的单衣，约上五六个年轻人，六七个童子，一同出游，先在沂水边盥洗一番，再到舞雩台上吹吹风，然后一起唱着歌儿回家。（那该多好呀！）"

夫子喟（kuì）然叹曰："吾与（yǔ）点也！""喟然"，长叹貌；"与"，赞许，同意。夫子长叹一声，说："我赞同曾点啊！"

三子者出，曾皙后。曾皙曰："夫三子者之言何如?"子曰："亦各言其志也已矣。"三人出去了，曾皙留在后面。曾皙问："他们三个说得怎么样呢?"

曰："夫子何哂由也?"曰："为国以礼，其言不让，是故哂之。""唯求则非邦也与?""安见方六七十如五六十而非邦也者?""唯赤则非邦也与?""宗庙会同，非诸侯而何? 赤也为之小，孰能为之大?"孔子答："也不过是各人说说自己的志向罢了。"又问："先生为什么笑仲由呢?"答："治国要靠礼，他说话毫不谦让，所以我笑他。""那冉求所讲的就不是治国吗?""怎见得方圆六七十里，或五六十里，就不是一个国家呢?""那公西赤所讲的就不是治国吗?""宗庙祭祀、会见外宾，不是诸侯之事又是什么? 公西赤若只能做个小司仪，那谁能做大司仪呢?"

此章整段文字生动简洁，行文精巧，细节刻画出色。在师生的一问一答之间，弟子们的志向与胸襟徐徐展开，最后曾皙的再次发问，让我们有机会看到孔子对于弟子们的点评。志向的差异性与性格、年龄和学养都有关系。子路比孔子小九岁，冉有比孔子小二十九岁，公西华比孔子小四十二岁。曾皙是曾参的父亲，应该是他们中年龄最大的。

　　夫子问"如或知尔,则何以哉?"如果有一个机会能让别人了解你,你会怎么做呢?想看看几位弟子如果用世会怎么做?也就是对未来的志向。子路率尔而对,子路不假思索抢先回答,"率尔"这个词精准传达了子路的性格特征,直率、鲁莽、又十分可爱和真诚。子路的志向"可使有勇,且知方也",使百姓勇敢对子路来说不难,但以礼义教化百姓却很难。子路回答问题时没有礼仪谦让,所以老师笑了,但其志向中有礼义教化,是深得夫子教诲,因此,夫子并不是真的笑话子路,其中一定有欣慰,子路性情率直,虽然离行礼乐大道还有距离,但至少已经有这样的志向了,假以时日,也会有所成就。

　　冉有性格谦退,又见夫子哂子路,故只讲了让百姓富足,至于礼乐教化,等待贤人君子来做。与子路激进的性格相比,足见其谨慎与机灵。公西华年纪最小,故最谦虚,"愿为小相"是志在践行礼乐之道。子路、冉求、公西华三子之志,与孔子以德治仁政行道救世之心相契合,可谓谨遵师命。曾点是最后一个回答的,在三子述志之时,在鼓瑟。老师问到他时,"鼓瑟希,铿尔,舍瑟而作"。几个字的描写简洁有力,动作中传递着曾点的心理活动。曾皙慢慢停下了鼓瑟之声,想见他当时神情镇定自若,"铿尔,舍瑟而作"坚定地站起身,显示出他信心十足,对于这个问题的回答有了笃定的想法。曾点没有说具体的志向,而是描述了一个暮春时节的场景,有人把这段文字进行了白话解读:

　　二月过,三月三,穿上新缝的大布衫。大的大,小的小,一同到沂河洗个澡。洗罢澡，乘晚凉，回来唱个山坡羊。

孔子最后说"吾与点也"，在这里没有肯定前三子之志，而是赞同了曾点之志。但是值得注意的是夫子"喟然而叹"，长叹一声。实际上对曾点的肯定多来自于夫子自己行道之难的感伤，世道多艰，但他始终救世心切，毅然弘道，虽事与愿违，时不我与，一直没有得到机会真正地去践行其道。对此，孔子也多次感叹"吾岂匏瓜也哉？焉能系而不食？""如有用我者，吾其为东周乎？"因此，如果没有机会行道，那不如"道不行，乘桴浮于海"。在听到曾点描述的忘世之乐，夫子之叹由此而发，是内心感慨，亦是动情感伤。

曾点所述的场景是百姓和乐生活的景象，只有在尧舜这样的圣王治下才可能实现。孔子一生要恢复周礼，推行仁政德治，也是对上古圣王的崇敬，曾点所表达的也是夫子之志实现后希望能看到的场景，百姓快乐无忧，政通人和，社会安定。曾点虽说出了圣人之道，但后世学者指出其是孔门之狂者，没有用世的抱负，所以他的回答有离尘的潇洒之趣，而不是真正与尧舜站在了一个高度之上。

但三子离开后，孔子又以两次"而非邦也者？"谁说他们不是在讲治国之道呢？充分肯定了三子之志。《论语集释》引《小仓山房文集》："圣人无一日忘天下，子路能兵，冉有能足民，公西华能礼乐，倘明王复作，天下宗予，与二三子各行其志，则东周之复，期月而已可也。"

四、鸟兽不可与同群

《微子》篇比较集中地记录了一些隐士、隐者对于孔子的评价。他们的立场与态度与孔子积极入世的天下情怀有着本质的区别。由此,我们更加可以感受到孔子的思想不是单纯理论的,儒学的最高社会理想是在实践中去改变世界,哪怕困难重重,哪怕不被世人理解,甚至被世人嘲笑。

18.5 楚狂接舆歌而过孔子曰:"凤兮!凤兮!何德之衰?往者不可谏,来者犹可追。已而!已而!今之从政者殆而!"孔子下,欲与之言。趋而辟之,不得与之言。(《微子》)

"楚狂接舆"是楚国隐士,接舆非其名,因与夫子的车舆相接,故以接舆称之,与后文长沮、桀溺、荷蓧等类似。还有一说:姓陆名通,字接舆,因其佯狂避世,世人谓之楚狂。"凤兮!凤兮!何德之衰":世有道则凤鸟见,无道则隐。接舆以凤比孔子,世无道而不能隐,为德行衰败之兆。"往者不可谏,来者犹可追",过去的事情,不可谏阻;未来的事情尚可追及,而能补救。"已而",算了吧。"而",语气词。"殆",危险。

楚国的狂人接舆唱着歌从孔子的车旁经过,唱道:"凤啊凤啊,你的品德为什么如此衰败呢?过去的已然无法挽回,未来的还可以设法补救。算了吧!算了吧!如今从政的人都很危险啊!"孔子走下车,想要与他交谈。他却快步避开了,孔子来不及和他说上话。楚国的隐士楚狂接舆,他路过孔子的车旁唱着歌,歌中以凤来比喻孔子生不逢时。孔子说过:"凤鸟不至,河不出图,吾已矣夫。"(《子罕》)凤鸟、河图有什么寓意呢?朱熹《集注》:"凤,灵鸟,舜时来仪,文王时鸣于岐山。河图,河中龙马负图,伏羲时出,皆圣王之端也。"也就是天下有道时,才会有的瑞象。

接舆狂放地唱着歌,歌中情感真切,知孔子之德,而为其唱歌叹息。凤鸟是必遇圣王时才能看到,凤鸟德行之衰意为孔子不能用世,接舆在歌中劝孔子世道太危险了,不要再白费力气了,"来者犹可追"趁现在改变吧,不要将自己葬送在这黑暗的世道中。想见夫子周游列国十四年,几次被困,陈蔡绝粮,几近丧命,无论多么艰难从来没有想过放弃。虽然孔子也说过:"邦有道,则仕;邦无道,则可卷而怀之。"但面对天下苍生,圣人之心从未退缩,"知其不可而为之"。《庄子·人间世》:"天下有道,圣人成焉。天下无道,圣人生焉。"

隐士是独善其身以求其志,圣人是顾天下于不可为之时,只要有一线希望,也一定会逆流而上。所以,孔子每遇到隐士,总想要和他们谈一谈。孟子谓:"孔子,圣之时者也。孔子之谓集大成。集大成也者,金声而玉振之也。"(《孟子·万章下》)隐士看起来也是顺时而为,却是小隐,隐其志。唯有"圣之时者"的孔子,看到那个时代需要有人发出"金声玉振"的呼声,而圣人所以成为圣人。

长沮(jū)、桀溺(jié nì)也是两个隐者,他们靠耕田自给自足。孔子一行从旁路过,看到他们,便让子路去询问过河的渡口在哪里。

18.6 长沮、桀溺耦而耕，孔子过之，使子路问津焉。长沮曰:"夫执舆者为谁?"子路曰:"为孔丘。"曰:"是鲁孔丘与?"曰:"是也。"曰:"是知津矣。"问于桀溺，桀溺曰:"子为谁?"曰:"为仲由。"曰:"是鲁孔丘之徒与?"对曰:"然。"曰:"滔滔者天下皆是也，而谁以易之?且而与其从辟人之士也，岂若从辟世之士哉?"耰(yōu)而不辍。子路行以告。夫子怃(wǔ)然曰:"鸟兽不可与同群，吾非斯人之徒与而谁与?天下有道，丘不与易也。"(《微子》)

"耦而耕"，并排耕田。"津"，渡口。"执舆"，手执拉马的缰绳。"滔滔者天下皆是"，如同洪水滔滔一般混乱，天下到处都是如此。"谁以易之"即"谁与易之"。"辟人之士"即逃避不好的政治环境。"辟"，通"避"。"辟世"，避开整个世道。"耰而不辍"，"耰"，农具名，作动词用，指播种之后，以土覆之;"不辍"，不止。"怃然"，怅然失意貌。"吾非斯人之徒与而谁与?"，我不与这些天下人在一起，要与谁在一起呢?"谁与"，与谁。

隐士长沮、桀溺正在并肩耕田，孔子一行从旁路过，便让子路去询问过河的渡口在哪里。长沮问:"那个手执缰绳的人是谁?"子路回答:"是孔丘。"问:"是鲁国的那个孔丘吗?"答:"是的。"长沮说:"他该知道渡口在哪里呀。"子路又去问桀溺。桀溺说:"您是谁?"答:"我叫仲由。"问:"你是鲁国孔丘的徒弟吗?"答:"是的。"桀溺说:"你看那浊浪滔滔的河水，如今全天下都是如此啊，你又和谁一起去改变它呢?再说你与其追随躲避坏人的人，还不如追随躲避整个世道的人呢！"说完，只顾埋头覆种不止。子路回来报告给孔子。孔子怅然若失地说："人是不能与鸟兽同群的呀，我不同这些芸芸众生在一起，又同谁在一起呢？如果天下有道，我孔丘也就不会参与改变天下的事了。"

这一章孔子与弟子们遇到的两个隐者是长沮、桀溺。虽然是隐居之人，但他们都知道孔子。子路去问渡口在哪里，反被长沮嘲笑。长沮用渡口比喻孔子追求的道，孔丘不是很清楚自己的选择，为什么要来问我呢？在这样的世道，你强而为之，即使迷路了，又能怪谁呢？桀溺又说了一段劝慰的话，世道就像眼前这浑浊的河水，是无法改变的了，与其躲避那些不能治世的昏君，你还不如追随我们躲避这个世道吧。孔子说："贤者辟世，其次辟地，其次辟色，其次辟言。"（《宪问》）贤德之人避开乱世而隐居；其次则避开一邦，择地而居；又其次，避开不好的脸色；再其次，则避开别人的恶言恶语。但是孔子不是贤者，是圣人。

孔子听到这两个隐者的话，若有所思又感慨万分，他们说的的确如此，天下之无道久矣。但是正是在这样的时候，与这天下的苍生在一起，肩负起天命责任，拼尽全力去改变这一切，"鸟兽不可与同群，吾非斯人之徒与而谁与？"生而为人就要担起人的使命，实现人的价值，这是生而为人的伟大宣言。这种悲天悯人的天下情怀与地藏菩萨"我不入地狱，谁入地狱""地狱不空，誓不成佛"的誓言有着共同的精神特质，就是对于众生的大爱与大慈悲。天下无道，才需要圣人去改变。

有一次，子路跟随孔子出行，落在后面，遇到了一位老人，用拐杖挑着除草工具。这位老人也是一位隐者，子路对老者言行的评价实际上也反映了孔子的思想和态度。

18.7　子路从而后，遇丈人，以杖荷蓧（diào）。子路问曰："子见夫子乎？"丈人曰："四体不勤，五谷不分，孰为夫子？"植其杖而芸。子路拱而立。止子路宿，杀鸡为黍（shǔ）而食（sì）之，见其二子焉。明日，子路行以告。子曰："隐者也。"使子路反见（xiàn）之。至则行矣。子路曰："不仕无义。长幼之节，不可废也；君臣之义，如之何其废之？欲洁其身，而乱大伦。君子之仕也，行其义也。道之不行，已知之矣。"（《微子》）

"丈人"，老人。"荷蓧"，"荷"，担负；"蓧"，除草用的工具。"五谷不分"，"五谷"，指麻、黍、稷、麦、豆。一说：稻、黍、稷、麦、菽。朱熹《集注》："五谷不分，犹言不辨菽麦尔，责其不事农业而从师远游也。""植其杖而芸"，将拐杖插在地上，而去田中除草。"植"，插；"芸"，除草。"拱而立"，两手在胸前相合，以示恭敬。"为黍"，做黍米饭。"食"，给人吃。"见"同"现"，引见。"不仕无义"，"不仕"这里指隐居；"无义"，没有道义。意谓如果隐居不仕，与鸟兽同群，就等于废弃了作为人之大伦的君臣之义。

子路上前请问老者："您看见我的先生了吗？"老人说："四肢不勤劳，五谷分不清，谁是你的先生？"说着将拐杖插在地上，而去田中除草。子路恭敬地拱手站着。老人后来留子路住下，杀鸡、做饭给他吃，并且叫两个儿子出来与他相见。第二天，子路赶路追上孔子，报告了此事，孔子说："这是位隐士啊。"便让子路返回找他，到了那里，老人却已经走开了。子路便留下话说："君子隐居不仕，等于废弃了君臣之间的道义。长幼之间的礼节，尚且不能废弃，君臣之间的道义，又怎么能够废弃呢？自己想要洁身自爱，却搞乱了君臣这一人伦之道，（这怎么可以呢？）君子之所以出仕，是在遵循他的道义行事啊。不过大道在这个时代行不通，我们已经知道了。"

"四体不勤，五谷不分"，意为当今乱世，你应该好好事农，耕种，不应该周流远走。朱熹《集注》："责其不事农业而师从远游也。"对丈人的话子路没有反驳，而是恭敬地站在路边。故丈人留宿子路，并以长幼之节使其两子见子路。孔子知此事后使子路返回见丈人，没有见到丈人，子路说的这段话是理解本章的重点。

其一，君臣之义不可废也。既然丈人以长幼之节待子路，就是明礼义之人。长幼之节在，君臣之义怎么能不顾呢？隐居就是不顾君臣之义了。君臣义不能单从君与臣的关系上理解，实际上，君臣之义代表着人的社会责任与担当，对于天下的关怀。

其二，君子之所以出仕，不是为了高官厚禄，荣华富贵，而是为了弘扬天下的道义，所谓"人能弘道"，只有在家国的担当中，才能肩负起弘扬道义的责任与使命。这一点与隐者是有本质区别的。

　　其三，子路追随老师逆流而上，所言"道之不行，已知之矣"与夫子"天下有道，丘不与易也"，师徒二人同频共振，感叹着对天下无道的无奈，即便如此依然保持着初心。

第十二讲

职业精神
——选择一个喜欢的职业吧！

　　孔子开创了儒家思想。儒家的"儒"这个字，从本义上来说其实也是与职业技能有关系的。《说文解字》中"儒"为术士之称，谓"土有六艺之能以求仕于时者"。这里面的"术"是有专业技能之义，而古代的技能衡量标准即"六艺"。因此，这个"儒"其实是有某一方面的专业技能之意。而再从"儒"的字形结构来看，左边是一个"人"，右边是"需"，合起来便是"人需"，也就是人的生存所需要之义，也是从生存立世的层面来呈现的。也有学者认为"儒"的原型是具体的人对自然的崇拜活动的产物，而由此派生出一整套礼仪规范，"儒学之礼"即从此处而来。

　　在中国古代的教育体系中，比较完整的要求体现于"六艺"，即礼、乐、射、御、书、数。最早的记录见《周礼·保氏》："养国子以道，乃教之六艺：一曰五礼，二曰六乐，三曰五射，四曰五驭，五曰六书，六曰九数。"这里的礼即古代的礼仪；乐即音乐；"五射"指的是五种箭法；"五驭"即五种驾车技艺；"六书"指识字和书法；"九数"指古代数学知识。这个教育体系是周朝贵族子弟的教育要求，可以看出除了基础知识

"六书"和"九数"外，其他都是偏重于性情涵养和专业技能的培养。尤其是"射"和"驭"，这两种能力的培养，可以说已经具有了职业教育的雏形。但这个体系之中又不仅仅具有技能的培养，还有"礼""乐"的内容。

本章选取了《论语》中有关职业精神的有关内容，首先是孔子及门人对于职业的态度，从而窥探当时的职业发展情况。其次是孔子将君子赋予了内在的人格要求，对君子提出了"不器"的要求，君子不应该成为某一方面的专才，而应该首先成为有崇高道德境界的人，担当起弘扬道义的责任。其次，"从吾所好"表达了孔子选择职业的标准，两千多年前，孔子已经有了对职业自由、职业兴趣的思考与表达，超越了时代的局限，有很强的现代意义。

一、吾执御矣

"六艺"之学是古代贵族教育体系的主要内容，孔子精通"六艺"，在二十岁就已经博名于天下。"六艺"有"小六艺"和"大六艺"之别。"小六艺"为官学内容，也是传统儒者要学习的内容，可以说包含了三大模块，"书""数"是基础知识培养；"礼""乐"是素质能力提升；"射""御"是专业技能养成。第三个模块相当于当时的职业技能培养。孔子开办私学后，也将六艺之学纳入君子培养的课程内容里，同时也很重视"大六艺"的教育，即《诗》《书》《礼》《易》《乐》《春秋》。

孔子博学闻名，但在当时世人眼中，却评价其"博学而无所成名"。

　　9.2　达巷党人曰："大哉孔子！博学而无所成名。"子闻之，谓门弟子曰："吾何执？执御乎？执射乎？吾执御矣。"（《子罕》）

　　"达巷党人"，其人姓名未详，或以为项橐。"达巷"，党名。五百家为一党。"无所成名"，没有足以树立名声的专长。"吾何执"，"执"，专执，专攻。达巷党人说："真伟大啊孔子！他学问广博，只是没有足以成名的专长。"孔子听说后，对弟子们说："我要专攻什么呢？是驾车呢，还是射箭？我还是专攻驾车好了。"

　　达巷党人佩服孔子学识广博，但从六艺之学来看，他觉得孔子没有一项专长，惋惜之情溢于言表。足见当时六艺专长之学已被世人所广泛接受，一个人成名也多以学有所专、学有所长来成就自己。可见，当时对于职业的评价已有了专与精的尺度。孔子追求内在的道德修养，突破了世俗的标准。实际上也为"儒"这个身份与追求赋予了新的内涵意义。

　　孔子听到达巷党人的评价后，说到如果以专长来成名，我应该做什么呢？是驾车？还是射箭呢？虽然孔子并不是想以专长来成名，但既然有人提出这个问题，那就去回应一下。《论语集释》："六艺莫粗于射御，而御较射又粗，学无精粗，而必由粗者始。人之为学，往往驰心高妙，而有不屑卑近之过。"在六艺之学（礼、乐、射、御、书、数）中，射和御是比较粗的学问，需要付出体力。而御则多为仆人之事，地位比较卑下。孔子在当时已经具有很强大的社会影响力和知名度，选择执御，实际上也传达出对于社会职业的尊重以及职业的平等观。同时,后世学者也从做学问的态度上,评价夫子能由粗而致精。以警示后学者要踏实恳切,不要好高骛远。

太宰却与达巷党人的看法不同,认为孔子是多才多艺的,做到了常人做不到的,可称圣人。

9.6 大(tài)宰问于子贡曰:"夫子圣者与?何其多能也?"子贡曰:"固天纵之将圣,又多能也。"子闻之,曰:"太宰知我乎!吾少也贱,故多能鄙事。君子多乎哉?不多也。"(《子罕》)

"大宰","大"通"太"。太宰,官名。或以为吴之太宰嚭。"夫子圣者与?何其多能也",先生是位圣人吧?怎么这么多才能呢?"与"同"欤",语气词。"固天纵之将圣","固",本来;"纵",任,使;"将",大,谓上天使其成为大圣。"鄙事",小的技艺。孔子自谦语。太宰向子贡打听:"夫子一定是位圣人吧?怎么懂得这么多才多艺呢?"子贡说:"本来就是上天要使他成为大圣,又多才多艺的啊!"孔子听说后,说:"太宰真的了解我吗?我小时候很贫贱,所以学会了很多鄙贱的技艺。在位的君子会有这么多技能吗?没有很多的呀!"

太宰评价孔子为圣人,其标准是"多能",这是从世俗层面来评价,从具体的才能、技能来看。子贡对太宰说,夫子之所以多能是因为上天要让他成为圣人,这是从天道来看,夫子之能已经上升到天命的层面。如孔子自评"五十知天命"。能够承载天命,必是能人。因为要面对和解决世间所有的问题,要有极高的智慧和能力。子贡所说的能力已经超越了技能层面。

孔子听说后,却说"吾少也贱,故多能鄙事",因为儿时生活贫困,所以才会了很多技能。正因如此,孔子更加了解底层人民的生活,也传达出朴素的劳动观。劳动不仅使人获得技能,还能磨砺人的意志。后面说到的君子指在上位者,因为生活安逸,便没有机会获得这样的技能。朱熹《集注》曰:"大宰盖以多能为圣也。圣无不通,多能乃其余事,故言又以兼之。"谓孔子不仅有圣德,亦有圣智,多才多艺只是附加值而已,夫子的回答也是圣人自谦。

孔子的弟子,子开,姓琴,名牢,字子开。牢记录了孔子说过的一句话,也印证了孔子自述的"吾少也贱,故多能鄙事。"

> **9.7** 牢曰:"子云:'吾不试,故艺。'"(《子罕》)

"吾不试,故艺""试",用,我不见用于时,故能多习于才艺。牢说:"夫子曾言:'我因为不被当世所用,所以才学习掌握了很多才艺。'"本章弟子牢所记与孔子所述情况一致。孔子之所以掌握了很多技能和才艺,因为少时生活的艰苦,同时也因为自己对于礼乐的推崇与喜爱。

春秋时期,以鲁班为代表的工匠技能得到繁荣发展,各个行业也涌现出专业的手工业者。子夏说过一段话,可以从侧面看到当时发展的基本状况。

19.7   子夏曰:"百工居肆以成其事,君子学以致其道。"
(《子张》)

"百工"指各类工匠。"肆",做工的场所。子夏说:"各种工匠居住在作坊中才能完成他们的工作,君子也必通过求学才能达至君子之道。"通过子夏所讲的"百工居肆",展示出当时多种手工业蓬勃发展的局面。职业分类最早也可以追溯到春秋时期。古代的职业分类主要有士、农、工、商。《荀子·小匡》:"士农工商四民者,国之石民也。"工,就是指手工业。"百工居肆"的场面让我们得以窥见当时手工业种类应该是比较多了。而孔子也说过:"工欲善其事,必先利其器。"指出手工业者所使用的专业工具是完成工作的首要条件。

士,是指出仕、做官。子曰:"学而优则仕。"学养深厚就可以去做官了。孔子提出的君子人格概念实际上是一种"道德精神的高地",脱离了一定要用世的界限,哪怕不做官,也可以有很高的道德修养,精神境界上达到一定高度。在"谋道不谋食"的追求中,达到对理想人格的实现,对更高的道德境界的完善。君子指向的是具有高尚道德与精神境界的人,如果用职业追求来说,"工欲善其事",学习就是成为君子的工具。

当时有专门从事礼仪活动的人,从事国家礼仪活动的就是"相",公西华的志向就是成为"相",主持国家的重大祭祀和外交活动。在礼仪活动中演奏音乐的就是乐师,很多盲人从事这个职业。孔子尊崇礼乐,见到他们都非常尊重。

9.10 　子见齐衰（zī cuī）者、冕衣裳（cháng）者与瞽者，见之，虽少，必作；过之，必趋。（《子罕》）

"齐衰者"指服丧者。"齐衰"，丧服的一种，用麻布缝制。"齐"，缝缉；"衰"通"缞"。"冕衣裳者"，指正在执礼的贵族。"冕"，礼帽；"衣裳"，礼服，上衣为衣，下裙为裳。"作"，起立。"趋"，小步快走，古人以疾行表示敬意。孔子见到服丧者、穿戴礼帽和礼服者，以及目盲者，会见时，即使他们很年轻，也一定从坐席上起身，从他们身边走过时，也一定快走几步（以示礼敬）。

孔子重视礼，对执礼者充满敬重之情。当时也是有专门的职业来从事祭祀、礼仪活动，就是"相"。在弟子侍坐篇中，公西赤的志向就是做一个"相"。目盲者代表了弱势的群体，同时古代乐师，多为盲人担当。孔子见师冕，以"某在斯"的"相师之道"，传递其对于盲人乐师的尊重。无论是庄严的执礼者，还是目盲的乐师，夫子均以礼遵之，对于各种职业的人，夫子都报以仁爱与尊重，传递着儒家的职业平等观。

在《乡党》篇中记录了孔子"见冕者与瞽者，虽亵，必以貌。凶服者式之。式负版者"。见到戴礼帽者与盲人，即便很亲密，也一定有礼貌。乘车路遇穿凶服的人，便会俯身于车轼以示同情。看见背着图籍的人，也必俯身凭轼以示敬意。"式负版者"背着国家地图或重要书籍的人，可以看到图书出版行业的先行者。孔子对他们的尊重，是对于知识的尊重，对国家主权的敬畏。

二、君子不器

君子本指有位者,在《论语》中,君子特指有高尚道德的人。孔子赋予了君子新的内涵,可以说自此社会多了一个新的阶层,与拥有特定职业技能的百工所不同的是,君子成为一种隐性的指向精神层面的职业目标。孔子只用了四个字指出了君子与其他技能人才的本质区别。

> **2.12**　子曰:"君子不器。"(《为政》)

"器",器物,器具,引申为工具性人才。孔子说:"君子不应该像一件器物那样(仅具有形而下的特定功用,或者仅仅拥有某种技能,并且以此作为谋生的手段)。"内在的仁德是君子培养的必要条件,这是孔子学院人才培养与其他职业培养的本质区别。孔子将君子赋予了内在德行,君子不再单纯指在社会中的有位之人。因此,孔子指出君子的养成不能最终成为一件有特定功能的器物,或者只是具有某种职业技能,解决生存问题就行了,所谓"谋道不谋食"。君子应该成为践行天下大道的实践者,崇高精神品格的引领者,

樊迟曾跟夫子请教种庄稼。孔子回答他,种庄稼这事我不如老农民,请教种菜,孔子又说我不如菜农。实际上也道出了孔子学院培养的人才是君子,与其他的技能人才是有本质区别的。其他的技能学习也被称为"小人之学",是相对于德行之学的区别。

孔子说"君子不器"，但是却评价子贡是一个像瑚琏那样的美器。

> **5.4**　子贡问曰："赐也何如？"子曰："女，器也。"曰："何器也？"曰："瑚琏也。"（《公冶长》）

"瑚琏"，一种礼器，宗庙用以盛黍稷而饰以玉，贵重而又华美。子贡问道："我端木赐是怎样一个人呢？"孔子说："你呀，是一有用之器。"子贡问："什么器呢？"孔子说："你是瑚琏那样的美器啊！"孔子把子贡比喻为祭祀时有特定用途的美器，说明子贡还没有达到老师对于君子的要求。

我们都知道，子贡是个成功的商人，善货殖，亿则屡中，为孔门"首富"，是儒商的鼻祖，达到了世俗评价标准的成功。像瑚琏那样的美器一方面是称赞子贡的经商的才能，取得了巨大的成功。另一方面，孔子也指出子贡的问题，成为一个优秀的商人还远远不够，不能满足于世俗的成功。世俗的成功会让一个人膨胀、骄傲，子贡批评别人的时候，夫子反问他，你就那么好吗？有这样的闲工夫指责人，怎么不看看自己身上的毛病。老师对子贡寄予厚望，希望他能以君子的标准要求自己，提升自己，而不仅仅满足于做一个成功的商人，止步于此。

孔子所提出的君子概念，打破了传统"儒"的框架，开创了真正的儒学。因为最早的"儒"有"术"之称，是有专业技能的含义。《说文解字》中"儒"为术士之称，谓"士有六艺之能以求仕于时者"。孔子又将"君子"与"儒"进行了结合，提出了"君子儒"。

　　6.13　子谓子夏曰:"女(rǔ)为君子儒,无为小人儒。"(《雍也》)

　　"女"通"汝",你。孔子对子夏说:"你要做一个君子儒,不要做一个小人儒。""君子儒"是在儒者的精神境界与追求中提出要求。"由孔子告诫子夏所言可知,当时儒者已有职业化倾向,凭借才艺学问求名谋利者不乏其人,故有君子儒与小人儒之分野。"①

　　子夏是孔门文学科高第,孔子去世后,设教西河,被称为西河学派。讲解六经之学。但作为文学科成就高的学生,难免会偏于钻营章句训诂之学,而境界狭隘。孔子叮嘱子夏,要有更高明、更开阔的境界追求。

　　《孔子世家·儒行解》讲君子儒之志:"儒有今人以居,古人以稽;今世行之,后世以为楷。若不逢时,上所不受,下所不推,谗陷之民有比党而危之,身可危也,其志不可夺也;虽危犹起居,竟身其志,乃不忘百姓之病也。其忧思有如此者。"儒者与今人一起居住,却以古人的道德标准要求自己,儒者今世的言行,可以作为后世的楷模。哪怕生不逢时,没有人欣赏和引荐,又有谄媚小人来陷害,仍然不能夺去儒者的志向。仍然不忘弘道,不忘天下之百姓之苦,天下情怀尽在其中。

---

　　①　刘强:《论语新识》,长沙:岳麓书社,2016年版,第164页。

孔子将能承担起儒者之志的希望放在了士身上，孟子也看重关于士之志。王子垫曾向孟子请教："士何事？"士是干什么的？言下之意，未曾见到士有实际的职业内容。孟子曰："尚志。"士这个身份最大的特点就是追求理想和价值，这就与其他的社会分工有了本质区别。但王子垫不理解，又继续追问："何谓尚志？"曰："仁义而已矣。杀一无罪，非仁也，非其有而取之，非义也。居恶在？仁是也；路恶在？义是也。居仁由义，大人之事备矣。"（《孟子·尽心下》）士坚守仁义，在整个社会中是引领精神价值的，维护正义的。而越在动荡的时代中，这种引领越显示出重要价值。

三、从吾所好

职业选择的自由代表了一个社会发展进步的程度。孔子在两千五多年前就提出了自由选择职业的观点，选择的依据就是"从吾所好"，做自己喜欢的事情！

> **7.11**　子曰："富而可求也，虽执鞭之士，吾亦为之。如不可求，从吾所好。"（《述而》）

"执鞭之士"，拿着鞭子守城的士卒。一说：执鞭赶车之人，泛指卑贱的职业。孔子说："如果财富可以合道而求，即便是执鞭的卑贱职业，我也愿意去做。如果财富不可以合道而求，我还是做自己喜欢的事情吧！"

孔子表达了对职业选择的标准，首先是合于道义。如果合于正道,哪怕从事像执鞭这样卑贱的职业,去获取财富都是没有问题的,也应该得到尊重。但是如果不合正道,那就不要去选择这样的事情,在不义之财面前,不能被金钱左右。

拒绝那些违背道义但可能很赚钱的工作。与其那样,还不如"从吾所好"。选择自己喜欢的感兴趣的事情去做吧!孔子的爱好是什么呢?无外乎是礼乐、诗书,上古的文化和典籍。终其一生去追逐。从事真正喜欢的职业。这是对人个体的尊重,马克思所提出的"人的全面自由的发展",是基于人成长的全面性和人对生活和职业选择的自由性。孔子在两千多年前提出"从吾所好",是具有非常超前的职业自由观和选择观。今天的社会有很多人成为自由职业者,很多人是因为要真正做自己喜欢的事业。哈佛大学曾经对毕业生做了长达十几年的跟踪调查,朝着自己喜欢的方向不断努力的人,最终的成功指数远远高于以功利标准来选择职业的人。

孔子"从吾所好"的成就之一就是开办私学,培养了大批优秀人才。对此孔子自诩"抑为之不厌,诲人不倦"。

7.33　子曰:"若圣与仁,则吾岂敢?抑为之不厌,诲人不倦,则可谓云尔已矣!"公西华曰:"正唯弟子不能学也!"(《述而》)

"吾岂敢",我哪里敢当?"为之不厌,诲人不倦","为",学也;"诲",教也。孔子说:"至于圣人与仁者,我哪里敢当?只不过是学而行之,从不满足,教育弟子,未曾懈怠,仅仅可以说如此罢了。"公西华说："这正是弟子们学不到的啊！"

孔子自述在教育弟子时做到了"学而不厌，诲人不倦"。孔子开创私学，"有教无类"使普通民众有机会接受完整教育，也对老师这个职业的精神进行了重新诠释。在育人的职业追求上，以君子人格作为培养人才的标准。而在教育方法上更是以"因材施教"深刻影响着后世教育理念的革新。几千来，孔子被奉为"至圣先师"，成为中华民族的心灵导师，也成为教师从业者的楷模与典范。孟子讲到君子有三乐，其中一乐就是"得天下英才而教育之"，将教师的职业精神提升到一个很高的人生价值境界。

对于当时的其他的职业技能，孔子是如何看待和评价的呢？可以从子夏的话中看出端倪。

19.1　子夏曰："虽小道，必有可观者焉；致远恐泥（nì），是以君子不为也。"（《子张》）

"小道"，小技能，小学问，如农圃医卜之属。可观，可取。即便是小技艺，也一定有可取之处。"致远恐泥"，"致远"，追求大道；"恐泥"，恐有妨碍。"泥"，窒碍不通。子夏说："即便是一些小技艺，也一定有其可取之处。但想以此去追求大道，恐怕就行不通了，所以君子是不会从事这些小技艺的。"

子夏所说的小技能，指当时的各种职业技能，生存之道。如种地、种菜、看病、占卜等。子夏肯定这些小的技能，必有可取之处，但所谓"小道"是针对君子所追求的大道而言。如果只汲汲于这些技能的钻研与提升上，以此要实现更大的追求，是行不通的。朱熹《集注》引杨氏曰："百家众技犹耳目口鼻，皆有所用而不能想通，非无可观也，致远则泥矣，故君子不为也。"

今日，国家提倡技能人才的培养，大国工匠的养成。必以技能作为培养重点，但仅有高超的技能还远远不够，还必须兼具君子之德，有仁爱天下，忧国忧民之抱负，才可以学以致用，成就德才兼备的国之栋梁。

主要参考书目

[1] 鲍鹏山. 孔子传[M]. 北京：中国青年出版社,2013.

[2] 鲍鹏山. 孔子归来[M]. 北京：中国青年出版社,2021.

[3] 程树德撰,程俊英、蒋见元点校. 论语集释[M]. 北京：中华书局,2014.

[4] 郭象注,成玄英疏. 庄子注疏[M]. 北京：中华书局,2011.

[5] 何晏集解,皇侃义疏. 论语集解义疏[M]. 新北：广文书局,1991.

[6] 李民,王健译注. 尚书译注[M]. 上海：上海古籍出版社,2016.

[7] 李泽厚. 论语今读[M]. 北京：生活·读书·新知三联书店,2004.

[8] 刘宝楠撰,高流水点校. 论语正义[M]. 北京：中华书局,1990.

[9] 刘强. 论语新识[M]. 长沙：岳麓书社,2016.

[10] 刘强. 四书通讲[M]. 桂林：广西师范大学出版社,2021.

[11] 钱穆. 孔子传[M]. 北京：生活·读书·新知三联书店,2005.

[12] 钱穆. 论语新解[M]. 北京：生活·读书·新知三联书店,2002.

[13] 沈知方主编,蒋伯潜注释. 四书新解[M]. 北京：中国致公出版社,2011.

[14] 司马迁. 史记·孔子世家[M]. 北京：中华书局,2011.

[15] 王国轩,王秀梅校注. 孔子家语[M]. 北京：中华书局,2022.

[16] 王阳明. 传习录[M]. 郑州：中州古籍出版社,2008.

[17] 徐复观. 儒家思想与现代社会[M]. 北京：九州出版社,2014.

[18] 徐复观. 中国艺术精神[M]. 北京：九州出版社,2020.

[19] 杨伯峻. 论语译注[M]. 北京：中华书局,2009.

[20] 杨朝明主编. 论语诠解[M]. 济南：山东友谊出版社,2013.

[21] 朱熹. 四书章句集注[M]. 北京：中华书局,1983.

[22] 左克厚. 孟子通讲[M]. 北京：东方出版社,2018.

附录一 《论语》全文

学而第一

1.1 子曰:"学而时习之,不亦说乎? 有朋自远方来,不亦乐乎? 人不知而不愠,不亦君子乎?"

1.2 有子曰:"其为人也孝弟,而好犯上者,鲜矣! 不好犯上,而好作乱者,未之有也。君子务本,本立而道生。孝弟也者,其为仁之本与!"

1.3 子曰:"巧言令色,鲜矣仁。"

1.4 曾子曰:"吾日三省吾身:为人谋而不忠乎? 与朋友交而不信乎? 传不习乎?"

1.5 子曰:"道千乘之国,敬事而信,节用而爱人,使民以时。"

1.6 子曰:"弟子入则孝,出则弟,谨而信,泛爱众而亲仁。行有余力,则以学文。"

1.7 子夏曰:"贤贤易色,事父母能竭其力,事君能致其身,与朋友交言而有信——虽曰未学,吾必谓之学矣。"

1.8 子曰:"君子,不重则不威;学则不固;主忠信;无友不如己者;过,则勿惮改。"

1.9 曾子曰:"慎终追远,民德归厚矣!"

1.10 子禽问于子贡曰:"夫子至于是邦也,必闻其政。求之与? 抑与之与?"子贡曰:"夫子温、良、恭、俭、让以得之。夫子之求之也,其诸异乎人之求之与!"

1.11 子曰："父在，观其志；父没，观其行；三年无改于父之道，可谓孝矣。"

1.12 有子曰："礼之用，和为贵。先王之道，斯为美，小大由之。有所不行：知和而和，不以礼节之，亦不可行也。"

1.13 有子曰："信近于义，言可复也；恭近于礼，远耻辱也；因不失其亲，亦可宗也。"

1.14 子曰："君子食无求饱，居无求安，敏于事而慎于言，就有道而正焉，可谓好学也已。"

1.15 子贡曰："贫而无谄，富而无骄，何如？"子曰："可也。未若贫而乐，富而好礼者也。"子贡曰："《诗》云：'如切如磋，如琢如磨。'其斯之谓与？"子曰："赐也，始可与言《诗》已矣！告诸往而知来者。"

1.16 子曰："不患人之不己知，患不知人也。"

为政第二

2.1 子曰："为政以德，譬如北辰，居其所而众星共之。"

2.2 子曰："诗三百，一言以蔽之，曰：'思无邪。'"

2.3 子曰："道之以政，齐之以刑，民免而无耻；道之以德，齐之以礼，有耻且格。"

2.4 子曰："吾十有五而志于学，三十而立，四十而不惑，五十而知天命，六十而耳顺，七十而从心所欲不逾矩。"

2.5 孟懿子问孝。子曰："无违。"樊迟御，子告之曰："孟孙问孝于我，我对曰：'无违。'"樊迟曰："何谓也？"子曰："生，事之以礼；死，葬之以礼，祭之以礼。"

2.6　孟武伯问孝。子曰："父母唯其疾之忧。"

2.7　子游问孝。子曰："今之孝者，是谓能养。至于犬马，皆能有养；不敬，何以别乎？"

2.8　子夏问孝。子曰："色难。有事，弟子服其劳；有酒食，先生馔。曾是以为孝乎？"

2.9　子曰："吾与回言终日，不违如愚。退而省其私，亦足以发。回也不愚。"

2.10　子曰："视其所以，观其所由，察其所安，人焉廋哉？人焉廋哉？"

2.11　子曰："温故而知新，可以为师矣。"

2.12　子曰："君子不器。"

2.13　子贡问君子。子曰："先行其言，而后从之。"

2.14　子曰："君子周而不比，小人比而不周。"

2.15　子曰："学而不思则罔，思而不学则殆。"

2.16　子曰："攻乎异端，斯害也已。"

2.17　子曰："由，诲女知之乎！知之为知之，不知为不知，是知也。"

2.18　子张学干禄。子曰："多闻阙疑，慎言其余，则寡尤；多见阙殆，慎行其余，则寡悔。言寡尤，行寡悔，禄在其中矣。"

2.19　哀公问曰："何为则民服？"孔子对曰："举直错诸枉，则民服；举枉错诸直，则民不服。"

2.20　季康子问："使民敬、忠以劝，如之何？"子曰："临之以庄，则敬；孝慈，则忠；举善而教不能，则劝。"

2.21　或谓孔子曰："子奚不为政？"子曰："《书》云：'孝乎！

惟孝，友于兄弟，施于有政。'是亦为政，奚其为为政？"

2.22 子曰："人而无信，不知其可也。大车无輗，小车无軏，其何以行之哉？"

2.23 子张问："十世可知也？"子曰："殷因于夏礼，所损益可知也；周因于殷礼，所损益，可知也；其或继周者，虽百世可知也。"

2.24 子曰："非其鬼而祭之，谄也。见义不为，无勇也。"

八佾第三

3.1 孔子谓季氏，"八佾舞于庭，是可忍也，孰不可忍也？"

3.2 三家者以《雍》彻。子曰："'相维辟公，天子穆穆'，奚取于三家之堂？"

3.3 子曰："人而不仁，如礼何？人而不仁，如乐何？"

3.4 林放问礼之本。子曰："大哉问！礼，与其奢也，宁俭；丧，与其易也，宁戚。"

3.5 子曰："夷狄之有君，不如诸夏之亡也。"

3.6 季氏旅于泰山。子谓冉有曰："女弗能救与？"对曰："不能！"子曰："呜呼！曾谓泰山不如林放乎？"

3.7 子曰："君子无所争，必也射乎！揖让而升，下而饮。其争也君子。"

3.8 子夏问曰："'巧笑倩兮，美目盼兮，素以为绚兮。'何谓也？"子曰："绘事后素。"曰："礼后乎？"子曰："起予者商也，始可与言《诗》已矣！"

3.9 子曰："夏礼，吾能言之，杞不足征也；殷礼，吾能言之，宋不足征也。文献不足故也。足则吾能征之矣。"

3.10　子曰:"禘自既灌而往者,吾不欲观之矣。"

3.11　或问禘之说。子曰:"不知也。知其说者之于天下也,其如示诸斯乎!"指其掌。

3.12　祭如在,祭神如神在。子曰:"吾不与祭,如不祭。"

3.13　王孙贾问曰:"与其媚于奥,宁媚于灶,何谓也?"子曰:"不然,获罪于天,无所祷也。"

3.14　子曰:"周监于二代,郁郁乎文哉!吾从周。"

3.15　子入大庙,每事问。或曰:"孰谓鄹人之子知礼乎?入太庙,每事问。"子闻之曰:"是礼也。"

3.16　子曰:"射不主皮,为力不同科,古之道也。"

3.17　子贡欲去告朔之饩羊。子曰:"赐也,尔爱其羊,我爱其礼。"

3.18　子曰:"事君尽礼,人以为谄也。"

3.19　定公问:"君使臣,臣事君,如之何?"孔子对曰:"君使臣以礼,臣事君以忠。"

3.20　子曰:"《关雎》乐而不淫,哀而不伤。"

3.21　哀公问社于宰我。宰我对曰:"夏后氏以松,殷人以柏,周人以栗,曰使民战栗。"子闻之,曰:"成事不说,遂事不谏,既往不咎。"

3.22　子曰:"管仲之器小哉!"或曰:"管仲俭乎?"曰:"管氏有三归,官事不摄,焉得俭?""然则管仲知礼乎?"曰:"邦君树塞门,管氏亦树塞门;邦君为两君之好,有反坫,管氏亦有反坫。管氏而知礼,孰不知礼?"

3.23 子语鲁大师乐。曰："乐其可知也：始作，翕如也；从之，纯如也，皦如也，绎如也；以成。"

3.24 仪封人请见。曰："君子之至于斯也，吾未尝不得见也。"从者见之。出，曰："二三子何患于丧乎？天下之无道也久矣，天将以夫子为木铎。"

3.25 子谓《韶》："尽美矣，又尽善也。"谓《武》："尽美矣，未尽善也"。

3.26 子曰："居上不宽，为礼不敬，临丧不哀，吾何以观之哉？"

里仁第四

4.1 子曰："里仁为美。择不处仁，焉得知？"

4.2 子曰："不仁者，不可以久处约，不可以长处乐。仁者安仁，知者利仁。"

4.3 子曰："唯仁者能好人，能恶人。"

4.4 子曰："苟志于仁矣，无恶也。"

4.5 子曰："富与贵，是人之所欲也；不以其道得之，不处也。贫与贱，是人之所恶也；不以其道得之，不去也。君子去仁，恶乎成名？君子无终食之间违仁，造次必于是，颠沛必于是。"

4.6 子曰："我未见好仁者、恶不仁者。好仁者，无以尚之；恶不仁者，其为仁矣，不使不仁者加乎其身。有能一日用其力于仁矣乎？我未见力不足者。盖有之矣，我未之见也。"

4.7 子曰："人之过也，各于其党。观过，斯知仁矣。"

4.8 子曰："朝闻道，夕死可矣。"

4.9　子曰："士志于道，而耻恶衣恶食者，未足与议也。"

4.10　子曰："君子之于天下也，无适也，无莫也，义之与比。"

4.11　子曰："君子怀德，小人怀土；君子怀刑，小人怀惠。"

4.12　子曰："放于利而行，多怨。"

4.13　子曰："能以礼让为国乎，何有？不能以礼让为国，如礼何！"

4.14　子曰："不患无位，患所以立；不患莫己知，求为可知也。"

4.15　子曰："参乎！吾道一以贯之。"曾子曰："唯。"子出。门人问曰："何谓也？"曾子曰："夫子之道，忠恕而已矣！"

4.16　子曰："君子喻于义，小人喻于利。"

4.17　子曰："见贤思齐焉，见不贤而内自省也。"

4.18　子曰："事父母几谏。见志不从，又敬不违，劳而不怨。"

4.19　子曰："父母在，不远游；游必有方。"

4.20　子曰："三年无改于父之道，可谓孝矣。"

4.21　子曰："父母之年，不可不知也；一则以喜，一则以惧。"

4.22　子曰："古者言之不出，耻躬之不逮也。"

4.23　子曰："以约失之者，鲜矣！"

4.24　子曰："君子欲讷于言而敏于行。"

4.25　子曰："德不孤，必有邻。"

4.26　子游曰："事君数，斯辱矣；朋友数，斯疏矣。"

公冶长第五

5.1　子谓公冶长："可妻也。虽在缧绁之中，非其罪也。"以其子妻之。

5.2　子谓南容:"邦有道,不废;邦无道,免于刑戮。"以其兄之子妻之。

5.3　子谓子贱:"君子哉若人!鲁无君子者,斯焉取斯?"

5.4　子贡问曰:"赐也何如?"子曰:"女,器也。"曰:"何器也?"曰:"瑚琏也。"

5.5　或曰:"雍也仁而不佞。"子曰:"焉用佞?御人以口给,屡憎于人。不知其仁,焉用佞?"

5.6　子使漆雕开仕。对曰:"吾斯之未能信。"子说。

5.7　子曰:"道不行,乘桴浮于海。从我者,其由与?"子路闻之喜。子曰:"由也好勇过我,无所取材。"

5.8　孟武伯问:"子路仁乎?"子曰:"不知也。"又问。子曰:"由也,千乘之国,可使治其赋也。不知其仁也。""求也何如?"子曰:"求也,千室之邑,百乘之家,可使为之宰也。不知其仁也。""赤也何如?"子曰:"赤也,束带立于朝,可使与宾客言也。不知其仁也。"

5.9　子谓子贡曰:"女与回也孰愈?"对曰:"赐也何敢望回?回也闻一以知十,赐也闻一以知二。"子曰:"弗如也!吾与女弗如也。"

5.10　宰予昼寝。子曰:"朽木不可雕也,粪土之墙不可杇也,于予与何诛?"子曰:"始吾于人也,听其言而信其行;今吾于人也,听其言而观其行。于予与改是。"

5.11　子曰:"吾未见刚者!"或对曰:"申枨。"子曰:"枨也欲,焉得刚?"

5.12 子贡曰:"我不欲人之加诸我也,吾亦欲无加诸人。"子曰:"赐也,非尔所及也。"

5.13 子贡曰:"夫子之文章,可得而闻也;夫子之言性与天道,不可得而闻也。"

5.14 子路有闻,未之能行,唯恐有闻。

5.15 子贡问曰:"孔文子何以谓之'文'也?"子曰:"敏而好学,不耻下问,是以谓之'文'也。"

5.16 子谓子产:"有君子之道四焉:其行己也恭,其事上也敬,其养民也惠,其使民也义。"

5.17 子曰:"晏平仲善与人交,久而敬之。"

5.18 子曰:"臧文仲居蔡,山节藻棁,何如其知也?"

5.19 子张问曰:"令尹子文三仕为令尹,无喜色;三已之,无愠色。旧令尹之政,必以告新令尹。何如?"子曰:"忠矣。"曰:"仁矣乎?"曰:"未知,焉得仁?""崔子弑齐君,陈文子有马十乘,弃而违之。至于他邦,则曰:'犹吾大夫崔子也。'违之。之一邦,则又曰:'犹吾大夫崔子也。'违之。何如?"子曰:"清矣。"曰:"仁矣乎?"曰:"未知,焉得仁?"

5.20 季文子三思而后行。子闻之,曰:"再,斯可矣。"

5.21 子曰:"宁武子,邦有道则知,邦无道则愚。其知,可及也;其愚,不可及也。"

5.22 子在陈,曰:"归与!归与!吾党之小子狂简,斐然成章,不知所以裁之!"

5.23 子曰:"伯夷、叔齐不念旧恶,怨是用希。"

5.24 子曰:"孰谓微生高直?或乞醯焉,乞诸其邻而与之。"

5.25 子曰："巧言、令色、足恭，左丘明耻之，丘亦耻之。匿怨而友其人，左丘明耻之，丘亦耻之。"

5.26 颜渊、季路侍。子曰："盍各言尔志？"子路曰："愿车、马、衣、裘，与朋友共，敝之而无憾。"颜渊曰："愿无伐善，无施劳。"子路曰："愿闻子之志！"子曰："老者安之，朋友信之，少者怀之。"

5.27 子曰："已矣乎！吾未见能见其过而内自讼者也。"

5.28 子曰："十室之邑，必有忠信如丘者焉，不如丘之好学也。"

雍也第六

6.1 子曰："雍也可使南面。"

6.2 仲弓问子桑伯子。子曰："可也，简。"仲弓曰："居敬而行简，以临其民，不亦可乎？居简而行简，无乃大简乎？"子曰："雍之言然。"

6.3 哀公问："弟子孰为好学？"孔子对曰："有颜回者好学，不迁怒，不贰过。不幸短命死矣！今也则亡，未闻好学者也。"

6.4 子华使于齐，冉子为其母请粟。子曰："与之釜。"请益。曰："与之庾。"冉子与之粟五秉。子曰："赤之适齐也，乘肥马，衣轻裘。吾闻之也：君子周急不继富。"

6.5 原思为之宰，与之粟九百，辞。子曰："毋！以与尔邻里乡党乎！"

6.6 子谓仲弓，曰："犁牛之子骍且角，虽欲勿用，山川其舍诸？"

6.7　子曰："回也，其心三月不违仁；其余，则日月至焉而已矣。"

6.8　季康子问："仲由可使从政也与？"子曰："由也果，于从政乎何有？"曰："赐也可使从政也与？"曰："赐也达，于从政乎何有？"曰："求也可使从政也与？"曰："求也艺，于从政乎何有？"

6.9　季氏使闵子骞为费宰。闵子骞曰："善为我辞焉。如有复我者，则吾必在汶上矣。"

6.10　伯牛有疾，子问之，自牖执其手，曰："亡之，命矣夫！斯人也而有斯疾也！斯人也而有斯疾也！"

6.11　子曰："贤哉！回也。一箪食，一瓢饮，在陋巷，人不堪其忧，回也不改其乐。贤哉！回也。"

6.12　冉求曰："非不说子之道，力不足也。"子曰："力不足者，中道而废，今女画。"

6.13　子谓子夏曰："女为君子儒，无为小人儒。"

6.14　子游为武城宰。子曰："女得人焉尔乎？"曰："有澹台灭明者，行不由径。非公事，未尝至于偃之室也。"

6.15　子曰："孟之反不伐。奔而殿，将入门，策其马，曰：'非敢后也，马不进也。'"

6.16　子曰："不有祝鮀之佞，而有宋朝之美，难乎免于今之世矣！"

6.17　子曰："谁能出不由户？何莫由斯道也？"

6.18　子曰："质胜文则野，文胜质则史，文质彬彬，然后君子。"

6.19　子曰："人之生也直,罔之生也幸而免。"

6.20　子曰："知之者不如好之者,好之者不如乐之者。"

6.21　子曰："中人以上,可以语上也;中人以下,不可以语上也。"

6.22　樊迟问知。子曰："务民之义,敬鬼神而远之,可谓知矣。"问仁。曰："仁者先难而后获,可谓仁矣。"

6.23　子曰："知者乐水,仁者乐山;知者动,仁者静;知者乐,仁者寿。"

6.24　子曰："齐一变,至于鲁;鲁一变,至于道。"

6.25　子曰："觚不觚,觚哉! 觚哉!"

6.26　宰我问曰："仁者,虽告之曰:'井有仁焉。'其从之也?"子曰："何为其然也? 君子可逝也,不可陷也;可欺也,不可罔也。"

6.27　子曰："君子博学于文,约之以礼,亦可以弗畔矣夫!"

6.28　子见南子,子路不说。夫子矢之曰："予所否者,天厌之! 天厌之!"

6.29　子曰："中庸之为德也,其至矣乎! 民鲜久矣。"

6.30　子贡曰："如有博施于民而能济众,何如? 可谓仁乎?"子曰："何事于仁,必也圣乎! 尧、舜其犹病诸! 夫仁者,己欲立而立人,己欲达而达人。能近取譬,可谓仁之方也已。"

述而第七

7.1　子曰："述而不作,信而好古,窃比于我老彭。"

7.2　子曰："默而识之,学而不厌,诲人不倦,何有于我哉?"

7.3　子曰："德之不修，学之不讲，闻义不能徙，不善不能改，是吾忧也。"

7.4　子之燕居，申申如也，夭夭如也。

7.5　子曰："甚矣吾衰也！久矣！吾不复梦见周公。"

7.6　子曰："志于道，据于德，依于仁，游于艺。"

7.7　子曰："自行束脩以上，吾未尝无诲焉！"

7.8　子曰："不愤不启，不悱不发；举一隅不以三隅反，则不复也。"

7.9　子食于有丧者之侧，未尝饱也。子于是日哭，则不歌。

7.10　子谓颜渊曰："用之则行，舍之则藏，唯我与尔有是夫！"子路曰："子行三军，则谁与？"子曰："暴虎冯河，死而无悔者，吾不与也。必也临事而惧，好谋而成者也。"

7.11　子曰："富而可求也，虽执鞭之士，吾亦为之。如不可求，从吾所好。"

7.12　子之所慎：齐、战、疾。

7.13　子在齐闻《韶》，三月不知肉味。曰："不图为乐之至于斯也！"

7.14　冉有曰："夫子为卫君乎？"子贡曰："诺。吾将问之。"入，曰："伯夷、叔齐何人也？"曰："古之贤人也。"曰："怨乎？"曰："求仁而得仁，又何怨！"出，曰："夫子不为也。"

7.15　子曰："饭疏食，饮水，曲肱而枕之，乐亦在其中矣！不义而富且贵，于我如浮云。"

7.16　子曰："加我数年，五十以学《易》，可以无大过矣。"

7.17　子所雅言：《诗》、《书》、执礼，皆雅言也。

7.18　叶公问孔子于子路，子路不对。子曰："女奚不曰：其为人也，发愤忘食，乐以忘忧，不知老之将至云尔。"

7.19　子曰："我非生而知之者，好古，敏以求之者也。"

7.20　子不语怪、力、乱、神。

7.21　子曰："三人行，必有我师焉！择其善者而从之，其不善者而改之。"

7.22　子曰："天生德于予，桓魋其如予何？"

7.23　子曰："二三子以我为隐乎？吾无隐乎尔。吾无行而不与二三子者，是丘也。"

7.24　子以四教：文、行、忠、信。

7.25　子曰："圣人，吾不得而见之矣；得见君子者，斯可矣。"子曰："善人，吾不得而见之矣；得见有恒者，斯可矣。亡而为有，虚而为盈，约而为泰，难乎有恒矣。"

7.26　子钓而不纲，弋不射宿。

7.27　子曰："盖有不知而作之者，我无是也。多闻，择其善者而从之，多见而识之，知之次也。"

7.28　互乡难与言童子见，门人惑。子曰："与其进也，不与其退也。唯何甚！人洁己以进，与其洁也，不保其往也。"

7.29　子曰："仁远乎哉？我欲仁，斯仁至矣！"

7.30　陈司败问："昭公知礼乎？"孔子曰："知礼。"孔子退，揖巫马期而进之，曰："吾闻君子不党，君子亦党乎？君取于吴，为同姓，谓之吴孟子。君而知礼，孰不知礼？"巫马期以告。子曰："丘也幸，苟有过，人必知之。"

7.31　子与人歌而善，必使反之，而后和之。

7.32　子曰："文，莫吾犹人也。躬行君子，则吾未之有得。"

7.33　子曰："若圣与仁，则吾岂敢？抑为之不厌，诲人不倦，则可谓云尔已矣！"公西华曰："正唯弟子不能学也！"

7.34　子疾病，子路请祷。子曰："有诸？"子路对曰："有之。《诔》曰：'祷尔于上下神祇。'"子曰："丘之祷久矣。"

7.35　子曰："奢则不孙，俭则固。与其不孙也，宁固。"

7.36　子曰："君子坦荡荡，小人长戚戚。"

7.37　子温而厉，威而不猛，恭而安。

泰伯第八

8.1　子曰："泰伯，其可谓至德也已矣！三以天下让，民无得而称焉。"

8.2　子曰："恭而无礼则劳，慎而无礼则葸，勇而无礼则乱，直而无礼则绞。君子笃于亲，则民兴于仁；故旧不遗，则民不偷。"

8.3　曾子有疾，召门弟子曰："启予足！启予手！《诗》云：'战战兢兢，如临深渊，如履薄冰。'而今而后，吾知免夫！小子！"

8.4　曾子有疾，孟敬子问之。曾子言曰："鸟之将死，其鸣也哀；人之将死，其言也善。君子所贵乎道者三：动容貌，斯远暴慢矣；正颜色，斯近信矣；出辞气，斯远鄙倍矣。笾豆之事，则有司存。"

8.5　曾子曰："以能问于不能，以多问于寡；有若无，实若虚，犯而不校，昔者吾友尝从事于斯矣。"

8.6 曾子曰："可以托六尺之孤，可以寄百里之命，临大节而不可夺也，君子人与？君子人也。"

8.7 曾子曰："士不可以不弘毅，任重而道远。仁以为己任，不亦重乎？死而后已，不亦远乎？"

8.8 子曰："兴于《诗》，立于礼，成于乐。"

8.9 子曰："民可使由之，不可使知之。"

8.10 子曰："好勇疾贫，乱也。人而不仁，疾之已甚，乱也。"

8.11 子曰："如有周公之才、之美，使骄且吝，其余不足观也已。"

8.12 子曰："三年学，不至于谷，不易得也。"

8.13 子曰："笃信好学，守死善道。危邦不入，乱邦不居。天下有道则见，无道则隐。邦有道，贫且贱焉，耻也。邦无道，富且贵焉，耻也。"

8.14 子曰："不在其位，不谋其政。"

8.15 子曰："师挚之始，《关雎》之乱，洋洋乎盈耳哉！"

8.16 子曰："狂而不直，侗而不愿，悾悾而不信，吾不知之矣。"

8.17 子曰："学如不及，犹恐失之。"

8.18 子曰："巍巍乎！舜、禹之有天下也，而不与焉。"

8.19 子曰："大哉尧之为君也！巍巍乎！唯天为大，唯尧则之。荡荡乎！民无能名焉。巍巍乎其有成功也！焕乎其有文章！"

8.20 舜有臣五人而天下治。武王曰："予有乱臣十人。"孔子曰："才难，不其然乎？唐、虞之际，于斯为盛。有妇人焉，九人而已。三分天下有其二，以服事殷。周之德，其可谓至德也已矣。"

8.21　子曰："禹，吾无间然矣。菲饮食，而致孝乎鬼神；恶衣服，而致美乎黻冕；卑宫室，而尽力乎沟洫。禹，吾无间然矣！"

子罕第九

9.1　子罕言利，与命、与仁。

9.2　达巷党人曰："大哉孔子！博学而无所成名。"子闻之，谓门弟子曰："吾何执？执御乎？执射乎？吾执御矣。"

9.3　子曰："麻冕，礼也；今也纯，俭；吾从众。拜下，礼也；今拜乎上，泰也。虽违众，吾从下。"

9.4　子绝四：毋意，毋必，毋固，毋我。

9.5　子畏于匡。曰："文王既没，文不在兹乎？天之将丧斯文也，后死者不得与于斯文也；天之未丧斯文也，匡人其如予何？"

9.6　大宰问于子贡曰："夫子圣者与？何其多能也？"子贡曰："固天纵之将圣，又多能也。"子闻之，曰："太宰知我乎！吾少也贱，故多能鄙事。君子多乎哉？不多也。"

9.7　牢曰："子云：'吾不试，故艺。'"

9.8　子曰："吾有知乎哉？无知也。有鄙夫问于我，空空如也；我叩其两端而竭焉。"

9.9　子曰："凤鸟不至，河不出图，吾已矣夫！"

9.10　子见齐衰者、冕衣裳者与瞽者，见之，虽少，必作；过之，必趋。

9.11 颜渊喟然叹曰："仰之弥高，钻之弥坚，瞻之在前，忽焉在后！夫子循循然善诱人，博我以文，约我以礼。欲罢不能。既竭吾才，如有所立卓尔。虽欲从之，末由也已！"

9.12 子疾病，子路使门人为臣。病间，曰："久矣哉！由之行诈也！无臣而为有臣。吾谁欺？欺天乎？且予与其死于臣之手也，无宁死于二三子之手乎？且予纵不得大葬，予死于道路乎？"

9.13 子贡曰："有美玉于斯，韫椟而藏诸？求善贾而沽诸？"子曰："沽之哉！沽之哉！我待贾者也。"

9.14 子欲居九夷。或曰："陋，如之何！"子曰："君子居之，何陋之有？"

9.15 子曰："吾自卫反鲁，然后乐正，《雅》《颂》各得其所。"

9.16 子曰："出则事公卿，入则事父兄，丧事不敢不勉，不为酒困，何有于我哉！"

9.17 子在川上曰："逝者如斯夫！不舍昼夜。"

9.18 子曰："吾未见好德如好色者也。"

9.19 子曰："譬如为山，未成一篑，止，吾止也！譬如平地，虽覆一篑，进，吾往也！"

9.20 子曰："语之而不惰者，其回也与！"

9.21 子谓颜渊，曰："惜乎！吾见其进也，未见其止也！"

9.22 子曰："苗而不秀者有矣夫！秀而不实者有矣夫！"

9.23 子曰："后生可畏，焉知来者之不如今也？四十、五十而无闻焉，斯亦不足畏也已！"

9.24　子曰："法语之言，能无从乎？改之为贵。巽与之言，能无说乎？绎之为贵。说而不绎，从而不改，吾末如之何也已矣！"

9.25　子曰："主忠信，毋友不如己者，过则勿惮改。"

9.26　子曰："三军可夺帅也，匹夫不可夺志也。"

9.27　子曰："衣敝缊袍，与衣狐貉者立，而不耻者，其由也与！'不忮不求，何用不臧？'"子路终身诵之。子曰："是道也，何足以臧？"

9.28　子曰："岁寒，然后知松柏之后雕也。"

9.29　子曰："知者不惑，仁者不忧，勇者不惧。"

9.30　子曰："可与共学，未可与适道；可与适道，未可与立；可与立，未可与权。"

9.31　"唐棣之华，偏其反而。岂不尔思？室是远而。"子曰："未之思也，夫何远之有？"

乡党第十

10.1　孔子于乡党，恂恂如也，似不能言者。其在宗庙、朝廷，便便言，唯谨尔。

10.2　朝，与下大夫言，侃侃如也；与上大夫言，訚訚如也。君在，踧踖如也，与与如也。

10.3　君召使摈，色勃如也，足躩如也。揖所与立，左右手，衣前后，襜如也。趋进，翼如也。宾退，必复命曰："宾不顾矣。"

10.4　入公门，鞠躬如也，如不容。立不中门，行不履阈。过位，色勃如也，足躩如也，其言似不足者。摄齐升堂，鞠躬如也，屏气似不息者。出，降一等，逞颜色，怡怡如也。没阶趋进，翼如也。复其位，踧踖如也。

10.5　执圭，鞠躬如也，如不胜。上如揖，下如授。勃如战色，足蹜蹜，如有循。享礼，有容色。私觌，愉愉如也。

10.6　君子不以绀緅饰。红紫不以为亵服。当暑，袗絺绤，必表而出之。缁衣羔裘；素衣麑裘；黄衣狐裘。亵裘长，短右袂。必有寝衣，长一身有半。狐貉之厚以居。去丧，无所不佩。非帷裳，必杀之。羔裘玄冠不以吊。吉月，必朝服而朝。

10.7　齐，必有明衣，布。齐，必变食，居必迁坐。

10.8　食不厌精，脍不厌细。食饐而餲，鱼馁而肉败，不食。色恶，不食。臭恶，不食。失饪，不食。不时，不食。割不正，不食。不得其酱，不食。肉虽多，不使胜食气。惟酒无量，不及乱。沽酒市脯，不食。不撤姜食，不多食。祭于公，不宿肉。祭肉不出三日。出三日，不食之矣。食不语，寝不言。虽疏食、菜羹、瓜，祭，必齐如也。

10.9　席不正，不坐。

10.10　乡人饮酒，杖者出，斯出矣。乡人傩，朝服而立于阼阶。

10.11　问人于他邦，再拜而送之。康子馈药，拜而受之。曰："丘未达，不敢尝。"

10.12　厩焚。子退朝，曰："伤人乎？"不问马。

10.13　君赐食，必正席先尝之；君赐腥，必熟而荐之；君赐生，必畜之。侍食于君，君祭，先饭。疾，君视之，东首，加朝服,拖绅。君命召,不俟驾行矣。

10.14　入太庙,每事问。

10.15　朋友死,无所归。曰:"于我殡。"朋友之馈,虽车马,非祭肉,不拜。

10.16　寝不尸,居不客。见齐衰者,虽狎,必变。见冕者与瞽者,虽亵,必以貌。凶服者式之。式负版者。有盛馔,必变色而作。迅雷、风烈,必变。

10.17　升车,必正立执绥。车中不内顾,不疾言,不亲指。

10.18　色斯举矣,翔而后集。曰:"山梁雌雉,时哉!时哉!"子路共之,三嗅而作。

先进第十一

11.1　子曰:"先进于礼乐,野人也;后进于礼乐,君子也。如用之,则吾从先进。"

11.2　子曰:"从我于陈、蔡者,皆不及门也。"

11.3　德行:颜渊、闵子骞、冉伯牛、仲弓;言语:宰我、子贡;政事:冉有、季路;文学:子游、子夏。

11.4　子曰:"回也,非助我者也,于吾言,无所不说。"

11.5　子曰:"孝哉闵子骞!人不间于其父母昆弟之言。"

11.6　南容三复白圭,孔子以其兄之子妻之。

11.7　季康子问:"弟子孰为好学?"孔子对曰:"有颜回者好学,不幸短命死矣!今也则亡。"

11.8　颜渊死,颜路请子之车以为之椁。子曰:"才不才,亦各言其子也。鲤也死,有棺而无椁。吾不徒行以为之椁,以吾从大夫之后，不可徒行也。"

11.9 颜渊死。子曰："噫！天丧予！天丧予！"

11.10 颜渊死，子哭之恸。从者曰："子恸矣。"曰："有恸乎？非夫人之为恸而谁为！"

11.11 颜渊死，门人欲厚葬之，子曰："不可。"门人厚葬之。子曰："回也视予犹父也，予不得视犹子也。非我也，夫二三子也。"

11.12 季路问事鬼神。子曰："未能事人，焉能事鬼？"曰："敢问死。"曰："未知生，焉知死？"

11.13 闵子侍侧，訚訚如也；子路，行行如也；冉有、子贡，侃侃如也。子乐。"若由也，不得其死然"。

11.14 鲁人为长府。闵子骞曰："仍旧贯，如之何？何必改作？"子曰："夫人不言，言必有中。"

11.15 子曰："由之瑟，奚为于丘之门？"门人不敬子路。子曰："由也升堂矣，未入于室也。"

11.16 子贡问："师与商也孰贤？"子曰："师也过，商也不及。"曰："然则师愈与？"子曰："过犹不及。"

11.17 季氏富于周公，而求也为之聚敛而附益之。子曰："非吾徒也，小子鸣鼓而攻之，可也！"

11.18 柴也愚，参也鲁，师也辟，由也喭。

11.19 子曰："回也其庶乎！屡空。赐不受命，而货殖焉，亿则屡中。"

11.20 子张问善人之道。子曰："不践迹，亦不入于室。"

11.21 子曰："论笃是与，君子者乎？色庄者乎？"

11.22　子路问:"闻斯行诸?"子曰:"有父兄在,如之何其闻斯行之?"冉有问:"闻斯行诸?"子曰:"闻斯行之!"公西华曰:"由也问闻斯行诸,子曰'有父兄在。'求也问:'闻斯行诸?'子曰'闻斯行之!'赤也惑,敢问。"子曰:"求也退,故进之;由也兼人,故退之。"

11.23　子畏于匡,颜渊后。子曰:"吾以女为死矣。"曰:"子在,回何敢死?"

11.24　季子然问:"仲由、冉求可谓大臣与?"子曰:"吾以子为异之问,曾由与求之问。所谓大臣者:以道事君,不可则止。今由与求也,可谓具臣矣。"曰:"然则从之者与?"子曰:"弑父与君,亦不从也。"

11.25　子路使子羔为费宰。子曰:"贼夫人之子。"子路曰:"有民人焉,有社稷焉,何必读书,然后为学?"子曰:"是故恶夫佞者。"

11.26　子路、曾晳、冉有、公西华侍坐。子曰:"以吾一日长乎尔,毋吾以也!居则曰:'不吾知也!'如或知尔,则何以哉?"子路率尔而对曰:"千乘之国,摄乎大国之间,加之以师旅,因之以饥馑,由也为之,比及三年,可使有勇,且知方也。"夫子哂之。"求,尔何如?"对曰:"方六七十,如五六十,求也为之,比及三年,可使足民;如其礼乐,以俟君子。""赤,尔何如?"对曰:"非曰能之,愿学焉!宗庙之事,如会同,端章甫,愿为小相焉。""点,尔何如?"鼓瑟希,铿尔,舍瑟而作。对曰:"异乎三子者之撰!"子曰:"何伤乎?亦各言其志也。"曰:"莫春者,春服既成;冠者五六人,童子六七人,浴乎沂，风乎舞雩，咏而归。"

夫子喟然叹曰："吾与点也。"

三子者出，曾皙后。曾皙曰："夫三子者之言何如?"子曰："亦各言其志也已矣。"曰："夫子何哂由也?"曰："为国以礼，其言不让，是故哂之。""唯求则非邦也与?""安见方六七十，如五六十，而非邦也者?""唯赤则非邦也与?""宗庙会同，非诸侯而何? 赤也为之小，孰能为之大?"

颜渊第十二

12.1 颜渊问仁。子曰："克己复礼为仁。一日克己复礼，天下归仁焉。为仁由己，而由人乎哉?"颜渊曰："请问其目。"子曰："非礼勿视，非礼勿听，非礼勿言，非礼勿动。"颜渊曰："回虽不敏，请事斯语矣!"

12.2 仲弓问仁。子曰："出门如见大宾，使民如承大祭。己所不欲，勿施于人。在邦无怨，在家无怨。"仲弓曰："雍虽不敏，请事斯语矣!"

12.3 司马牛问仁。子曰："仁者，其言也讱。"曰："其言也讱，斯谓之仁已乎?"子曰："为之难，言之得无讱乎?"

12.4 司马牛问君子。子曰："君子不忧不惧。"曰："不忧不惧，斯谓之君子已乎?"子曰："内省不疚，夫何忧何惧?"

12.5 司马牛忧曰："人皆有兄弟，我独亡!"子夏曰："商闻之矣:'死生有命，富贵在天。君子敬而无失，与人恭而有礼;四海之内，皆兄弟也。'君子何患乎无兄弟也?"

12.6 子张问明。子曰："浸润之谮，肤受之诉，不行焉，可谓明也已矣。浸润之谮，肤受之诉，不行焉，可谓远也已矣。"

12.7　子贡问政。子曰："足食，足兵，民信之矣。"子贡曰："必不得已而去，于斯三者何先？"曰："去兵。"子贡曰："必不得已而去，于斯二者何先？"曰："去食。自古皆有死，民无信不立。"

12.8　棘子成曰："君子质而已矣，何以文为？"子贡曰："惜乎！夫子之说君子也。驷不及舌。文犹质也，质犹文也。虎豹之鞟犹犬羊之鞟。"

12.9　哀公问于有若曰："年饥，用不足，如之何？"有若对曰："盍彻乎？"曰："二，吾犹不足，如之何其彻也？"对曰："百姓足，君孰与不足？百姓不足，君孰与足？"

12.10　子张问崇德、辨惑。子曰："主忠信，徙义，崇德也。爱之欲其生，恶之欲其死；既欲其生，又欲其死，是惑也。'诚不以富，亦祇以异。'"

12.11　齐景公问政于孔子，孔子对曰："君君，臣臣，父父，子子。"公曰："善哉！信如君不君，臣不臣，父不父，子不子，虽有粟，吾得而食诸？"

12.12　子曰："片言可以折狱者，其由也与！"子路无宿诺。

12.13　子曰："听讼，吾犹人也。必也使无讼乎！"

12.14　子张问政。子曰："居之无倦，行之以忠。"

12.15　子曰："博学于文，约之以礼，亦可以弗畔矣夫！"

12.16　子曰："君子成人之美，不成人之恶；小人反是。"

12.17　季康子问政于孔子，孔子对曰："政者，正也。子帅以正，孰敢不正？"

12.18　季康子患盗，问于孔子。孔子对曰："苟子之不欲，虽赏之不窃。"

12.19　季康子问政于孔子曰："如杀无道，以就有道，何如？"孔子对曰："子为政，焉用杀？子欲善，而民善矣！君子之德，风；小人之德，草；草上之风，必偃。"

12.20　子张问："士何如斯可谓之达矣？"子曰："何哉，尔所谓达者？"子张对曰："在邦必闻，在家必闻。"子曰："是闻也，非达也。夫达也者，质直而好义，察言而观色，虑以下人。在邦必达，在家必达。夫闻也者，色取仁而行违，居之不疑。在邦必闻，在家必闻。"

12.21　樊迟从游于舞雩之下，曰："敢问崇德、修慝、辨惑。"子曰："善哉问！先事后得，非崇德与？攻其恶，无攻人之恶，非修慝与？一朝之忿，忘其身以及其亲，非惑与？"

12.22　樊迟问仁。子曰："爱人。"问知。子曰："知人。"樊迟未达。子曰："举直错诸枉，能使枉者直。"樊迟退，见子夏，曰："乡也吾见于夫子而问知，子曰：'举直错诸枉，能使枉者直'，何谓也？"子夏曰："富哉言乎！舜有天下，选于众，举皋陶，不仁者远矣。汤有天下，选于众，举伊尹，不仁者远矣。"

12.23　子贡问友。子曰："忠告而善道之，不可则止，毋自辱焉。"

12.24　曾子曰："君子以文会友，以友辅仁。"

子路第十三

13.1　子路问政。子曰："先之，劳之。"请益。曰："无倦。"

13.2　仲弓为季氏宰,问政。子曰:"先有司,赦小过,举贤才。"曰:"焉知贤才而举之?"子曰:"举尔所知。尔所不知,人其舍诸?"

13.3　子路曰:"卫君待子而为政,子将奚先?"子曰:"必也正名乎!"子路曰:"有是哉,子之迂也!奚其正?"子曰:"野哉,由也!君子于其所不知,盖阙如也。名不正,则言不顺;言不顺,则事不成;事不成,则礼乐不兴;礼乐不兴,则刑罚不中;刑罚不中,则民无所措手足。故君子名之必可言也,言之必可行也。君子于其言,无所苟而已矣!"

13.4　樊迟请学稼。子曰:"吾不如老农。"请学为圃。曰:"吾不如老圃。"樊迟出。子曰:"小人哉,樊须也!上好礼,则民莫敢不敬;上好义,则民莫敢不服;上好信,则民莫敢不用情。夫如是,则四方之民襁负其子而至矣,焉用稼?"

13.5　子曰:"诵《诗》三百,授之以政,不达;使于四方,不能专对。虽多,亦奚以为?"

13.6　子曰:"其身正,不令而行;其身不正,虽令不从。"

13.7　子曰:"鲁、卫之政,兄弟也。"

13.8　子谓卫公子荆:"善居室。始有,曰:'苟合矣。'少有,曰:'苟完矣。'富有,曰:'苟美矣。'"

13.9　子适卫,冉有仆。子曰:"庶矣哉!"冉有曰:"既庶矣,又何加焉?"曰:"富之。"曰:"既富矣,又何加焉?"曰:"教之。"

13.10　子曰:"苟有用我者,期月而已可也,三年有成。"

13.11　子曰:"善人为邦百年,亦可以胜残去杀矣。诚哉是言也!"

13.12 子曰:"如有王者,必世而后仁。"

13.13 子曰:"苟正其身矣,于从政乎何有?不能正其身,如正人何!"

13.14 冉子退朝。子曰:"何晏也?"对曰:"有政。"子曰:"其事也。如有政,虽不吾以,吾其与闻之。"

13.15 定公问:"一言而可以兴邦,有诸?"孔子对曰:"言不可以若是其幾也。人之言曰:'为君难,为臣不易。'如知为君之难也,不几乎一言而兴邦乎!"曰:"一言而丧邦,有诸?"孔子对曰:"言不可以若是其幾也,人之言曰:'予无乐乎为君。唯其言而莫予违也。'如其善而莫之违也,不亦善乎?如不善而莫之违也,不几乎一言而丧邦乎?"

13.16 叶公问政。子曰:"近者说,远者来。"

13.17 子夏为莒父宰,问政。子曰:"无欲速,无见小利。欲速则不达,见小利则大事不成。"

13.18 叶公语孔子曰:"吾党有直躬者,其父攘羊,而子证之。"孔子曰:"吾党之直者异于是。父为子隐,子为父隐,直在其中矣。"

13.19 樊迟问仁。子曰:"居处恭,执事敬,与人忠;虽之夷狄,不可弃也。"

13.20 子贡问曰:"何如斯可谓之士矣?"子曰:"行己有耻,使于四方,不辱君命,可谓士矣。"曰:"敢问其次。"曰:"宗族称孝焉,乡党称弟焉。"曰:"敢问其次。"曰:"言必信,行必果,硁硁然小人哉!抑亦可以为次矣。"曰:"今之从政者何如?"子曰:"噫!斗筲之人,何足算也!"

13.21　子曰:"不得中行而与之,必也狂狷乎!狂者进取,狷者有所不为也。"

13.22　子曰:"南人有言曰:'人而无恒,不可以作巫医。'善夫!""不恒其德,或承之羞。"子曰:"不占而已矣。"

13.23　子曰:"君子和而不同,小人同而不和。"

13.24　子贡问曰:"乡人皆好之,何如?"子曰:"未可也。""乡人皆恶之,何如?"子曰:"未可也。不如乡人之善者好之,其不善者恶之。"

13.25　子曰:"君子易事而难说也:说之不以道,不说也;及其使人也,器之。小人难事而易说也:说之虽不以道,说也;及其使人也,求备焉。"

13.26　子曰:"君子泰而不骄,小人骄而不泰。"

13.27　子曰:"刚、毅、木、讷,近仁。"

13.28　子路问曰:"何如斯可谓之士矣?"子曰:"切切、偲偲、怡怡如也,可谓士矣。朋友切切、偲偲,兄弟怡怡。"

13.29　子曰:"善人教民七年,亦可以即戎矣。"

13.30　子曰:"以不教民战,是谓弃之。"

宪问第十四

14.1　宪问耻。子曰:"邦有道,榖;邦无道,榖,耻也。""克、伐、怨、欲不行焉,可以为仁矣?"子曰:"可以为难矣,仁则吾不知也。"

14.2　子曰:"士而怀居,不足以为士矣!"

14.3　子曰："邦有道，危言危行；邦无道，危行言孙。"

14.4　子曰："有德者必有言，有言者不必有德；仁者必有勇，勇者不必有仁。"

14.5　南宫适问于孔子曰："羿善射，奡荡舟，俱不得其死然；禹、稷躬稼，而有天下。"夫子不答，南宫适出。子曰："君子哉若人！尚德哉若人！"

14.6　子曰："君子而不仁者有矣夫，未有小人而仁者也。"

14.7　子曰："爱之，能勿劳乎？忠焉，能勿诲乎？"

14.8　子曰："为命，裨谌草创之，世叔讨论之，行人子羽修饰之，东里子产润色之。"

14.9　或问子产。子曰："惠人也。"问子西。曰："彼哉！彼哉！"问管仲。曰："人也！夺伯氏骈邑三百，饭疏食，没齿无怨言。"

14.10　子曰："贫而无怨难，富而无骄易。"

14.11　子曰："孟公绰为赵、魏老则优，不可以为滕、薛大夫。"

14.12　子路问成人。子曰："若臧武仲之知，公绰之不欲，卞庄子之勇，冉求之艺，文之以礼乐，亦可以为成人矣。"曰："今之成人者何必然？见利思义，见危授命，久要不忘平生之言，亦可以为成人矣。"

14.13　子问公叔文子于公明贾曰："信乎夫子不言、不笑、不取乎？"公明贾对曰："以告者过也。夫子时然后言，人不厌其言；乐然后笑，人不厌其笑；义然后取，人不厌其取。"子曰："其然，岂其然乎？"

14.14　子曰："臧武仲以防求为后于鲁，虽曰不要君，吾不信也。"

14.15　子曰："晋文公谲而不正，齐桓公正而不谲。"

14.16　子路曰："桓公杀公子纠，召忽死之，管仲不死。"曰："未仁乎？"子曰："桓公九合诸侯，不以兵车，管仲之力也。如其仁！如其仁！"

14.17　子贡曰："管仲非仁者与？桓公杀公子纠，不能死，又相之。"子曰："管仲相桓公，霸诸侯，一匡天下，民到于今受其赐。微管仲，吾其被发左衽矣！岂若匹夫匹妇之为谅也，自经于沟渎而莫之知也。"

14.18　公叔文子之臣大夫僎，与文子同升诸公。子闻之，曰："可以为文矣。"

14.19　子言卫灵公之无道也，康子曰："夫如是，奚而不丧？"孔子曰："仲叔圉治宾客，祝鮀治宗庙，王孙贾治军旅。夫如是，奚其丧？"

14.20　子曰："其言之不怍，则为之也难！"

14.21　陈成子弑简公。孔子沐浴而朝，告于哀公曰："陈恒弑其君，请讨之。"公曰："告夫三子。"孔子曰："以吾从大夫之后，不敢不告也。君曰'告夫三子'者！"之三子告，不可。孔子曰："以吾从大夫之后，不敢不告也。"

14.22　子路问事君。子曰："勿欺也，而犯之。"

14.23　子曰："君子上达，小人下达。"

14.24　子曰："古之学者为己，今之学者为人。"

14.25　蘧伯玉使人于孔子。孔子与之坐而问焉，曰："夫子何为?"对曰:"夫子欲寡其过而未能也。"使者出。子曰:"使乎!使乎!"

14.26 子曰:"不在其位,不谋其政。"曾子曰:"君子思不出其位。"

14.27 子曰:"君子耻其言而过其行。"

14.28 子曰:"君子道者三,我无能焉:仁者不忧,知者不惑,勇者不惧。"子贡曰:"夫子自道也!"

14.29 子贡方人。子曰:"赐也贤乎哉? 夫我则不暇。"

14.30 子曰:"不患人之不己知,患其不能也。"

14.31 子曰:"不逆诈,不亿不信,抑亦先觉者,是贤乎!"

14.32 微生亩谓孔子曰:"丘何为是栖栖者与? 无乃为佞乎?"孔子曰:"非敢为佞也,疾固也。"

14.33 子曰:"骥不称其力,称其德也。"

14.34 或曰:"以德报怨,何如?"子曰:"何以报德? 以直报怨,以德报德。"

14.35 子曰:"莫我知也夫!"子贡曰:"何为其莫知子也?"子曰:"不怨天,不尤人;下学而上达。知我者其天乎!"

14.36 公伯寮愬子路于季孙。子服景伯以告,曰:"夫子固有惑志于公伯寮,吾力犹能肆诸市朝。"子曰:"道之将行也与? 命也。道之将废也与? 命也。公伯寮其如命何!"

14.37 子曰:"贤者辟世,其次辟地,其次辟色,其次辟言。"子曰:"作者七人矣。"

14.38 子路宿于石门。晨门曰:"奚自?"子路曰:"自孔氏。"曰:"是知其不可而为之者与?"

14.39　子击磬于卫。有荷蒉而过孔氏之门者,曰:"有心哉!击磬乎!"既而曰:"鄙哉!硁硁乎!莫己知也,斯己而已矣。深则厉,浅则揭。"子曰:"果哉!末之难矣。"

14.40　子张曰:"《书》云:'高宗谅阴,三年不言',何谓也?"子曰:"何必高宗?古之人皆然。君薨,百官总己以听于冢宰三年。"

14.41　子曰:"上好礼,则民易使也。"

14.42　子路问君子。子曰:"修己以敬。"曰:"如斯而已乎?"曰:"修己以安人。"曰:"如斯而已乎?"曰:"修己以安百姓。修己以安百姓,尧、舜其犹病诸!"

14.43　原壤夷俟。子曰:"幼而不孙弟,长而无述焉,老而不死,是为贼!"以杖叩其胫。

14.44　阙党童子将命。或问之曰:"益者与?"子曰:"吾见其居于位也,见其与先生并行也。非求益者也,欲速成者也。"

卫灵公第十五

15.1　卫灵公问陈于孔子。孔子对曰:"俎豆之事,则尝闻之矣;军旅之事,未之学也。"明日遂行。

15.2　在陈绝粮,从者病,莫能兴。子路愠见曰:"君子亦有穷乎?"子曰:"君子固穷,小人穷,斯滥矣。"

15.3　子曰:"赐也,女以予为多学而识之者与?"对曰:"然,非与?"曰:"非也。予一以贯之。"

15.4　子曰:"由!知德者鲜矣。"

15.5　子曰:"无为而治者,其舜也与?夫何为哉?恭己正南面而已矣。"

15.6　子张问行。子曰："言忠信，行笃敬，虽蛮貊之邦，行矣；言不忠信，行不笃敬，虽州里，行乎哉？立，则见其参于前也；在舆，则见其倚于衡也。夫然后行！"子张书诸绅。

15.7　子曰："直哉史鱼！邦有道，如矢；邦无道，如矢。君子哉蘧伯玉！邦有道，则仕；邦无道，则可卷而怀之。"

15.8　子曰："可与言而不与之言，失人；不可与言而与之言，失言。知者不失人，亦不失言。"

15.9　子曰："志士仁人，无求生以害仁，有杀身以成仁。"

15.10　子贡问为仁。子曰："工欲善其事，必先利其器。居是邦也，事其大夫之贤者，友其士之仁者。"

15.11　颜渊问为邦。子曰："行夏之时，乘殷之辂，服周之冕，乐则《韶》舞。放郑声，远佞人。郑声淫，佞人殆。"

15.12　子曰："人无远虑，必有近忧。"

15.13　子曰："已矣乎！吾未见好德如好色者也。"

15.14　子曰："臧文仲其窃位者与？知柳下惠之贤而不与立也。"

15.15　子曰："躬自厚而薄责于人，则远怨矣！"

15.16　子曰："不曰'如之何，如之何'者，吾末如之何也已矣。"

15.17　子曰："群居终日，言不及义，好行小慧，难矣哉！"

15.18　子曰："君子义以为质，礼以行之，孙以出之，信以成之。君子哉！"

15.19　子曰："君子病无能焉，不病人之不己知也。"

15.20　子曰："君子疾没世而名不称焉。"

15.21　子曰："君子求诸己，小人求诸人。"

15.22　子曰："君子矜而不争，群而不党。"

15.23　子曰："君子不以言举人，不以人废言。"

15.24　子贡问曰："有一言而可以终身行之者乎？"子曰："其'恕'乎！己所不欲，勿施于人。"

15.25　子曰："吾之于人也，谁毁谁誉？如有所誉者，其有所试矣。斯民也，三代之所以直道而行也。"

15.26　子曰："吾犹及史之阙文也，有马者借人乘之。今亡矣夫！"

15.27　子曰："巧言乱德，小不忍则乱大谋。"

15.28　子曰："众恶之，必察焉；众好之，必察焉。"

15.29　子曰："人能弘道，非道弘人。"

15.30　子曰："过而不改，是谓过矣！"

15.31　子曰："吾尝终日不食，终夜不寝，以思，无益，不如学也。"

15.32　子曰："君子谋道不谋食。耕也，馁在其中矣；学也，禄在其中矣。君子忧道不忧贫。"

15.33　子曰："知及之，仁不能守之，虽得之，必失之。知及之，仁能守之，不庄以莅之，则民不敬。知及之，仁能守之，庄以莅之，动之不以礼，未善也。"

15.34　子曰："君子不可小知，而可大受也；小人不可大受，而可小知也。"

15.35　子曰："民之于仁也，甚于水火。水火，吾见蹈而死者矣，未见蹈仁而死者也。"

15.36 子曰："当仁，不让于师。"

15.37 子曰："君子贞而不谅。"

15.38 子曰："事君，敬其事而后其食。"

15.39 子曰："有教无类。"

15.40 子曰："道不同，不相为谋。"

15.41 子曰："辞，达而已矣。"

15.42 师冕见，及阶，子曰："阶也。"及席，子曰："席也。"皆坐，子告之曰："某在斯，某在斯。"师冕出。子张问曰："与师言之道与？"子曰："然。固相师之道也。"

季氏第十六

16.1 季氏将伐颛臾。冉有、季路见于孔子曰："季氏将有事于颛臾。"孔子曰："求！无乃尔是过与？夫颛臾，昔者先王以为东蒙主，且在邦域之中矣，是社稷之臣也。何以伐为？"冉有曰："夫子欲之，吾二臣者皆不欲也。"孔子曰："求！周任有言曰：'陈力就列，不能者止。'危而不持，颠而不扶，则将焉用彼相矣？且尔言过矣。虎兕出于柙，龟玉毁于椟中，是谁之过与？"冉有曰："今夫颛臾，固而近于费。今不取，后世必为子孙忧。"孔子曰："求！君子疾夫舍曰欲之，而必为之辞。丘也闻有国有家者，不患寡而患不均，不患贫而患不安。盖均无贫，和无寡，安无倾。夫如是，故远人不服，则修文德以来之。既来之，则安之。今由与求也，相夫子，远人不服，而不能来也；邦分崩离析而不能守也，而谋动干戈于邦内。吾恐季孙之忧，不在颛臾，而在萧墙之内也。"

16.2 孔子曰："天下有道，则礼乐征伐自天子出；天下无道，则礼乐征伐自诸侯出。自诸侯出，盖十世希不失矣；自大夫出，五世希不失矣；陪臣执国命，三世希不失矣。天下有道，则政不在大夫；天下有道，则庶人不议。"

16.3 孔子曰："禄之去公室，五世矣。政逮于大夫，四世矣。故夫三桓之子孙微矣。"

16.4 孔子曰："益者三友，损者三友：友直，友谅，友多闻，益矣；友便辟，友善柔，友便佞，损矣。"

16.5 孔子曰："益者三乐，损者三乐：乐节礼乐，乐道人之善，乐多贤友，益矣；乐骄乐，乐佚游，乐宴乐，损矣。"

16.6 孔子曰："侍于君子有三愆：言未及之而言，谓之躁；言及之而不言，谓之隐；未见颜色而言，谓之瞽。"

16.7 孔子曰："君子有三戒：少之时，血气未定，戒之在色；及其壮也，血气方刚，戒之在斗；及其老也，血气既衰，戒之在得。"

16.8 孔子曰："君子有三畏：畏天命，畏大人，畏圣人之言。小人不知天命而不畏也，狎大人，侮圣人之言。"

16.9 孔子曰："生而知之者，上也；学而知之者，次也；困而学之，又其次也。困而不学，民斯为下矣！"

16.10 孔子曰："君子有九思：视思明，听思聪，色思温，貌思恭，言思忠，事思敬，疑思问，忿思难，见得思义。"

16.11 孔子曰："见善如不及，见不善如探汤。吾见其人矣，吾闻其语矣。隐居以求其志，行义以达其道。吾闻其语矣，未见其人也。"

16.12　齐景公有马千驷，死之日，民无德而称焉。伯夷、叔齐饿于首阳之下，民到于今称之。其斯之谓与？

16.13　陈亢问于伯鱼曰："子亦有异闻乎？"对曰："未也。尝独立，鲤趋而过庭。曰：'学《诗》乎？'对曰：'未也。''不学《诗》，无以言。'鲤退而学《诗》。他日，又独立，鲤趋而过庭。曰：'学礼乎？'对曰：'未也。''不学礼，无以立！'鲤退而学礼。闻斯二者。"陈亢退而喜曰："问一得三，闻《诗》，闻礼，又闻君子之远其子也。"

16.14　邦君之妻，君称之曰夫人，夫人自称曰小童；邦人称之曰君夫人，称诸异邦曰寡小君；异邦人称之，亦曰君夫人。

阳货第十七

17.1　阳货欲见孔子，孔子不见，归孔子豚。孔子时其亡也，而往拜之，遇诸涂。谓孔子曰："来！予与尔言。"曰："怀其宝而迷其邦，可谓仁乎？"曰："不可。""好从事而亟失时，可谓知乎？"曰："不可。""日月逝矣，岁不我与。"孔子曰："诺。吾将仕矣。"

17.2　子曰："性相近也，习相远也。"

17.3　子曰："唯上知与下愚不移。"

17.4　子之武城，闻弦歌之声。夫子莞尔而笑曰："割鸡焉用牛刀？"子游对曰："昔者偃也闻诸夫子曰：'君子学道则爱人；小人学道则易使也。'"子曰："二三子！偃之言是也。前言戏之耳！"

17.5　公山弗扰以费畔，召，子欲往。子路不说，曰："末之也已，何必公山氏之之也？"子曰："夫召我者而岂徒哉？如有用我者，吾其为东周乎？"

17.6　子张问仁于孔子。孔子曰："能行五者于天下，为仁矣。"请问之。曰："恭、宽、信、敏、惠。恭则不侮，宽则得众，信则人任焉，敏则有功，惠则足以使人。"

17.7　佛肸召，子欲往。子路曰："昔者由也闻诸夫子曰：'亲于其身为不善者，君子不入也。'佛肸以中牟畔，子之往也，如之何？"子曰："然。有是言也。不曰坚乎，磨而不磷；不曰白乎，涅而不缁。吾岂匏瓜也哉？焉能系而不食？"

17.8　子曰："由也，女闻'六言六蔽'矣乎？"对曰："未也。""居！吾语女。好仁不好学，其蔽也愚；好知不好学，其蔽也荡；好信不好学，其蔽也贼；好直不好学，其蔽也绞；好勇不好学，其蔽也乱；好刚不好学，其蔽也狂。"

17.9　子曰："小子！何莫学夫《诗》？《诗》可以兴，可以观，可以群，可以怨。迩之事父，远之事君。多识于鸟兽草木之名。"

17.10　子谓伯鱼曰："女为《周南》《召南》矣乎？人而不为《周南》《召南》，其犹正墙面而立也与！"

17.11　子曰："礼云礼云！玉帛云乎哉？乐云乐云！钟鼓云乎哉？"

17.12　子曰："色厉而内荏，譬诸小人，其犹穿窬之盗也与？"

17.13　子曰："乡原，德之贼也！"

17.14　子曰："道听而涂说，德之弃也！"

17.15 子曰："鄙夫可与事君也与哉？其未得之也，患得之；既得之，患失之。苟患失之，无所不至矣。"

17.16 子曰："古者民有三疾，今也或是之亡也。古之狂也肆，今之狂也荡；古之矜也廉，今之矜也忿戾；古之愚也直，今之愚也诈而已矣。"

17.17 子曰："巧言令色，鲜矣仁。"

17.18 子曰："恶紫之夺朱也，恶郑声之乱雅乐也，恶利口之覆邦家者。"

17.19 子曰："予欲无言。"子贡曰："子如不言，则小子何述焉？"子曰："天何言哉？四时行焉，百物生焉，天何言哉？"

17.20 孺悲欲见孔子，孔子辞以疾。将命者出户，取瑟而歌，使之闻之。

17.21 宰我问："三年之丧，期已久矣。君子三年不为礼，礼必坏；三年不为乐，乐必崩。旧谷既没，新谷既升，钻燧改火，期可已矣。"子曰："食夫稻，衣夫锦，于女安乎？"曰："安。""女安则为之！夫君子之居丧，食旨不甘，闻乐不乐，居处不安，故不为也。今女安，则为之！"宰我出。子曰："予之不仁也！子生三年，然后免于父母之怀。夫三年之丧，天下之通丧也。予也有三年之爱于其父母乎？"

17.22 子曰："饱食终日，无所用心，难矣哉！不有博弈者乎？为之，犹贤乎已。"

17.23 子路曰："君子尚勇乎？"子曰："君子义以为上。君子有勇而无义为乱，小人有勇而无义为盗。"

17.24 子贡曰："君子亦有恶乎？"子曰："有恶。恶称人之恶者，恶居下流而讪上者，恶勇而无礼者，恶果敢而窒者。"曰：
"赐也亦有恶乎？""恶徼以为知者，恶不孙以为勇者，恶讦以为
直者。"

17.25　子曰："唯女子与小人为难养也，近之则不孙，远之
则怨。"

17.26　子曰："年四十而见恶焉，其终也已。"

微子第十八

18.1　微子去之，箕子为之奴，比干谏而死。孔子曰："殷有三
仁焉。"

18.2　柳下惠为士师，三黜。人曰："子未可以去乎？"曰："直
道而事人，焉往而不三黜？枉道而事人，何必去父母之邦？"

18.3　齐景公待孔子，曰："若季氏，则吾不能，以季、孟之间
待之。"曰："吾老矣，不能用也。"孔子行。

18.4　齐人归女乐，季桓子受之，三日不朝，孔子行。

18.5　楚狂接舆歌而过孔子曰："凤兮！凤兮！何德之衰？往者
不可谏，来者犹可追。已而！已而！今之从政者殆而！"孔子
下，欲与之言。趋而辟之，不得与之言。

18.6　长沮、桀溺耦而耕，孔子过之，使子路问津焉。长沮曰：
"夫执舆者为谁？"子路曰："为孔丘。"曰："是鲁孔丘与？"曰：
"是也。"曰："是知津矣。"问于桀溺，桀溺曰："子为谁？"曰：
"为仲由。"曰："是鲁孔丘之徒与？"对曰："然。"曰："滔滔者
天下皆是也，而谁以易之？且而与其从辟人之士也，岂若从辟
世之士哉？"耰而不辍。子路行以告。夫子怃然曰："鸟兽不可

与同群，吾非斯人之徒与而谁与？天下有道，丘不与易也。"

18.7 子路从而后，遇丈人，以杖荷蓧。子路问曰："子见夫子乎？"丈人曰："四体不勤，五谷不分，孰为夫子？"植其杖而芸。子路拱而立。止子路宿，杀鸡为黍而食之，见其二子焉。明日，子路行以告。子曰："隐者也。"使子路反见之。至则行矣。子路曰："不仕无义。长幼之节，不可废也；君臣之义，如之何其废之？欲洁其身，而乱大伦。君子之仕也，行其义也。道之不行，已知之矣。"

18.8 逸民：伯夷、叔齐、虞仲、夷逸、朱张、柳下惠、少连。子曰："不降其志，不辱其身，伯夷、叔齐与！"谓柳下惠、少连："降志辱身矣，言中伦，行中虑，其斯而已矣。"谓"虞仲、夷逸：隐居放言，身中清，废中权。我则异于是，无可无不可。"

18.9 大师挚适齐，亚饭干适楚，三饭缭适蔡，四饭缺适秦。鼓方叔入于河，播鼗武入于汉，少师阳、击磬襄入于海。

18.10 周公谓鲁公曰："君子不施其亲，不使大臣怨乎不以；故旧无大故，则不弃也；无求备于一人。"

18.11 周有八士：伯达、伯适、仲突、仲忽、叔夜、叔夏、季随、季骓。

子张第十九

19.1 子张曰："士见危致命，见得思义，祭思敬，丧思哀，其可已矣。"

19.2 子张曰："执德不弘，信道不笃，焉能为有？焉能为亡？"

19.3 子夏之门人问交于子张。子张曰："子夏云何？"对曰：

"子夏曰:'可者与之,其不可者拒之。'"子张曰:"异乎吾所闻:君子尊贤而容众,嘉善而矜不能。我之大贤与,于人何所不容? 我之不贤与,人将拒我,如之何其拒人也?"

19.4　子夏曰:"虽小道,必有可观者焉;致远恐泥,是以君子不为也。"

19.5　子夏曰:"日知其所亡,月无忘其所能,可谓好学也已矣。"

19.6　子夏曰:"博学而笃志,切问而近思,仁在其中矣。"

19.7　子夏曰:"百工居肆以成其事,君子学以致其道。"

19.8　子夏曰:"小人之过也必文。"

19.9　子夏曰:"君子有三变:望之俨然,即之也温,听其言也厉。"

19.10　子夏曰:"君子信而后劳其民,未信,则以为厉己也;信而后谏,未信,则以为谤己也。"

19.11　子夏曰:"大德不逾闲,小德出入可也。"

19.12　子游曰:"子夏之门人小子,当洒扫、应对、进退,则可矣,抑末也,本之则无。如之何?"子夏闻之,曰:"噫! 言游过矣! 君子之道,孰先传焉? 孰后倦焉? 譬诸草木,区以别矣。君子之道,焉可诬也? 有始有卒者,其惟圣人乎!"

19.13　子夏曰:"仕而优则学,学而优则仕。"

19.14　子游曰:"丧,致乎哀而止。"

19.15　子游曰:"吾友张也,为难能也,然而未仁。"

19.16　曾子曰:"堂堂乎张也,难于并为仁矣。"

19.17　曾子曰:"吾闻诸夫子:人未有自致者也,必也亲丧乎!"

19.18 曾子曰："吾闻诸夫子：孟庄子之孝也，其他可能也；其不改父之臣，与父之政，是难能也。"

19.19 孟氏使阳肤为士师，问于曾子。曾子曰："上失其道，民散久矣。如得其情，则哀矜而勿喜。"

19.20 子贡曰："纣之不善，不如是之甚也。是以君子恶居下流，天下之恶皆归焉。"

19.21 子贡曰："君子之过也，如日月之食焉：过也，人皆见之；更也，人皆仰之。"

19.22 卫公孙朝问于子贡曰："仲尼焉学？"子贡曰："文、武之道，未坠于地，在人。贤者识其大者，不贤者识其小者。莫不有文、武之道焉。夫子焉不学？而亦何常师之有？"

19.23 叔孙武叔语大夫于朝，曰："子贡贤于仲尼。"子服景伯以告子贡。子贡曰："譬之宫墙，赐之墙也及肩，窥见室家之好。夫子之墙数仞，不得其门而入，不见宗庙之美、百官之富。得其门者或寡矣。夫子之云，不亦宜乎！"

19.24 叔孙武叔毁仲尼。子贡曰："无以为也，仲尼不可毁也。他人之贤者，丘陵也，犹可逾也；仲尼，日月也，无得而逾焉。人虽欲自绝，其何伤于日月乎？多见其不知量也！"

19.25 陈子禽谓子贡曰："子为恭也，仲尼岂贤于子乎？"子贡曰："君子一言以为知，一言以为不知，言不可不慎也。夫子之不可及也，犹天之不可阶而升也。夫子之得邦家者，所谓立之斯立，道之斯行，绥之斯来，动之斯和。其生也荣，其死也哀，如之何其可及也？"

尧曰第二十

20.1   尧曰："咨！尔舜！天之历数在尔躬。允执其中。四海困穷，天禄永终。"舜亦以命禹。曰："予小子履敢用玄牡，敢昭告于皇皇后帝：有罪不敢赦。帝臣不蔽，简在帝心。朕躬有罪，无以万方；万方有罪，罪在朕躬。"

周有大赉，善人是富。"虽有周亲，不如仁人。百姓有过，在予一人。"谨权量，审法度，修废官，四方之政行焉。兴灭国，继绝世，举逸民，天下之民归心焉。所重：民、食、丧、祭。宽则得众，信则民任焉，敏则有功，公则说。

20.2   子张问于孔子曰："何如斯可以从政矣？"

子曰："尊五美，屏四恶，斯可以从政矣。"

子张曰："何谓五美？"

子曰："君子惠而不费，劳而不怨，欲而不贪，泰而不骄，威而不猛。"

子张曰："何谓惠而不费？"

子曰："因民之所利而利之，斯不亦惠而不费乎！择可劳而劳之，又谁怨？欲仁而得仁，又焉贪？君子无众寡，无小大，无敢慢，斯不亦泰而不骄乎！君子正其衣冠，尊其瞻视，俨然人望而畏之，斯不亦威而不猛乎！"

子张曰："何谓四恶？"

子曰："不教而杀谓之虐；不戒视成谓之暴；慢令致期谓之贼；犹之与人也，出纳之吝，谓之有司。"

20.3   孔子曰："不知命，无以为君子也。不知礼，无以立也。不知言，无以知人也。"

附录二 你一定要读《论语》

一

经常有中小学生的家长问我："该给孩子读什么书最好呢？"我总是不假思索，第一个就推荐《论语》。在我看来，《论语》就是中国人的"圣经"。读的时间越早越好，读的次数越多越好。作为一个中国人，识字之后就可以读《论语》了，甚至倒过来说，完全可以通过读《论语》来识字！

《论语》全书，不过一万五千多字，读起来并不难，甚至一两个小时就可以读一遍。但遗憾的是，绝大多数人终其一生，都没有把《论语》通读过一遍！人的一生，说长不长，说短不短。不管多么平凡的人，都会在他有限的一生中，做很多事，走很多路，读很多书。然而，的确有一些读过很多书的人，竟然没有抓住一生中不多的一点时间，好好读一读《论语》。

更有甚者，有的人，一生都未必知道有《论语》这本书！记得多年前，我给上海某亲子班上《论语》课，有一位祖母辈的家长通过电话为孩子选报课程时，竟然问："论语是哪个国家的外语？"是啊！如果你一辈子都不愿意花时间去读《论语》，那么到头来，《论语》对于你，可不就是怎么读都读不懂的"外语"吗？这不能不说是人生中一个莫大的遗憾！

所以，当你打开这本书时，无异于开启了一段了不起的航程。作为导读者，我唯一的期望就是，请你一定尽快把《论语》

读完! 读完《论语》,你才有可能走近孔子,了解他是一个怎样的人。读完《论语》,你才会知道,仅仅把孔子当作中国古代伟大的思想家、教育家、政治家、儒家学派的创始人,实在是有点贬低了他。而真实的孔子,其实是需要被"重新发现"的。

二

那么,孔子到底是一个怎样的人呢? 我以为——

孔子首先是中华民族的圣人。"圣"的内涵非常丰富。有说"睿作圣"的,有说"于事无不通之谓圣"的,还有说"大而化之之谓圣"的。可见圣人是具有极高智慧,可以参赞天地之化育的人。孔子生前就颇有"圣"名,但他从不以圣人自居。他说:"若圣与仁,则吾岂敢? 抑为之不厌,诲人不倦,则可谓云尔已矣。"又说:"吾十有五而志于学,三十而立,四十而不惑,五十而知天命,六十而耳顺,七十而从心所欲,不逾矩。"你看,越是伟大的人就越是谦逊,越是有智慧的人就越是好学。孔子的一生就是不断勇猛精进,自强不息,"下学而上达"的一生,而其全部学问的根基,就在一个"学"字! 孔子不仅是"学为圣贤"的最佳典范,也是中华文明的最佳代言人。我们这个民族正是因为有了孔子这样的圣人,才有了绵延数千年的元气和灵魂。正如通常所说的,孔子祖述尧舜,宪章文武,德参天地,道贯古今,的确不愧于"至圣先师""万世师表"的称号。

孔子还是中华文化的恩人。他在礼坏乐崩的春秋乱世,以一人之力兴办私学,广收门徒,有教无类,改变了教育为贵族垄断的历史。孔门弟子三千，身通六艺者七十二人，教育成就古今中外鲜有其匹。孔子一生学不厌，诲不倦，为后人树立了一个圣贤可学而至的高标懿范。他晚年删《诗》《书》、定礼乐、赞《周易》、修《春秋》，"六经"就像乳汁一样滋养了整个民族，而中华学术文化之全体大用，均自六经开出。所以，孔子可以说是中华"学统"的开创者。近代著名学者柳诒徵先生在《中国文化史》一书中说："孔子者，中国文化之中心也，无孔子则无中国文化。自孔子以前数千年之文化，赖孔子以传；自孔子以后数千年之文化，赖孔子而开。"不仅如此，孔子还是中华"道统"的奠基者。他曾说："人能弘道，非道弘人。"他建构了仁礼并重的价值体系、内圣外王的治理之道和中和、正大、美善的道德文明，他所倡导的价值观，如孝悌忠信、礼义廉耻等，光耀古今，泽被人类，至今仍深深影响着遍及全球的炎黄子孙。美国学者顾立雅也在《孔子与中国之道》中指出："在政治上，孔子通常被称做保守分子，甚至还有人说他的首要目标是复古和增强世袭贵族的政治权威。事实上，孔子倡导和促进了一场彻底的社会和政治革新，所以，他应被看做是一位伟大的社会变革者。在他去世后的几个世纪之内，盛行于他那个时代的世卿世禄的政治制度最终在中国消亡了。对于这一制度的崩溃，孔子的贡献大于任何人。"从这个意义上说，每一个热爱中华文化的人都应该对孔子心存感恩。

孔子也是中华百姓的亲人。这是因为作为人类，我们不仅拥有"血缘"纽带，更享受"学缘"滋润。而人类之所以比动物更高贵，不是因为拥有"血缘"（这个动物也有），而是因为我们拥有"学缘"。正是这个为人类所独享的，发生在师生间、同学间，甚至古今中外的人类间的"学缘"关系，让我们摆脱了蒙昧，获得了知识，拥有了智慧。而这个"学缘"，就中国人而言，正是通过孔子才得以建构和延续的。更为重要的是，孔子不仅开启了"学缘"，还奠定了"师道"，形成了"师徒如父子""天下一家亲"的仁爱精神和价值理想。正如孔子所说："德不孤，必有邻。"这个"邻"，既可以理解为物理空间上的接近，也可以理解为心理时间上的穿越。所以，"学缘"是可以跨越时空的，只要我们开始读《论语》，便是与孔子有了隔代的"学缘"关系。我们完全可以把孔子当作自己的良师益友，更可把自己当作孔子的隔代弟子。更重要的是，孔子所倡导的礼乐文明、公序良俗与亲情伦理，早已润物细无声地深入千家万户，成为"百姓日用而不知"的人伦大道，即使未曾读书的普通百姓，也不免受其沾溉和影响。我曾写过一首诗："学缘不亚血缘亲，天下一家国一人。悟得文章千古事，盈科后进日更新。"所以，孔子虽不是我们"血缘"上的亲人，却是我们"学缘"上的亲人。

而维系这"学缘"的最重要的经典，正是《论语》。

三

关于《论语》的成书，班固在《汉书·艺文志》中说："《论语》者，孔子应答弟子、时人及弟子相与言而接闻于夫子之语也。当时弟子各有所记。夫子既卒，门人相与辑而论篡，故谓之《论语》。"这段话告诉我们，《论语》是孔子的弟子及其再传弟子共同编撰的。《论语》并不是孔子的著作，甚至可以说，孔子到死都不知道会有《论语》这本书！

根据当代学者的研究，《论语》的编纂先后经历了至少三次，历时近半个世纪。我们从《论语》中记载了曾子临终前的事情可以推知，曾子的弟子一定参与了最终的编撰，而曾子的弟子中，最杰出的就是子思。子思是孔子的孙子孔伋，他在《论语》的编撰中可能起到了统稿、定稿的作用。所以，我们在《论语》中看到，曾子的地位是非常显著的。

仔细想想，我们今天能看到整本的《论语》是多么幸运的一件事！要知道，不仅孔子不知道有《论语》，就是孔门弟子中早于孔子去世的，如颜回、子路以及孔子唯一的儿子孔鲤（字伯鱼），他们也完全不知道有《论语》！再进一步推理，孔门弟子中，可能参与过《论语》编撰的那些弟子，如子贡、仲弓、有子、子游、子夏、子张等人，也不可能看到最后定稿的全本《论语》！南宋大儒朱熹就说："孔门问答，曾子闻得底话，颜子未必与闻；颜子闻得底话，子贡未必与闻。今却合在《论语》一书，后世学者岂不幸事！但患自家不去用心。"

所以，我们虽然没有孔子的弟子们那么幸运，能得到孔子的言传身教，但我们也有比他们幸运的地方，就是我们能够看到一部《论语》的全貌！更令人欣慰的是，自《论语》成书以来的两千多年，《论语》一直保存完好，而且自汉代以来就是经学宝典，可谓历代读书人的必读书，在古代，一个人能够识文断字却没有读过《论语》，简直是不可想象的！《论语》因此而历久弥新，成为传承优秀文化、弘扬价值理想、凝聚民族人心的重要经典。要知道，这世界上有不少族群之所以落后，就是因为一无圣贤，二无经典。作为炎黄子孙，我们既然有此幸运，又怎么可以置若罔闻、束之高阁呢？

四

那么，究竟应该怎么读《论语》呢？我以为，读《论语》应该具备三个能力：

一是想象力。北宋大儒程颐提出了一个"方便法门"，他说："学者须将《论语》中诸弟子问处便作自己问，圣人答处便作今日耳闻，自然有得。虽孔、孟复生，不过以此教人。"一句话，读《论语》要能做"情景还原"，也就是要有想象力，切忌死记硬背，熟视无睹，心不在焉。一般人都认为《论语》杂乱无章，没有系统。其实不然。《论语》毫无疑问是经过精心编撰的，所以才能纲举目张，环环相扣，牵一发而动全身。比如，《学而篇》前四章：第一章是子曰，第二章是有子曰，第三章又是子曰，第四章是曾子曰，这样的编排看似零乱，实则体现了编撰者的匠心。我们从中可知，有子和曾子的弟子一定参与了《论语》的编纂。有子曰和曾子曰之间，插入一句子曰，显然是曾子弟子的安排，以此来表明，曾子作为孔子的高足，学问和地位皆不在有子之下。这说明《论语》的编纂，是孔门弟子及其再传弟子前后接力和微妙博弈的结果。透过《论语》的篇章肌理和深层结构，我们可以猜想和触摸到两千五百年前的历史现场和生命律动，甚至可以感受到孔子和弟子们的呼吸、声气和心跳！

二是思考力。孔子说："学而不思则罔，思而不学则殆。"又说："温故而知新，可以为师矣。"《礼记·学记篇》也说："记问之学，不足以为人师。"都是在强调思考力。思考力有两个方向：一是向外，我们对古圣先贤的论说，要能切实理解并提出质疑；一是向内，对今人的观点与自己的成见，也要反躬自问与反思批判。两者缺一不可。比如，《论语·学而篇》孔子说："父在，观其志；父没，观其行；三年无改于父之道，可谓孝矣。"我们首先要问：如果父亲是个坏人，难道也要不改其道吗？这便是向外思考，在看似不疑处有疑。但另一方面，我们绝不能满足于这种自以为是的质疑，还要想，孔子说这话的具体语境是什么？如果父亲是坏人，孔子还会说这样的话吗？还有，为什么是三年而不是一年或十年，甚至永远？……这样一来，我们便会发现自己的质疑也许太过轻率，然后再去查找更多的相关文献资料，就会知道，这里的三年或许跟三年守孝之礼有关，而孔子这句话应该从历史和文化语境中去正面理解。换句话说，如果孔子竟然要我们去继承父亲不好的道，那孔子也就不是孔子了。有时候，我们的质疑看似深刻，其实有着故意抬杠和吹毛求疵的嫌疑，其根本原因在于我们的学养有限，尚未切实明白经典的真义。这样反躬自问一下，或许，我们就不再仅从今天的视角去看问题，而有了对历史和经典的"了解之同情"，或者"温情与敬意"。

三是行动力。《论语》不是知识性的文献，它是人伦情感、人生价值和生命智慧的结晶。《论语》是一部生命之书、悦乐之书、自信之书、君子之书，当然更是实践之书。什么实践呢？

就是如何做人、成人、立人、达人、爱人的实践。孔子的弟子子贡曾问什么是君子，孔子说："先行其言，而后从之。"认为行在言先、言行一致的人才是君子。《中庸》也说："博学之，审问之，慎思之，明辨之，笃行之。"可见中国传统的学问，不是知识点的记诵，而在于能否学以致用，身体力行。明代大儒王阳明特别强调"知行合一"，他在《传习录》中说得好："知是行之始，行是知之成""知行一体，未有知而不行者，知而不行，只是未知"。这些话犹如警钟长鸣，对于今天仅以考试成绩作为评价标准的应试教育，是具有棒喝作用和借鉴意义的。读了《论语》，我们会知道，纸上的知识固然重要，但若不能真正付诸实践，行其所知，那么到头来，我们还是一无所知。

五

如果能把想象力、思考力和行动力充分发挥，你会发现，读《论语》不仅是常读常新，而且是常读常乐的一件事。因为孔子的学问本来就是快乐的。他说："知之者不如好之者，好之者不如乐之者。"又说自己是"发愤忘食，乐以忘忧，不知老之将至"。孔子是一个拥有大智、大勇、大仁的人，他一生虽然屡遭挫折与磨难，但始终不怨天，不尤人，自信豁达，不改其乐。我们读《论语》，就是让自己平凡的生命沐浴在圣哲的精神之光里，这样的人生也许依旧平凡，但却可以远离平庸乏味，更不会浑浑噩噩，麻木不仁。

程颐在谈到读《论语》的境界时，曾说："读《论语》：有读了全然无事者；有读了后其中一两句喜者；有读了后知好之者；

有读了后直有不知手之舞之足之蹈之者。"又说:"今人不会读书。如读《论语》,未读时是此等人;读了后又只是此等人,便是不曾读。"这两段话意味深长,说明读《论语》不仅能够带给我们快乐,还能变化我们的精神气质,提升我们的修养境界,丰富我们的智慧生命。

现代著名史学大师钱穆先生一生酷爱《论语》,他晚年说过这么一段话:"《论语》应该是一部中国人人人必读的书,不仅中国,将来此书,应成为一部世界人类的人人必读书。……因此,我认为,今天的中国读书人,应负两大责任:一是自己读《论语》,一是劝人读《论语》。"

让我们从打开《论语》的这一刻起,就开始负起这"两大责任"吧!

刘 强

2019 年 12 月 31 日写于守中斋

后　记

　　从有写这本书的想法，到今天的成书，前后有接近三年的时间了。中间也放弃过，因为关于《论语》的著述与阐发已经有很多珠玉在前。但在讲授《论语》的过程中，我也逐渐有了一些自己的思考和感受，慢慢地整理积累了起来。这本书能完成，首先要特别感谢恩师刘强教授，给予我的鼓励和大力支持！从开始写到修改、成书、出版，每一步都离不开恩师的心血。由于工作、生活的各种杂事，书稿接近一年的时间才得以完成。刘老师有时会来问我书稿的进度，那段时间接到老师这样的"关心"都比较惶恐，好像又回到写毕业论文的状态，不知何时才能完稿。第一稿完成后，刘老师又在百忙之中给了我宝贵的意见。记得那天刘老师是在北京出差，下了飞机在出租车上给我打的电话，语重心长地叮嘱，这是我的第一本书，虽然改起来不那么容易，还是希望我能认真对待。在老师面前，我好像从未毕业，做老师的学生，我们幸福指数太高了，也都不想毕业。后面又经过了一次大的修改才最终完成，书中的注释奚本于刘强教授的《论语新识》。

　　真正与《论语》结缘，也是始于与刘强教授的师生缘分。针对很多国人从小没有机会好好读过传统经典的状况，刘老师发心创立了守中书院，传播以"四书"为主的中华优秀典籍，以亲子共学的方式来完成学习。我在读博期间也承担了书院亲子班的《论语》授课，完整地讲了一遍《论语》。师门的师兄弟也都利用课余时间加入了师资队伍。那时的每周三晚，我们都会聚集在同济大学的图书馆听刘老师讲《论语》，与选课的学生们济济一堂，气氛热烈。课后与老师一起谈论研讨，可谓教学相长，受益匪浅。不仅如此，我们每周还在线上"论语讲师群"学习，刘老师每周都会专门邀请几位大家公益地来逐章讲解《论语》，联系安排老师的线上授课，都是刘老师亲自完成的，投入了很多精力。我们这些学生们也都作为志愿者加入到论语讲师群的服务中。几年时间的坚持，群内师友完成了线上《论语》全部内容的学习，这其中的艰难和守护实属不易。经过那几年的熏陶积累，我也被孔子思想的精深博大折服，为孔子的那份执着而感动落泪，也逐渐理解了刘老师不遗余力地去弘扬和践行儒学的初心。这本小书，也算是我为此尽的一点绵薄之力。

　　这本书也只是一个阶段的学习成果，还有很多未尽之处，留待日后再慢慢填补。这里要特别感谢出版社对我这个新人的大力支持！还要感谢本书编辑吴蔓菁给予我的诸多帮助。吴老师虽然很年轻，但对工作认真、细致，她暖心地鼓励我，与她一起成长。最后，还要感谢我的家人们对我无限的爱与支持。

　　此刻，窗外碧空如洗，嫩绿的枝条轻轻摇摆，鸟儿在无忧地歌唱。感恩这些生命中美好的遇见，只要我们不停下追求的脚步，用心守护，生命总会变得更好。这世界也如梁漱溟先生所期许的"总会好一点的！"

齐兰英　于沪上

2025 年 3 月 1 日